인생에 한 번은 읽어야 할
맹자

[일러두기]

이 책은 사서(四書) 가운데 하나인 『맹자(孟子)』에 송나라 주희(朱熹)가
주석을 덧붙여 저술한 책인 『맹자집주(孟子集注)』를 우리말로 옮겼습니다.

일상과 이상을 이어주는 책 _____
일상이상

인생에 한 번은 읽어야 할
맹자 孟子

ⓒ 2020, 최상용

초판 1쇄 찍은날 · 2020년 10월 12일
초판 1쇄 펴낸날 · 2020년 10월 16일
펴낸이 · 김종필 | 펴낸곳 · 일상과 이상 | 출판등록 · 제300-2009-112호
주소 · 경기도 고양시 일산서구 일현로 140 125-406
전화 · 070-7787-7931 | 팩스 · 031-911-7931
이메일 · fkafka98@gmail.com
ISBN 978-89-98453-73-2 (03140)

옛글의
향기 7

인생에 한 번은 읽어야 할

맹자

孟子

맹자 지음 ― 최상용 옮김

시대를 초월한 삶의 지혜를 얻는다

맹자집주
孟子集注
완역본

일상이상

삶의 지혜가 담긴 『맹자』를 읽기 위해

맹자(孟子)는 전국시대(기원전 403~221년)에 살았던 유가의 대표적인 사상가이자 교육가로 이름은 가(軻)이며 자는 자여(子輿)입니다. 그는 대표적인 사상으로 '성선설(性善說)'과 '천인합일설(天人合一說)'을 주장했습니다.

산동성의 추(鄒)나라에서 태어났으며 어려서부터 어머니 장씨의 사려 깊은 교육환경에서 자라났는데, '맹모삼천지교(孟母三遷之敎)'라는 이야기 속에 그와 관련된 일화가 잘 드러나 있습니다. 또한 맹자가 공부를 하다가 집으로 오자 어머니가 짜던 베를 끊어 경계했다는 '단기지훈(斷機之訓)'이란 고사를 통해서도 그의 학습환경을 엿볼 수 있습니다.

맹자는 오경(五經, 역경易經 · 서경書經 · 시경詩經 · 예기禮記 · 춘추春秋)에 능통했으며, 말년에는 제자인 만장, 공손추 등과 자기만의 학설을 세워 유학을 강론하기도 했습니다. 그가 죽은 뒤에도 역대 왕조들이 작위를 추증하며 위상을 높였는데, 송나라 때인 1083년에

'추국공(鄒國公)'에 봉해졌고, 1330년 원나라 때는 '추국아성공(鄒國亞聖公)', 1530년 명나라 때는 '아성(亞聖)', 1935년(민국 24년)에는 '아성봉사관(亞聖奉祀官)' 등으로 봉해지기도 했습니다.

『한서(漢書)』「예문지」에는 『맹자』 11편이 있다고 기록되어 있으나 지금은 7편만 남아 있는데, 주로 제자들과 그의 언행이 수록되어 있습니다.

쉬운 우리말로 새롭게 옮긴 '옛글의 향기' 시리즈

『맹자』를 비롯한 '옛글의 향기' 시리즈는 동양고전 완역본을 처음 읽는 독자들도 쉽고 재미있게 읽을 수 있도록 구성한 동양고전 완역본 시리즈입니다. 이 시리즈는 주석과 해설 등을 생략하고, 한글만 알아도 쉽게 이해할 수 있도록 쉬운 우리말로 옮겨 썼으며, 해설이 필요한 부분에는 문장 속에 자연스레 설명을 녹아냈습니다. 더 나아가 딱딱한 문어체를 지양하고 다감한 구어체로 이야기하듯 문장을 전개했답니다. 또한 각각 쉬운 우리말로 풀어 쓴 소제목들을 달았으며, 해당 글이 원전의 어느 편의 몇 단락에 있는지 쉽게 알아볼 수 있도록 했습니다. 한편, 각 권의 말미에 '한자어원풀이'를 수록했답니다. 책 속에 실린 주요 한자어의 어원풀이를 통해 한자에 담긴 본연의 뜻을 이해할 수 있도록, 글자의 원형이 담긴 갑골문(甲骨文)과 금문(金文) 그리고 설문해자(說文解字)를 참조 인용하며 상세한 풀이도 했습니다. 따라서 동양고전을 보다 깊게 이해하고자 하는 독자들에게도 유용한 책이 될 것입니다. 이 시리즈는 앞으로 『시경』, 『서경』, 『역경(주역)』 등을 계속 출간할 예정이 랍니다.

『맹자』는 학문과 심신수양을 하는 옛사람이나 현대인에게도 훌륭한 지침서가 될 있다고 생각되어 지난 몇 년간 필자의 블로그 '옛글의 향기와 삶(https://choisy1227.blog.me/)'에 올리며 가슴으로 읽고 삭여왔다고 할 수 있습니다.

앞서 출간한 '옛글의 향기' 시리즈인 『노자노덕경하상공장구(老子道德經河上公章句)』, 『장자(莊子)-내편(內篇)·외편(外篇)·잡편(雜篇)』, 『대학(大學)·중용(中庸)』, 『논어(論語)』와 마찬가지로 각주나 해설 등을 생략하였고 본문만 읽어도 의미를 이해하는 데 어려움이 없을 것입니다. 『맹자』를 보다 쉽게 이해할 수 있도록 7편을 요약해 보겠습니다.

양혜왕장구(梁惠王章句)

맹자께서 제후국을 돌아다니며 자신의 뜻을 피력하는 부분으로 상편은 7장, 하편은 16장으로 구성되었습니다. 그는 양(梁)나라 혜왕(惠王)에게 왕도정치를 실시하라고 조언하면서 군주는 백성과 함께 즐거움을 누려야 그 즐거움이 오래갈 수 있으며, 군주일지라도 잘못하면 군왕의 자리에서 물러나야 한다고 주장하기도 합니다. 이편에는 맹자의 왕도정치에 대한 논리가 잘 드러나 있습니다.

공손추장구(公孫丑章句)

맹자는 제자인 공손추(公孫丑)와 왕도정치에 대해 이야기합니다.

그리고 패도정치를 축출해야 한다고 주장하며 유가의 의(義)와 리(理)를 밝히고 자신의 포부를 나타내고 있습니다. 상편은 9장, 하편은 14장으로 구성되어 있죠. 우리에게 잘 알려진 반구저기(反求諸己), 호연지기(浩然之氣)라는 사자성어가 여기에서 유래했죠. 이 편에는 맹자의 행적이 잘 드러나 있는데, 가장 희망을 걸었던 제나라 선왕과의 관계가 나빠지자 맹자는 제나라를 떠나게 됩니다.

등문공장구(滕文公章句)

맹자가 등나라 세자와 만나 그에게 성선(性善)의 이치를 가르치고, 요순(堯舜)의 도를 말합니다. 후에 정식으로 즉위한 세자, 즉 등문공이 맹자에게 여러 가지로 자문을 구하고 그를 초청하기도 합니다. 상편은 5장, 하편은 10장으로 구성되어 있습니다. 중국의 전 대륙을 통치하는 천자가 되고자 한다면 먼저 백성이 풍요로운 삶을 살 수 있도록 해야 한다고 주장하기도 합니다. 또한 인간에게는 인륜이 가장 중요하니 이를 저버리면 아무리 훌륭한 행실을 해도 무의미하다고 말합니다. 이 편에는 맹자의 경제, 행정과 관계된 사상이 드러나 있습니다.

이루장구(離婁章句)

상편 28장, 하편 33장으로 구성되어 있습니다. 자신의 본성을 추구하라고 촉구하는 맹자는 자신을 바르게 할 것을 주장하고 있답니다. 제목의 이루(離婁)는 시력이 대단히 밝은 사람으로 아무리 감각이 발달하고 선함과 법이 있어도 컴퍼스와 자와 같은 기준, 즉선왕의 도를 따르는 것이 없다면 원과 사각형을 반듯하게 그릴 수 없다고 주장합니다. 즉 바른 정치를 할 수 없다는 것을 비유한 것이죠. 이 편에는 인간관계에 관한 내용이 많답니다.

만장장구(萬章章句)

상편과 하편 각 9장으로 구성되어 있습니다. 덕이 천도에 합치하면 도를 얻을 것이고, 어질면 천하 사람을 얻을 것이라며, 인도(仁道)를 행할 것을 주장하고 있습니다. 관직에 나아갈 때에도 때에 맞게 해야 한다는 사상을 나타내고 있죠. 만장(萬章)은 맹자에게 질문하는 제자의 이름으로, 사마천은 공손추와 함께 그를 주요 제자라고 말합니다. 주로 상고시대의 설화에 관한 대담이 이루어지며, 선왕, 선현의 도덕성을 부정하는 여러 설화에 대해 반박도 합니다.

고자장구(告子章句)

맹자와 고자가 인성(人性)에 대해 대화를 합니다. 맹자는 성선설을, 고자는 성무선악설을 설파합니다. 인의(仁義)는 내적인 것이니 구하면 얻을 수 있고, 구하지 않으면 잃어버린다는 것이 주된 내용이죠. 상편은 20장, 하편은 16장으로 구성되어 있답니다. 그러니 구차하게 살지 말고 의로운 삶을 살라고 이야기합니다. 왕도가 쇠퇴하는 것은 제후나 대부가 도를 숭상하지 않기 때문이고, 왕이 백성에게 예의를 가르치지 않고 이용만 하는 것은 백성을 해치는 것이라고 말합니다. 맹자의 인성론은 주로 이 편에서 다루어지고 있습니다.

진심장구(盡心章句)

백성이 나라에서 가장 귀하고, 학문에는 순서가 있어야 한다는 내용이 주를 이루고 있습니다. 상편 46장, 하편 38장으로 구성되어 있죠. 군자는 세속적인 욕망보다 도덕적으로 깨끗한 삶을 추구해야 할 것이며, 성인의 도를 배우는 데에는 순서가 있으며 꾸준히 노력하면 이룰 수 있을 것이라고 말합니다. 제목의 진심(盡心)은 '자기의 마음을 다하면'이라는 의미로,『맹자』의 편명 중 유일하게 인명이 아니랍니다. 각 구절이 간략하고 통일된 주제가 없지만 명언명구는 많답니다.

2020년 6월

휴심재(休心齋)에서 죽곡(竹谷) 최상용(崔桑溶)

양혜왕장구상
梁惠王章句上

• • •

1-1 왕께서는 어찌하여 이로움만 말하십니까?

맹자께서 양나라 혜왕을 찾아갔더니, 왕이 말했습니다. "선생께서 천 리 길을 멀다 하지 않으시고 오셨으니, 앞으로 우리나라를 이롭게 해주시겠습니까?"

맹자께서 대답하셨습니다.

"왕께서는 어찌하여 이로움만 말하십니까? 오직 어짊과 의로움인 인의(仁義)가 있을 따름입니다. 왕께서 '어떻게 하면 내 나라를 이롭게 할까?'라고 하신다면, 대신들은 '어떻게 하면 내 집안을 이롭게 할까?'라고 할 것이고, 선비와 백성들은 '어떻게 하면 내 몸을 이롭게 할까?'라고 하면서, 윗사람과 아랫사람이 다투어 이익만을 취하게 된다면 나라는 위태롭게 된답니다. 만승(萬乘, '만대의 병거兵

車'라는 뜻으로 황제를 이르는 말)의 나라에서 자기 임금을 죽이는 자는 반드시 천승(千乘, '천 대의 병거兵車'라는 뜻으로 제후를 이르는 말)의 집안일 것이고, 천승의 나라에서 자기 임금을 죽이는 자는 반드시 백승(百乘, '백 대의 병거兵車'라는 뜻)의 집안일 겁니다. 만승의 나라에서 천승의 영토를 가지며, 천승의 나라에서 백승의 영토를 갖는 것은 결코 적다고는 할 수 없습니다. 의로움을 뒤로 돌리고 이익을 앞세운다면, 그 나라를 빼앗지 않고는 만족하지 못합니다. 여태껏 인(仁)한 사람으로서 자기의 어버이를 버린 자는 없었고, 의로운 사람으로서 자기 임금을 소홀하게 여긴 자도 없었습니다. 왕께서는 인의(仁義)만 말씀하셔야지, 어찌하여 이로움만을 말씀하십니까?"

孟子見梁惠王(맹자견양혜왕), 王曰(왕왈):"叟不遠千里而來(수불원천리이래), 亦將有以利吾國乎(역장유이리오국호)?"

孟子對曰(맹자대왈):"王何必曰利(왕하필왈리)? 亦有仁義而已矣(역유인의이이의), 王曰(왕왈), '何以利吾國(하이리오국)?', 大夫曰(대부왈), '何以利吾家(하이리오가)?', 士庶人曰(사서인왈), '何以利吾身(하이리오신)?', 上下交征利(상하교정리), 而國危矣(이국위의). 萬乘之國弑其君者(만승지국시기군자), 必千乘之家(필천승지가), 千乘之國弑其君者(천승지국시기군자), 必百乘之家(필백승지가), 萬取千焉(만취천언), 千取百焉(천취백언), 不爲不多矣(불위부다의). 苟爲後義而先利(구위후의이선리), 不奪不饜(불탈불염). 未有仁而遺其親者也(미유인이유기친자야), 未有義而後其君者也(미유의이후기군자야). 王亦曰仁義而已矣(왕역왈인의이이의), 何必曰利(하필왈리)?"

1-2 옛날 현인들의 품격

맹자께서 양나라 혜왕을 찾아갔더니, 왕이 연못가에 서서 기러기와 사슴을 돌아보면서 물었습니다.

"어진 현자도 또한 이런 것을 즐깁니까?"

이에 맹자께서 대답하셨습니다.

"어진 현자가 된 이후에야 이런 것을 즐긴답니다. 현자가 되지 못한 자는 비록 이러한 것을 갖고 있다 할지라도 즐기지 않습니다. 『시경(詩經)』에 '문왕이 영대를 짓는 공사를 시작하시려고 땅을 재고 푯말을 세우시자 백성들이 몰려와서 일을 도와 며칠 내에 완성했도다. 처음 만들면서 서두르지 말도록 이르셨건만, 백성들이 자식처럼 몰려왔도다. 왕께서 동산을 걸으시니, 암사슴은 잠자듯 누워 있구나. 암사슴은 토실토실 살이 오르고, 백조는 희고 깨끗하도다. 왕께서 연못가를 걸으시니, 못에 물고기가 가득 뛰어노는구나'라고 했습니다. 문왕은 백성들의 힘으로 대를 짓고 못을 팠지만, 백성들은 오히려 이를 즐겁게 여기어 그 대를 영대라 부르고 그 못을 영소라 이름 짓고, 거기서 사슴과 물고기와 자라들이 뛰노는 것을 즐겼습니다. 옛날의 현인들은 백성들과 함께 즐겼기 때문에 즐길 수 있었습니다. 또 이와는 반대로 『탕서(湯誓)』에는 '이 해는 언제 없어지려나? 우리도 너와 함께 망하련다'라고 했습니다. 백성들이 함께 망하기를 바란다면, 비록 대나 못과 새와 짐승이 있더라도 어찌 혼자 즐길 수 있겠습니까?"

孟子見梁惠王(맹자견양혜왕), 王立於沼上(왕립어소상), 顧鴻鴈麋鹿(고홍안미녹), 曰(왈): "賢者亦樂此乎(현자역낙차호)?"

孟子對曰(맹자대왈): "賢者而後樂此(현자이후낙차), 不賢者雖有此(불현자수유차), 不樂也(불낙야). 詩云(시운), '經始靈臺(경시영대), 經之營之(경지영지), 庶民攻之(서민공지), 不日成之(불일성지). 經始勿亟(경시물극), 庶民子來(서민자래), 王在靈囿(왕재영유), 麀鹿攸伏(우녹유복), 麀鹿濯濯(우녹탁탁), 白鳥鶴鶴(백조학학). 王在靈沼(왕재영소), 於牣魚躍(어인어약).' 文王以民力爲臺爲沼(문왕이민력위대위소). 而民歡樂之(이민환락지), 謂其臺曰靈臺(위기대왈영대), 謂其沼曰靈沼(위기소왈영소), 樂其有麋鹿魚鱉(낙기유미녹어별). 古之人與民偕樂(고지인여민해낙), 故能樂也(고능낙야). 湯誓曰(탕서왈), '時日害喪(시일해상)? 予及女偕亡(여급여해망).' 民欲與之偕亡(민욕여지해망), 雖有臺池鳥獸(수유대지조수), 豈能獨樂哉(개능독낙재)?"

1-3 오십보백보(五十步百步)

양나라의 혜왕이 말했습니다.

"나는 나라를 다스림에 온 마음을 다하고 있습니다. 하내 지방에 흉년이 들면 그곳 백성들을 하동 지방으로 이동시키고, 그곳의 식량을 하내 지방으로 옮긴답니다. 또 하동 지방에 흉년이 들면 또한 그렇게 한답니다. 이웃나라의 정치를 살펴보면 내가 마음 쓰는 것처럼 하는 자가 없습니다. 그런데도 이웃나라의 백성들은 더 줄어들지 않고, 나의 백성들은 더 늘어나지도 않는데, 무슨 까닭입니까?"

맹자께서 대답하셨습니다.

"왕께서는 전쟁을 좋아하시니, 전쟁에 비유해서 말씀드리겠습니다. 둥둥 북을 치고 나아가 양쪽 병사들 병장기의 칼날이 이미 맞부딪치고 싸울 때, 갑옷을 버리고 무기를 끌면서 도망치는 군사가 있었습니다. 어떤 사람은 백 보를 달아나다가 멈추고, 어떤 사람은 오십 보를 달아나다가 멈춥니다. 그런데 오십 보 달아난 자가 백 보 달아난 자를 비웃는다면, 어떠하겠습니까?"

"그건 안 될 일입니다. 다만 백 보가 아닐 뿐, 이것 역시 달아난 건 마찬가지입니다."

梁惠王曰(양혜왕왈): "寡人之於國也(과인지어국야), 盡心焉耳矣(진심언이의), 河內凶(하내흉), 則移其民於河東(즉이기민어하동), 移其粟於河內(이기속어하내), 河東凶亦然(하동흉역연), 察鄰國之政(찰린국지정), 無如寡人之用心者(무여과인지용심자), 鄰國之民不加少(린국지민불가소), 寡人之民不加多(과인지민불가다), 何也(하야)?"

孟子對曰(맹자대왈): "王好戰(왕호전), 請以戰喻(청이전유), 塡然鼓之(전연고지), 兵刃旣接(병인기접), 棄甲曳兵而走(기갑예병이주), 或百步而後止(혹백보이후지), 或五十步而後止(혹오십보이후지), 以五十步笑百步則何如(이오십보소백보즉하여)?"

曰(왈): "不可(불가), 直不百步耳(직불백보이), 是亦走也(시역주야)."

"왕께서 이걸 아신다면 백성이 이웃나라보다 많아지기를 바라지 마옵소서. 농사철에 알맞은 때를 어기지 않는다면 농사가 잘되어 곡식은 다 먹지도 못할 만큼 넉넉해질 것이며, 너무 촘촘한 그물을 연못에 던져 물고기를 함부로 잡지 않는다면 물고기와 자라는 다 먹지도 못할 만큼 넉넉해질 겁니다. 또 도끼를 갖고 적당한 시기에

만 산속 숲에 들어가 나무를 베어 온다면 재목은 다 쓰지 못할 만큼 넉넉해질 겁니다. 곡식과 물고기가 다 먹지 못할 만큼 넉넉하고, 재목이 다 쓰지 못할 만큼 넉넉해진다면 이는 곧 백성들로 하여금 살아 있는 사람을 양육하고, 죽은 사람을 장사 지내는 데 유감이 없게 하는 것이 왕도정치의 시작인 겁니다. 5묘(畝, 논밭 넓이의 단위로 1묘는 30평)의 텃밭에 뽕나무를 심는다면 50여 명이 비단옷을 지어 입을 수 있을 겁니다. 닭·새끼돼지·개·큰 돼지 등을 때를 놓치지 않고 기른다면 나이 70된 노인도 고기를 먹을 수 있답니다. 100묘의 전답을 가진 사람에게 부역으로 농사철을 빼앗지 않는다면 몇 식구의 가족은 굶주리지 않을 겁니다. 학교 교육을 중시해서 효도와 우애로써 봉양하도록 거듭 펼친다면 백발이 된 늙은이가 짐을 지고 길을 나서지는 않을 겁니다. 70된 노인이 비단옷을 입고 고기를 먹으며, 모든 백성들이 굶주리지 않고 추위에 떨지도 않게 하고서도 왕 노릇을 못한 사람은 아직껏 없었답니다. 그런데도 개와 돼지에게 사람이 먹을 음식을 먹이면서도 이를 단속할 줄 모르고, 길에서 배고프고 굶어 죽는 자가 있어도 곡식창고의 문을 열 줄도 모릅니다. 사람들이 죽게 되면 서로 눈치를 보며 말합니다. "이건 내 탓이 아니라 흉년이 든 탓이다"라고 합니다. 그러나 이는 사람을 칼로 찔러 죽이면서 "내가 죽인 게 아니라 칼이 죽인 것이다"라고 하는 것과 무엇이 다르겠습니까! 왕께서 흉년 든 것에 죄를 돌리지 않는다면, 곧 천하의 백성들은 모여들 겁니다."

曰왈: "王如知此(왕여지차), 則無望民之多於鄰國也(즉무망민지다어린국야), 不違農時(불위농시), 穀不可勝食也(곡불가승식야), 數罟不

入洿池(삭고불입오지), 魚鱉不可勝食也(어별불가승식야), 斧斤以時
入山林(부근이시입산림), 材木不可勝用也(재목불가승용야). 穀與魚鱉
不可勝食(곡여어별불가승식), 材木不可勝用(재목불가승용), 是使民養
生喪死無憾也(시사민양생상사무감야). 養生喪死無憾(양생상사무감),
王道之始也(왕도지시야). 五畝之宅(오묘지댁), 樹之以桑(수지이상),
五十者可以衣帛矣(오십자가이의백의), 雞豚狗彘之畜(계돈구체지축),
無失其時(무실기시), 七十者可以食肉矣(칠십자가이식육의), 百畝之
田(백묘지전), 勿奪其時(물탈기시), 數口之家可以無飢矣(삭구지가가
이무기의), 謹庠序之敎(근상서지교), 申之以孝悌之養(신지이효제지양),
頒白者不負戴於道路矣(반백자불부대어도노의), 七十者衣帛食肉(칠
십자의백식육), 黎民不飢不寒(여민불기불한), 然而不王者(연이불왕자),
未之有也(미지유야). 狗彘食人食而不知檢(구체식인식이부지검), 塗有
餓莩而不知發(도유아부이부지발), 人死(인사), 則曰(즉왈): '非我也(비
아야), 歲也(세야).' 是何異於刺人而殺之(시하이어자인이살지), 曰(왈):
'非我也(비아야), 兵也(병야).' 王無罪歲(왕무죄세), 斯天下之民至焉
(사천하지민지언)."

1-4 무엇으로 죽이든 다를 게 없다

양나라 혜왕이 말했습니다.

"나는 마음을 편안히 하여 가르침을 받기를 원합니다."

이에 맹자께서 대답하셨습니다.

"사람을 죽이는 데 있어, 몽둥이로 쳐 죽이든 칼로 찔러 죽이든
다를 게 있습니까?"

혜왕이 말했습니다.

"다를 게 없습니다."

맹자께서 다시 물으셨습니다.

"칼로써 죽이든 정치로 죽이든 다를 게 있습니까?"

그러자 혜왕이 대답했습니다.

"다를 게 없습니다."

맹자께서 말씀하셨습니다.

"부엌에는 통통한 고기가 있고, 마구간에는 살찐 말이 있는데, 백성들에겐 굶주린 기색이 역력하고 들판에 굶주려 죽은 시체가 있다면, 이는 짐승을 끌어다가 사람을 먹게 하는 꼴입니다. 짐승들이 서로 잡아먹는 것조차 사람은 싫어하는데, 하물며 백성들의 어버이가 되어서 정치를 하는 데 있어 짐승을 끌어다가 사람을 잡아먹게 하는 것에서 벗어나지 못한다면, 어찌 이를 백성의 어버이라 할 수 있겠습니까? 공자께서 말씀하셨습니다. '허수아비를 맨 처음 만든 사람은 자손이 끊어질 것이야.' 그것은 그 허수아비를 사람의 형상처럼 만들어 묻었기 때문이랍니다. 그런데 어찌 살아 있는 백성들을 굶어서 죽게 할 수 있겠습니까?"

梁惠王曰(양혜왕왈): "寡人願安承敎(과인원안승교)."

孟子對曰(맹자대왈): "殺人以梃與刃(살인이정여인), 有以異乎(유이이호)?"

曰(왈): "無以異也(무이이야)."

"以刃與政(이인여정), 有以異乎(유이이호)?"

曰(왈): "無以異也(무이이야)."

曰(왈): "庖有肥肉(포유비육), 廐有肥馬(구유비마), 民有飢色(민유기색), 野有餓莩(야유아부), 此率獸而食人也(차솔수이식인야). 獸相食(수상식), 且人惡之(차인오지). 爲民父母(위민부모), 行政不免於率獸而食人(행정불면어솔수이식인). 惡在其爲民父母也(오재기위민부모야)? 仲尼曰(중니왈): '始作俑者(시작용자), 其無後乎(기무후호)!' 爲其象人而用之也(위기상인이용지야). 如之何其使斯民飢而死也(여지하기사사민기이사야)?"

1-5. 효제충신과 군왕의 조건

양나라 혜왕이 말했습니다.

"진나라가 천하에서 가장 강성하였음은 선생도 아실 겁니다. 그러던 것이 과인의 대에 와서 동쪽으로는 제나라한테 패해서 맏아들이 죽었고, 서쪽으로는 진나라한테 땅을 7백 리나 빼앗겼고, 남쪽으로는 초나라한테 굴욕을 당했습니다. 과인은 이를 부끄럽게 생각합니다. 죽은 사람들을 위해 한 번이라도 그 치욕을 씻고자 하는데, 어떻게 하면 좋겠습니까?"

이에 맹자께서 대답하셨습니다.

"땅은 백 리만으로도 군왕이 될 수 있습니다. 왕께서 백성들에게 어진 정치를 베풀어서 형벌을 줄이고, 세금을 줄여주면 백성들은 밭을 깊게 잘 갈아 곡식을 잘 가꾸며, 젊은이들은 한가한 날에 효제충신(효도·우애·충성·믿음)을 배워서 집 안에 들어가서는 부모와 형제를 섬기고 밖에서는 웃어른들을 섬기게 될 겁니다. 그렇게 된 뒤라면, 몽둥이로도 진나라와 초나라의 튼튼한 갑옷과 날카로운 병장기를 두드려 부술 수 있을 겁니다. 그들은 자기네 백성들의 농사짓는 시기를 빼앗아서, 밭을 갈고 김을 매어 농사지어도 부모를 공양할 수 없게 만들고 있습니다. 그래서 부모들은 추위에 떨고 굶주리며, 형제들과 처자들은 떠나가고 흩어져 버립니다. 그네들이 자기 백성들을 심한 곤경에 빠뜨렸을 때 왕께서 가셔서 그들을 정벌하신다면 그 누가 왕께 대적할 수 있겠습니까? 그렇기 때문에 '어진 자에게는 적이 없다'고 하였습니다. 왕께서는 이를 의심하지 마시기 바랍니다."

梁惠王曰(양혜왕왈): "晉國(진국), 天下莫强焉(천하막강언), 叟之所知也(수지소지야). 及寡人之身(급과인지신), 東敗於齊(동패어제), 長子死焉(장자사언), 西喪地於秦七百里(서상지어진칠백리), 南辱於楚(남욕어초). 寡人恥之(과인치지), 願比死者一洒之(원비사자일쇄지), 如之何則可(여지하즉가)?"

孟子對曰(맹자대왈): "地方百里而可以王(지방백리이가이왕). 王如施仁政於民(왕여시인정어민), 省刑罰(생형벌), 薄稅斂(박세렴), 深耕易耨(심경역누). 壯者以暇日修其孝悌忠信(장자이가일수기효제충신), 入以事其父兄(입이사기부형), 出以事其長上(출이사기장상), 可使制梃以撻秦楚之堅甲利兵矣(가사제정이달진초지견갑리병의). 彼奪其民時(피탈기민시), 使不得耕耨以養其父母(사부득경누이양기부모), 父母凍餓(부모동아), 兄弟妻子離散(형제처자이산). 彼陷溺其民(피함익기민), 王往而征之(왕왕이정지), 夫誰與王敵(부수여왕적)? 故曰(고왈): '仁者無敵(인자무적).' 王請勿疑(왕청물의)!"

1-6 백성들이 몰려올 겁니다

맹자께서 양나라 양왕을 만나시고 밖으로 나와 사람들에게 말씀하셨습니다.

"왕을 바라보았더니 임금같이 보이지도 않았으며, 가까이 가서 보아도 두려워할 만한 위엄도 없었답니다. 왕이 느닷없이 물었습니다. '천하가 어떻게 결정되겠습니까?' 나는 대답했지요. '하나로 결정될 겁니다.' '누가 천하를 통일하겠습니까?' 나는 대답했지요. '사람 죽이기를 좋아하지 않는 자가 통일할 수 있을 겁니다.' '누가 그런 사람을 도와주겠습니까?' 나는 대답했습니다. '천하 사람들이 그에게 편들지 않는 자가 없을 겁니다. 왕께서는 저 곡식의 싹을 아십니까? 7·8월경에 가뭄이 들면 싹은 말라비틀어질 겁니다. 그럴 때 유유하게 구름을 일으켜 흥건하게 비를 내리면 싹은 부쩍 자라날 겁니다. 만일 이와 같이 된다면, 그 누가 이를 막을 수 있겠습니까? 오늘날 천하의 임금치고 어느 누구도 사람 죽이기를 즐겨하지 않는 자가 없습니다. 만약 사람 죽이기를 좋아하지 않는 자가 있다면 천하의 백성들은 모두가 목을 길게 빼고 그를 바라보게 될 겁니다. 진실로 이렇게 된다면 백성들이 그에게로 돌아가는 것이 마치 물이 아래로 흘러가는 것과 같을 것이니, 과연 누가 이것을 막을 수 있겠습니까?'

孟子見梁襄王(맹자견양양왕). 出(출), 語人曰(어인왈): "望之不似人君(망지불사인군), 就之而不見所畏焉(취지이불견소외언). 卒然問曰(졸연문왈): '天下惡乎定(천하악호정)?' 吾對曰(오대왈): '定于一(정우일). 孰能一之(숙능일지)?' 對曰(대왈): '不嗜殺人者能一之(불기살인

자능일지).' 孰能與之(숙능여지).' 對曰(대왈): '天下莫不與也(천하막불여야). 王知夫苗乎(왕지부묘호)? 七八月之間旱(칠팔월지간한), 則苗槁矣(즉묘고의), 天油然作雲(천유연작운), 沛然下雨(패연하우), 則苗浡然興之矣(즉묘발연흥지의). 其如是(기여시), 孰能禦之(숙능어지)? 今夫天下之人牧(금부천하지인목), 未有不嗜殺人者也(미유불기살인자야), 如有不嗜殺人者(여유불기살인자), 則天下之民皆引領而望之矣(즉천하지민개인령이망지의). 誠如是也(성여시야), 民歸之(민귀지), 由水之就下(유수지취하), 沛然誰能禦之(패연수능어지)?'"

1-7 제환공과 진문공의 업적

제나라의 선왕이 물었습니다.

"제나라의 환공과 진나라의 문공의 업적에 대해 말씀해 주시겠습니까?"

맹자께서 대답하셨습니다.

"공자님의 제자들 중에는 환공과 문공의 업적에 대하여 이야기한 사람이 없었답니다. 이 때문에 후세에 전해진 것이 없기에 저역시 아직 들어본 적이 없습니다. 달리 말씀드릴 게 없고 다만 왕도에 대해서는 말씀드릴 수 있답니다."

제나라의 선왕이 다시 물었습니다.

"덕이 어떠해야만 왕 노릇을 할 수 있습니까?"

"백성들을 보호해 주고서 왕이 된다면, 이를 누구도 막을 수는없을 겁니다."

"나 같은 사람이라도 백성들을 보호해 줄 수 있겠습니까?"

"할 수 있답니다."

"무엇으로 내가 그것을 할 수 있는 것을 아십니까?"

"저는 이것을 호흘한테 들었답니다. 왕께서 당상에 앉아 계시는데, 소를 끌고 당 아래로 지나가는 자가 있었죠. 왕께서 이를 보시고 물었습니다. '소를 어디로 끌고 가는가?' 그자가 대답하기를 '흔종(희생犧牲의 피를 종에 발라 신에게 제사 지내는 의식)하는 데 쓰려고 합니다.' 이에 왕께서 말씀하시길 '놓아 주거라. 나는 그 소가 떨면서 아무 죄도 없이 죽을 곳으로 가는 것을 차마 못 보겠다'고 하시자 그자가 '그리하면 흔종을 그만두시겠습니까?'라고 물었습니다. 이에 왕께서는 '어찌 그만둘 수 있겠느냐? 양으로 바꾸어서 하여라'고 하셨다는데, 저는 알지 못하겠습니다만 그런 일이 있었습니까?"

왕이 말했습니다.

"그런 일이 있었지요."

다시 맹자께서 말씀하셨습니다.

"이러한 마음이야말로 충분히 왕이 될 수 있는 겁니다. 백성들은 모두 왕께서 소를 아끼는 것이라고 합니다만, 저는 왕께서 끌려가는 소의 모습을 차마 볼 수 없어서 그렇게 하셨다는 것을 잘 알고 있답니다."

왕이 말했습니다.

"그렇습니다. 실제로 그렇게 생각하는 백성들이 있답니다. 제나라가 비록 작기는 하지만 내가 어찌 소 한 마리를 아까워하겠습니까? 그것은 그 소가 벌벌 떨면서 죄도 없이 죽을 곳으로 끌려가는 것 같아서 차마 볼 수 없었기 때문에 소를 양으로 바꾸라고 했던 겁니다."

齊宣王問曰(제선왕문왈): "齊桓(제환), 晉文之事可得聞乎(진문지
사가득문호)?"

孟子對曰(맹자대왈): "仲尼之徒無道桓(중니지도무도환), 文之事者
(문지사자), 是以後世無傳焉(시이후세무전언). 臣未之聞也(신미지문
야). 無以則王乎(무이즉왕호)!"

曰(왈): "德何如(덕하여), 則可以王矣(즉가이왕의)?"

曰(왈): "保民而王(보민이왕), 莫之能禦也(막지능어야)."

曰(왈): "若寡人者(약과인자), 可以保民乎哉(가이보민호재)?"

曰(왈): "可(가)."

曰(왈): "何由知吾可也(하유지오가야)?"

曰(왈): "臣聞之胡齕曰(신문지호흘왈), 王坐於堂上(왕좌어당상), 有
牽牛而過堂下者(유견우이과당하자), 王見之(왕견지). 曰왈: '牛何之
(우하지)?' 對曰(대왈): '將以釁鐘(장이흔종).' 王曰(왕왈): '舍之(사지)!
吾不忍其觳觫(오불인기곡속), 若無罪而就死地(약무죄이취사지).' 對
曰(대왈): '然則廢釁鐘與(연즉폐흔종여)' 曰(왈): '何可廢也(하가폐야)?
以羊易之(이양역지)!' 不識有諸(불식유저)?"

曰(왈): "有之(유지)."

曰(왈): "是心足以王矣(시심족이왕의). 百姓皆以王爲愛也(백성개
이왕위애야), 臣固知王之不忍也(신고지왕지불인야)."

王曰(왕왈): "然(연). 誠有百姓者(성유백성자). 齊國雖褊小(제국수편
소), 吾何愛一牛(오하애일우)? 卽不忍其觳觫(즉불인기곡속), 若無罪
而就死地(약무죄이취사지), 故以羊易之也(고이양역지야)."

맹자께서 말씀하셨습니다.

"왕께서는 백성들이 왕께서 소를 아껴서 그리했다고 하는 것을 이상하게 여기지 마십시오. 작은 양으로 큰 소를 바꾸었으니, 저들이 왕의 마음을 어찌 알겠습니까? 그런데 왕께서 만일 그 소가 죄 없이 죽을 곳으로 나가는 것을 측은하게 여기셨다면, 소와 양이 무엇이 달라서 바꾸게 하였습니까?"

왕이 웃으면서 말했습니다.

"그것은 참으로 어떤 마음에서였을까요? 나는 재물이 아까워서 그리한 건 아니랍니다. 양으로 바꾼 것을 두고 백성들은 내가 재물을 아낀다고 생각했겠군요."

맹자께서 말씀하셨습니다.

"상심할 것은 없습니다. 그것이야말로 곧 인(仁)을 펼치는 것으로, 소는 보셨으나 양은 아직 보지 못했으니까요. 군자는 금수에 대해서도 그 살아 있는 것을 보고서는 그 죽은 사체를 차마 보지 못한답니다. 그 죽는 소리를 듣고서는 차마 그 고기를 먹지 못한답니다. 이 때문에 군자는 푸줏간을 멀리하라고 하는 겁니다."

曰(왈): "王無異於百姓之以王爲愛也(왕무리어백성지이왕위애야). 以小易大(이소역대), 彼惡知之(피오지지)? 王若隱其無罪而就死地 (왕야은기무죄이취사지), 則牛羊何擇焉(즉우양하택언)?"

王笑曰(왕소왈): "是誠何心哉(시성하심재)? 我非愛其財(아비애기재). 而易之以羊也(이역지이양야), 宜乎百姓之謂我愛也(의호백성지위아애야)."

曰(왈): "無傷也(무상야), 是乃仁術也(시내인술야), 見牛未見羊也

(견우미견양야). 君子之於禽獸也(군자지어금수야), 見其生(견기생), 不
忍見其死(불인견기사). 聞其聲(문기성), 不忍食其肉(불인식기육). 是
以君子遠庖廚也(시이군자원포주야)."

왕이 아주 기뻐하면서 말했습니다.

"『시경(詩經)』에 이르기를 '다른 사람이 마음속에 지니고 있는 것
을, 나는 그것을 헤아려 아노라'라고 한 것은 선생을 두고 한 말인
가 봅니다. 내가 행하고서도 그 이유를 돌이켜 생각해 보아도 내
마음을 알 수 없었답니다. 이제 선생께서 말씀해 주시니, 내 마음
속에 무척 가까워짐을 느낍니다. 그런데 이러한 마음이 왕이 되는
데 합당하다는 것은 무엇 때문이지요?"

그러자 맹자께서 말씀하셨습니다.

"만약 어떤 사람이 왕께 찾아와 '내 힘은 삼천 근을 들기에 충분
하지만 새 깃털 하나도 들지를 못합니다'라고 하고, 또 '눈의 밝음
은 가느다란 가을 터럭도 볼 수 있지만 수레에 실은 땔나무는 보지
못합니다'라고 한다면 왕께서는 이 말을 믿으시겠습니까?"

왕이 말했습니다.

"믿지 못합니다."

"이제 왕의 은혜가 금수에게까지 미치면서도 공덕이 백성에게까
지 이르지 못한 것은 무엇 때문입니까? 그 이유는 새 깃털 하나를
들지 못하는 것은 힘을 쓰지 않기 때문이며, 수레에 실은 땔나무를
보지 못하는 것은 눈의 밝음을 쓰지 않기 때문입니다. 그리고 백성
들을 보호하지 못하는 것은 은혜를 베풀지 않기 때문입니다. 그러

므로 왕께서 왕 노릇을 하지 않는 것은 하지 않는 것이지 하지 못하는 게 아닙니다."

왕이 말했습니다.

"하지 않는 것과 하지 못하는 것은 어떻게 다릅니까?"

王說曰(왕열왈): "詩云(시운): '他人有心(타인유심), 予忖度之(여촌도지).' 夫子之謂也(부자지위야). 夫我乃行之(부아내행지), 反而求之(반이구지), 不得吾心(부득오심). 夫子言之(부자언지), 於我心有戚戚焉(어아심유척척언). 此心之所以合於王者(차심지소이합어왕자), 何也(하야)?"

曰(왈): "有復於王者曰(유부어왕자왈): '吾力足以擧百鈞(오력족이거백균)', 而不足以擧一羽(이부족이거일우), '明足以察秋毫之末(명족이찰추호지말)', 而不見輿薪(이불견여신), 則王許之乎(즉왕허지호)?"

曰(왈): "否(부)."

"今恩足以及禽獸(금은족이급금수), 而功不至於百姓者(이공부지어백성자), 獨何與(독하여)? 然則一羽之不擧(연즉일우지불거), 爲不用力焉(위불용력언), 輿薪之不見(여신지불견), 爲不用明焉(위불용명언), 百姓之不見保(백성지불견보), 爲不用恩焉(위불용은언). 故王之不王(고왕지불왕), 不爲也(불위야), 非不能也(비불능야)."

曰(왈): "不爲者與不能者之形(불위자여불능자지형), 何以異(하이리)?"

맹자께서 말씀하셨습니다.

"태산을 옆에 끼고 북해를 건너뛰는 일을 두고 사람들이 말하기를 '나는 하지 못한다'고 한다면 그것은 참으로 하지 못할 일입니다. 그렇지만 어른들에게 나뭇가지를 꺾는 일을 두고 말하기를 '나는 할 수가 없다'고 한다면 그것은 하지 않는 것이지 하지 못하는 것이 아닙니다. 그러므로 왕께서 왕 노릇을 하지 않으시는 것은 태산을 옆에 끼고 북해를 건너뛰는 따위의 일이 아니고, 왕께서 왕노릇을 하지 않지만 이는 가지를 꺾는 따위의 쉬운 일입니다. 내 집 노인을 공경하는 마음을 남의 집 노인에게까지 미치게 하고, 내 집 아이를 사랑하는 마음을 남의 집 아이에게까지 미치게 하면 천하를 손바닥 안에서 운용할 수 있는 겁니다. 『시경』에 이르길 '내 아내에게 본보기가 되면 형과 아우에게 미치고, 이로써 집안과 나라를 다스린다'고 했습니다. 이러한 마음을 다른 사람에게까지 미치게 한다는 것을 말한 겁니다. 그러므로 은혜를 가까운 데서 먼 데까지 미치게 한다면 충분히 온 세상을 보호할 수 있고, 은혜가 미치지 못하면 자기 처자식도 보호하지 못할 겁니다. 옛 사람들이 요즘 사람들보다 크게 훌륭했던 것은 다른 까닭이 있는 것이 아니라 자기가 하는 일을 남에게까지 잘 미치게 했기 때문입니다. 요즘 왕의 은혜가 충분히 새와 짐승들에게도 미치면서 왕의 공덕이 백성들에게 미치지 못하는 것은 대체 무슨 까닭입니까? 저울질을 해본 뒤에야 물건의 가볍고 무거움을 알 수 있고, 자로 재어 본 뒤에야 물건의 길고 짧음을 알 수 있을 겁니다. 물건도 이와 같은데 사람의 마음은 더욱 심오하니, 왕께서는 부디 헤아려 주시기 바랍니다. 왕께서는 군사를 일으켜 이웃나라를 물리쳐 선비들과 신하들을 위태롭게 하시고, 이웃나라 제후들의 원한을 산 뒤에야 마음이 통쾌하시겠습니까?"

왕이 손을 내저으며 말했습니다.

"아니랍니다. 내 어찌 그러한 일을 통쾌하게 생각하겠습니까? 나는 장차 나의 큰 욕망을 달성하려는 거랍니다."

이에 맹자께서 말씀하셨습니다.

"그렇다면 왕께서 가지신 큰 욕망에 대해서 들을 수 있겠습니까?"

이 말을 들은 왕은 웃기만 할 뿐 말하지 않았습니다.

曰(왈): "挾太山以超北海(협태산이초북해), 語人曰(어인왈): '我不能(아불능)', 是誠不能也(시성불능야). 爲長者折枝(위장자절지), 語人曰(어인왈): '我不能(아불능)', 是不爲也(시불위야), 非不能也(비불능야). 故王之不王(고왕지불왕), 非挾太山以超北海之類也(비협태산이초배해지류야), 王之不王(왕지불왕), 是折枝之類也(시절지지류야). 老吾老(노오노), 以及人之老(이급인지노), 幼吾幼(유오유), 以及人之幼(이급인지유). 天下可運於掌(천하가운어장). 詩云(시운): '刑于寡妻(형우과처), 至于兄弟(지우형제), 以御于家邦(이어우가방).' 言擧斯心加諸彼而已(언거사심가저피이이), 故推恩足以保四海(고추은족이보사해). 不推恩無以保妻子(불추은무이보처자). 古之人所以大過人者無他焉(고지인소이대과인자무타언), 善推其所爲而已矣(선추기소위이이의). 今恩足以及禽獸(금은족이급금수), 而功不至於百姓者(이공부지어백성자), 獨何與(독하여)? 權(권), 然後知輕重(연후지경중), 度(도), 然後知長短(연후지장단). 物皆然(물개연), 心爲甚(심위심). 王請度之(왕청도지)! 抑王興甲兵(억왕흥갑병), 危士臣(위사신), 構怨於諸侯(구원어제후), 然後快於心與(연후쾌어심여)?"

王曰(왕왈): "否(부), 吾何快於是(오하쾌어시)? 將以求吾所大欲也(장이구오소대욕야)."

曰(왈): "王之所大欲(왕지소대욕), 可得聞與(가득문여)?"

王笑而不言(왕소이불언).

맹자께서 말씀하셨습니다.

"살찐 고기와 맛있는 음식이 입에 부족하기 때문입니까? 가볍고 따뜻한 옷이 몸에 부족하기 때문입니까? 그렇지 않으면 아름다운 색깔이 눈에 부족하기 때문입니까? 아름다운 음악이 귀에 부족하기 때문입니까? 총애하는 신하(便嬖)를 눈앞에서 부리기에 만족스럽지 않기 때문입니까? 이러한 일들은 왕의 모든 신하들이 그러한 것들을 모두 만족스럽게 제공해 드릴 수 있는데, 왕께서 어찌 그러하시겠습니까?"

왕이 말했습니다.

"아닙니다. 나는 그런 일로 그러한 것이 아니랍니다."

그러자 맹자께서 말씀하셨습니다.

"그렇다면 왕께서 가장 원하시는 것을 알 수 있겠습니다. 영토를 넓히면서 진나라와 초나라로 하여금 조공케 하고, 중국에 군림하여 사방의 오랑캐들을 무마시키려는 겁니다. 그렇지만 그러한 방법으로 욕심을 이루려는 것은 마치 나무에 올라가서 물고기를 구하는 것과 같습니다."

왕이 되물었습니다.

"그렇게도 그게 심한 겁니까?"

맹자께서 대답하셨습니다.

"그보다도 더 심합니다. 나무에 올라가 물고기를 구하는 것은 비록 물고기를 얻지 못하더라도 뒤따르는 재앙은 없습니다. 그러나 그러한 방법으로 그 같은 욕망을 추구하는 것은 마음과 온힘을 다해서 하더라도 뒤에 가서는 반드시 재앙이 있을 겁니다."

그러자 왕이 되물었습니다.

"어찌 그러한지 들려줄 수 있겠습니까?"

맹자께서 왕에게 물었습니다.

"만일 추나라 사람과 초나라 사람이 전쟁을 한다면 왕께서는 어느 쪽이 이긴다고 생각하십니까?"

왕이 말했습니다.

"초나라가 이길 겁니다."

曰(왈): "爲肥甘不足於口與(위비감부족어구여)? 輕煖不足於體與(경난부족어체여)? 抑爲采色不足視於目與(억위채색부족시어목여)? 聲音不足聽於耳與(성음부족청어이여)? 便嬖不足使令於前與(변폐부족사령어전여)? 王之諸臣皆足以供之(왕지제신개족이공지), 而王豈爲是哉(이왕개위시재)?"

曰(왈): "否(부), 吾不爲是也(오불위시야)."

曰(왈): "然則王之所大欲可知已(연즉왕지소대욕가지이). 欲辟土地(욕벽토지), 朝秦楚(조진초), 莅中國而撫四夷也(이중국이무사이야). 以若所爲(이야소위), 求若所欲(구야소욕), 猶緣木而求魚也(유연목이구어야)."

王曰(왕왈): "若是其甚與(야시기심여)?"

曰(왈): "殆有甚焉(태유심언). 緣木求魚(연목구어), 雖不得魚(수부득어), 無後災(무후재). 以若所爲(이야소위), 求若所欲(구야소욕), 盡心力而爲之(진심력이위지), 後必有災(후필유재)."

曰(왈): "可得聞與(가득문여)?"

曰(왈): "鄒人與楚人戰(추인여초인전), 則王以爲孰勝(즉왕이위숙승)?"

曰(왈): "楚人勝(초인승)."

이에 맹자께서 말씀하셨습니다.

"그렇다면 작은 나라는 진정 큰 나라를 대적하지 못할 것이고, 적은 수로는 많은 수를 이기지 못할 것이며, 약한 것은 강한 것을 이기지 못할 겁니다. 중국에 그 땅이 사방 천 리가 되는 나라가 아홉이 있는데, 제나라 땅은 두루 모아야 그중 하나일 뿐입니다. 하나로써 여덟을 굴복시킨다는 것은 추나라가 초나라를 대적하겠다는 것과 무엇이 다르겠습니까? 왕께서는 그 근본으로 돌아가야 할 것입니다. 이제 왕께서는 정치를 새롭게 하고 인정을 베푸셔서 온 천하의 벼슬아치들로 하여금 모두가 왕의 조정에서 벼슬하기를 바라게 하며, 농부들은 왕의 땅에서 농사짓기를 바라게 하고, 상인들은 모두가 왕의 시장에 물건을 갖다 놓기를 바라게 하며, 나그네들은 왕의 길을 걷기를 바라도록 하십시오. 또 온 천하의 자기 임금을 미워하는 사람들로 하여금 모두 왕께 와서 호소하게 하십시오. 그렇게 된다면 누가 그것을 하지 못하게 막을 수 있겠습니까?"

왕이 말했습니다.

"나는 어두운 사람이어서 그러한 경지에까지는 이르지를 못한답니다. 원컨대, 선생께서 내 뜻을 도우시어 밝게 나를 가르쳐 주십시오. 내가 비록 영특하지는 못하지만 한번 시험해 보겠습니다."

曰(왈): "然則小固不可以敵大(연즉소고불가이적대), 寡固不可以敵衆(과고불가이적중), 弱固不可以敵彊(약고불가이적강). 海内之地方千里者九(해내지지방천리자구), 齊集有其一(제집유기일). 以一服八(이일복팔), 何以異於鄒敵楚哉(하이리어추적초재)? 蓋亦反其本矣(개역반기본의). 今王發政施仁(금왕발정시인), 使天下仕者皆欲立於王之朝(사천하사자개욕립어왕지조), 耕者皆欲耕於王之野(경자개욕경어왕지야), 商賈皆欲藏於王之市(상가개욕장어왕지시), 行旅皆欲出於王之塗(행려개욕출어왕지도), 天下之欲疾其君者皆欲赴愬於王(천하지욕질기군자개욕부소어왕). 其若是(기야시), 孰能禦之(숙능어지)?"

王曰(왕왈): "吾惛不能進於是矣(오혼불능진어시의). 願夫子輔吾志(원부자보오지), 明以敎我(명이교아). 我雖不敏(아수불민), 請嘗試之(청상시지)."

이에 맹자께서 말씀하셨습니다.

"일정한 생업이 없어도 일정한 양심이 있는 것은 오직 선비에게만 가능한 일입니다. 일반 백성들은 일정한 생업이 없으면 이로 인해 일정한 양심이 없어집니다. 진실로 일정한 양심이 없으면 방탕함과 편향됨과 사악함과 사치 등의 행위를 제 마음대로 하게 됩니다. 그리하여 죄의 함정에 빠질 것이니 그렇게 된 뒤에 이를 처벌한다면, 이는 곧 백성들을 그물질해서 잡는 겁니다. 어찌 어진 사람이 임금의 자리에 있으면서 백성들을 그물질하는 일을 할 수 있겠습니까? 이 때문에 현명한 군주는 백성들의 생업을 챙겨주되 반드시 위로는 부모를 잘 섬기게 하고, 아래로는 처자식을 잘 챙겨주게 하며, 풍년에는 내내 배불리 먹고 흉년이 들더라도 죽음을 면하도록 해줍니다. 그렇게 한 뒤에 그들을 이끌어 선한 길로 나아가도록 합니다. 그렇게 하면 백성들은 가벼운 마음으로 따라옵니다. 그러나 오늘날에는 백성들의 생업을 마련해 준다는 것이 위로는 부모를 섬기지 못하게 하며, 아래로는 처자식을 제대로 양육하지 못하여 풍년에도 내내 고생하고 흉년에는 사망을 면치 못하게 하고 있습니다. 이렇게 된다면 죽음에서 헤어 나오기도 어려울 것인데, 어느 겨를에 예와 의를 닦겠습니까? 만일 왕께서 행하고 싶은 것을 바란다면 근본으로 돌아가셔야 합니다. 5이랑 되는 텃밭에 뽕나무를 심으면 나이 50이 된 자는 비단옷을 입을 수 있고, 닭·새끼돼지·개·큰 돼지를 기르는 데 때를 놓치지 않는다면 나이 70이 된 자도 고기를 먹을 수 있을 겁니다. 백 이랑 되는 밭에서 농사짓는 시기를 빼앗기지 않는다면, 여덟 식구의 한 가족은 굶주리지 않게 될 겁니다. 학교 교육을 신중하게 해서 효제(부모에 대한 효도와 형제의 우애)의 의미를 거듭해서 가르친다면, 반백의 노인이 길에서 무거운 짐을 지고 다니지 않을 겁니다. 노인이 비단옷을 입고 고기를 먹으며 백성들이 굶지 않고 춥지 않게 하고서도 왕 노릇을 하지 못한 사람은 이제껏 없었답니다."

曰(왈): "無恒産而有恒心者(무항산이유항심자), 惟士爲能(유사위능). 若民(야민), 則無恒産(즉무항산), 因無恒心(인무항심). 苟無恒心(구무항심), 放辟邪侈(방벽사치), 無不爲已(무불위이). 及陷於罪(급함어죄), 然後從而刑之(연후종이형지), 是罔民也(시망민야). 焉有仁人在位(언유인인재위), 罔民而可爲也(망민이가위야)? 是故明君制民之産(시고명군제민지산), 必使仰足以事父母(필사앙족이사부모), 俯足以畜妻子(부족이축처자), 樂歲終身飽(낙세종신포), 凶年免於死亡(흉년면어사망). 然後驅而之善(연후구이지선), 故民之從之也輕(고민지종지야경). 今也制民之産(금야제민지산), 仰不足以事父母(앙부족이사부모), 俯不足以畜妻子(부부족이축처자), 樂歲終身苦(낙세종신고), 凶年不免於死亡(흉년불면어사망). 此惟救死而恐不贍(차유구사이공불섬), 奚暇治禮義哉(해가치례의재)? 王欲行之(왕욕행지), 則盍反其本矣(즉합반기본의). 五畝之宅(오묘지택), 樹之以桑(수지이상), 五十者可以衣帛矣(오십자가이의백의), 雞豚狗彘之畜(계돈구체지축), 無失其時(무실기시), 七十者可以食肉矣(칠십자가이식육의), 百畝之田(백묘지전), 勿奪其時(물탈기시), 八口之家可以無飢矣(팔구지가가이무기의), 謹庠序之敎(근상서지교), 申之以孝悌之義(신지이효제지의), 頒白者不負戴於道路矣(반백자불부대어도노의). 老者衣帛食肉(노자의백식육), 黎民不飢不寒(여민불기불한), 然而不王者(연이불왕자), 未之有也(미지유야)."

양혜왕장구하
梁惠王章句下

• • •

2-1 음악을 좋아하는 것

장포라는 사람이 맹자를 찾아뵙고 말했습니다.

"제가 왕을 만나뵈었더니, 왕께서는 저에게 음악을 좋아하신다고 말씀하셨습니다. 이에 대해 저는 아무 대답도 못했답니다. 그런데 음악을 좋아하는 것은 어떻습니까?"

이에 맹자께서 대답하셨습니다.

"왕께서 음악을 아주 좋아하신다면 제나라는 잘 다스려질 겁니다!"

훗날에 맹자께서 왕을 만나 물었습니다.

"왕께서 장포에게 음악을 좋아한다고 말씀하셨다는데, 그러한 일이 있었습니까?"

왕은 얼굴빛을 바꾸면서 말했습니다.

"나는 선왕의 음악을 좋아하는 것은 아니랍니다. 다만 세속적인 음악을 좋아할 뿐이랍니다."

이에 맹자께서 말씀하셨습니다.

"왕께서 음악을 아주 좋아하시다면 이는 곧 제나라가 바라는 일입니다! 오늘날의 음악도 옛날의 음악과 같은 겁니다."

왕이 말했습니다.

"그 까닭을 들려주실 수 있겠습니까?"

이에 맹자께서 말씀하셨습니다.

"홀로 음악을 즐기는 것과 여러 사람과 더불어 즐기는 것 중 어느 것이 즐겁겠습니까?"

"사람들과 더불어 하는 것이 낫지 않겠습니까?"

"소수의 사람들과 더불어 음악을 즐기는 것과 여러 사람들과 함께 즐기는 것 중 어느 편이 더 즐겁겠습니까?"

"여러 사람과 더불어 하는 것이 낫지 않겠습니까?"

"제가 왕을 위해 음악에 대해 말씀드릴까 합니다. 이제 왕께서 여기에서 음악을 연주하시는데, 백성들이 왕이 치는 종소리와 북소리와 피리소리를 듣고서, 모두가 골치를 앓고 미간을 찌푸리면서 서로 이렇게 말합니다. '우리 임금은 음악을 좋아하면서 어찌하여 우리를 이런 경지에까지 이르게 한 것인가? 부자지간에도 서로 만나지 못하고, 형제와 처자식이 헤어지고 흩어져 버렸으니'라고 하며, 이제는 왕께서 여기서 사냥을 하시는데, 백성들이 왕의 수레와 말의 소리를 듣고 아름답게 장식한 깃발을 보고 모두가 기뻐하면서 서로 말하기를, '우리 임금께서는 질병이나 병환이 없으신가 보네! 어쩌면 저렇게 사냥을 잘하실까?'라고 합니다. 그것은 다른 이유가 없습니다. 백성들과 함께 즐기면 그렇게 됩니다. 지금 왕과 백성이 함께 즐긴다면 그것이 곧 왕도정치가 되는 겁니다."

莊暴見孟子曰(장포견맹자왈): "暴見於王(포견어왕), 王語暴以好樂(왕어포이호악), 暴未有以對也(포미유이대야). 曰(왈), 好樂何如(호악하여)?"

孟子曰(맹자왈): "王之好樂甚(왕지호악심), 則齊國其庶幾乎(즉제국기서기호)!"

他日見於王曰(타일견어왕왈): "王嘗語莊子以好樂(왕상어장자이호악), 有諸(유저)?"

王變乎色(왕변호색), 曰(왈): "寡人非能好先王之樂也(과인비능호선왕지악야), 直好世俗之樂耳(직호세속지악이)."

曰(왈): "王之好樂甚(왕지호악심), 則齊其庶幾乎(즉제기서기호)! 今之樂猶古之樂也(금지악유고지악야)."

曰(왈): "可得聞與(가득문여)?"

曰(왈): "獨樂樂(독악락), 與人樂樂(여인악락), 孰樂(숙락)?"

曰(왈): "不若與人(불야여인)."

曰(왈): "與少樂樂(여소악락), 與衆樂樂(여중악락), 孰樂(숙락)?"

曰(왈): "不若與衆(불야여중)."

"臣請爲王言樂(신청위왕언락), 今王鼓樂於此(금왕고악어차), 百姓聞王鐘鼓之聲(백성문왕종고지성), 管籥之音(관약지음), 擧欣欣然有喜色而相告曰(거흔흔연유희색이상고왈): '吾王庶幾無疾病與(오왕서

기무질병여)? 何以能鼓樂也(하이능고악야)?'今王田獵於此(금왕전렵
어차), 百姓聞王車馬之音(백성문왕거마지음), 見羽旄之美(견우모지
미), 舉欣欣然有喜色而相告曰(거흔흔연유희색이상고왈):'吾王庶幾
無(오왕서기무)? 疾病與(질병여)! 何以能田獵也(하이능전렵야)?'此無
他(차무타), 與民同樂也(여민동락야). 今王與百姓同樂(금왕여백성동
락), 則王矣(즉왕의)."

2-2 사냥터의 넓이

제나라의 선왕이 물었습니다.

"문왕의 사냥터는 사방 70리나 되었다는데, 그랬습니까?"

이에 맹자께서 대답하셨습니다.

"전해 오는 기록에 그렇다고 합니다."

"그렇게나 컸습니까?"

"백성들은 오히려 작다고 했답니다."

"과인의 사냥터는 사방이 겨우 40리인데도 백성들은 오히려 크
다고 하는데 어찌된 일입니까?"

"문왕의 사냥터는 사방이 70리였으나 나무하러 가는 사람도 마
음대로 들어갈 수 있었고, 꿩이나 토끼를 잡는 사람들도 마음대로
갈 수 있었습니다. 그리하여 백성들과 함께 사용하였으니, 백성들
이 그것을 작다고 생각하는 것이 당연하지 않습니까? 제가 처음
제나라의 국경에 이르렀을 때, 제나라의 큰 금지령이 무엇인가를
물어본 뒤에야 들어왔습니다. 제가 들어보니, 교외와 국경 사이에
사방 40리의 사냥터가 있는데, 여기서 고라니와 사슴을 잡는 자는

살인범과 똑같이 처벌한다는 것이었습니다. 그렇다면 이는 나라 안에 사방 40리나 되는 함정을 파놓은 것과 같으니, 백성들이 그것을 크다고 생각하는 것이 또한 당연하지 않겠습니까?"

齊宣王問曰(제선왕문왈): "文王之囿方七十里(문왕지유방칠십리), 有諸(유저)?"

孟子對曰(맹자대왈): "於傳有之(어전유지)."

曰(왈): "若是其大乎(야시기대호)?"

曰(왈): "民猶以爲小也(민유이위소야)."

曰(왈): "寡人之囿方四十里(과인지유방사십리), 民猶以爲大(민유이위대), 何也(하야)?"

曰(왈): "文王之囿方七十里(문왕지유방칠십리), 芻蕘者往焉(추요자왕언), 雉免者往焉(치토자왕언), 與民同之(여민동지). 民以爲小(민이위소), 不亦宜乎(불역의호)? 臣始至於境(신시지어경), 問國之大禁(문국지대금), 然後敢入(연후감입). 臣聞郊關之內有囿方四十里(신문교관지내유유방사십리), 殺其麋鹿者如殺人之罪(살기미녹자여살인지죄). 則是方四十里(즉시방사십리), 爲阱於國中(위정어국중). 民以爲大(민이위대), 不亦宜乎(불역의호)?"

2-3 이웃나라와의 교류

제나라 선왕이 물었습니다.

"이웃나라와 교류하는 데 어떤 방도가 있습니까?"

맹자께서 대답하셨습니다.

"있습니다. 오직 어진 사람만이 큰 나라로써 작은 나라와 교류

할 수 있습니다. 이 때문에 탕왕은 갈(하남성 영릉현寧陵縣에서 북쪽으로 15리 떨어진 곳에 위치)나라를 섬겼고, 문왕은 곤이(고대의 서융西戎에 위치한 나라)를 섬겼답니다. 오직 지혜로운 사람만이 작은 나라로써 큰 나라를 섬길 수 있습니다. 그래서 주나라의 태왕은 훈육(진한秦漢 시대의 흉노匈奴족)을 섬겼고, 월나라의 왕 구천(재위 기원전 496~465)은 오나라를 섬겼답니다. 큰 나라로써 작은 나라와 잘 교류하는 것은 하늘의 이치인 천리를 좋아하는 사람입니다. 작은 나라로써 큰 나라를 잘 섬기는 자는 천리를 두려워하는 자입니다. 천리를 좋아하는 사람은 천하를 보전할 수 있고, 천리를 두려워하는 사람은 자기 나라를 보전할 수 있습니다. 『시경(詩經)』에 이르길 '천리의 위엄을 두려워하므로 때에 따라 나라를 잘 보존하는구나'라고 하였답니다."

이에 왕이 말했습니다.

"참으로 위대하신 말씀입니다. 그러나 과인에게는 결점이 있답니다. 과인은 용맹함을 좋아합니다."

그러자 맹자께서 대답하셨습니다.

"왕께서는 사소한 용맹을 좋아하지 마시기 바랍니다. 어떤 이가 칼을 손에 쥐고 노려보면서 '저놈이 감히 나를 당할 건가!'라고 말하는 것은 필부의 용맹일 뿐, 겨우 한 사람을 대적하는 겁니다. 왕께서는 용맹을 크게 가지시길 바랍니다. 『시경(詩經)』에 이르길 '왕이 크게 화가 나 군대를 정비하시고, 거(지금의 산둥山東 성 쥐莒 현에 있었던 주대周代의 나라)로 가는 길을 막아서 주나라의 복을 두터이 하고, 온 천하의 기대에 응하셨네'라고 하였습니다. 이는 문왕의 용맹을 말한 겁니다. 문왕은 한 번 노하셔서 온 천하의 백성을 편안하게 해주었습니다. 『서경(書經)』에 '하늘이 백성들을 이 세상에 내리실 때, 그들에게 임금을 만드시고, 그들에게 스승을 만들어 오직 상제를 도와 사방의 백성을 사랑하게 하였다. 죄가 있든 죄가 없든 오직 나(무왕)에게 달려 있으니, 천하 사람들이 어찌 감히 그 뜻을 뛰어넘을 수 있겠는가?'라고 했습니다. 단 한 사람(주왕)이 세상에서 무도하게 횡행하는 것을 무왕은 부끄럽게 생각했으니, 이는 무왕의 용맹입니다. 무왕은 한 번 화를 냄으로써 천하의 백성들을 편안하게 했습니다. 이제 왕께서도 한 번 화를 내시어 천하의 백성들을 편안하게 해주신다면, 백성들은 오로지 왕께서 용맹을 좋아하지 않으실까 걱정할 겁니다."

齊宣王問曰(제선왕문왈): "交鄰國有道乎(교린국유도호)."

孟子對曰(맹자대왈): "有(유). 惟仁者爲能以大事小(유인자위능이대사소), 是故湯事葛(시고탕사갈), 文王事昆夷(문왕사곤이), 惟智者爲能以小事大(유지자위능이소사대), 故大王事獯鬻(고대왕사훈육), 句踐事吳(구천사오). 以大事小者(이대사소자), 樂天者也(낙천자야), 以小事大者(이소사대자), 畏天者也(외천자야). 樂天者保天下(낙천자보천하), 畏天者保其國(외천자보기국). 詩云(시운): '畏天之威(외천지위), 于時保之(우시보지).'"

王曰(왕왈): "大哉言矣(대재언의)! 寡人有疾(과인유질), 寡人好勇(과인호용)."

對曰(대왈): "王請無好小勇(왕청무호소용). 夫撫劍疾視曰(부무검질시왈): '彼惡敢當我哉(피오감당아재)!' 此匹夫之勇(차필부지용), 敵一

人者也(적일인자야). 王請大之(왕청대지)! 詩云(시운): '王赫斯怒(왕혁사노), 爰整其旅(원정기려), 以遏徂莒(이알조거), 以篤周祜(이독주호), 以對于天下(이대우천하).' 此文王之勇也(차문왕지용야). 文王一怒而安天下之民(문왕일노이안천하지민). 書曰(서왈): '天降下民(천강하민), 作之君(작지군), 作之師(작지사). 惟曰其助上帝(유왈기조상제), 寵之四方(총지사방). 有罪無罪(유죄무죄), 惟我在(유아재), 天下曷敢(천하갈감), 有越厥志(유월궐지).' 一人衡行於天下(일인형행어천하), 武王恥之(무왕치지). 此武王之勇也(차무왕지용야). 而武王亦一怒而安天下之民(이무왕역일노이안천하지민). 今王亦一怒而安天下之民(금왕역일노이안천하지민), 民惟恐王之不好勇也(민유공왕지불호용야)."

2-4 순수(巡狩)와 술직(述職)의 차이

제나라 선왕이 설궁에서 맹자를 만나고 물었습니다.

"어지신 현자들도 이러한 즐거움을 누립니까?"

맹자께서 대답하셨습니다.

"그렇답니다. 사람들은 자기의 뜻을 이루지 못하면 윗사람을 비난합니다. 자기의 뜻을 이루지 못한다고 윗사람을 비난하는 건 옳지 않지만, 백성의 윗사람이 되어서 백성들과 즐거움을 함께하지 않는 것 또한 옳지 않습니다. 임금이 백성들의 즐거움을 자신의 즐거움으로 여긴다면 백성들 또한 임금의 즐거움을 즐기고, 임금이 백성들의 근심을 걱정한다면 백성들도 임금의 근심을 걱정합니다. 천하와 즐거움을 함께하고 천하와 근심을 함께하고서도 왕 노릇을 하지 못한 이는 아직 없었습니다. 옛날에 제나라의 경공이 안자에게 물었습니다.

'나는 전부산과 조무산을 구경하고 바다를 따라 남쪽으로 내려가 멀리 낭야 읍까지 가고 싶은데, 내가 어떻게 해야 선왕들께서 구경한 것과 견줄 만하겠습니까?'

이에 안자가 대답했습니다.

'참으로 좋은 질문입니다. 천자가 제후의 영지에 가서 두루두루 살피는 것을 순수(巡狩)라고 합니다. 순수란 제후가 지키고 있는 땅을 순시한다는 뜻이고, 제후가 천자를 찾아뵙는 것을 술직(述職)이라고 합니다. 술직이란 제후가 맡은 직책을 보고한다는 뜻이랍니다. 그러니 일과 상관없는 것은 없습니다. 봄에는 밭갈이하는 것을 보살피고 부족한 것을 보충해 주며, 가을에는 추수하는 것을 보살피고 부족한 것을 도와줍니다. 그러므로 하나라의 옛말에 '임금님께서 놀지 않으신데 우리가 어찌 쉬겠습니까? 임금님께서 즐거워하지 않으신데 우리가 어찌 도움을 받을 수 있겠습니까?'라는 말이 있습니다. 옛 임금이 한 번 놀고 한 번 즐기는 것은 모든 제후들에게 본보기가 되었던 겁니다. 지금은 그렇지가 않아, 군대를 몰고 다니면서 양식을 징발하여 굶주린 자가 먹지 못하고, 수고로운 자가 쉬지 못해서 눈을 흘겨보며 서로 비방하여 백성들이 원망을 하는데도, 선왕의 명을 거역하고 백성을 하대해서 술 마시고 음식 먹기를 지나치게 해서 제후들의 근심거리가 되고 있습니다.

물살의 흐름을 따라 배를 타고 내려가며 즐기다가 되돌아가기를 잊는 것을 유(流)라 하고, 물살의 흐름을 거슬러 배를 타고 올라가며 즐기다가 되돌아오기를 잊는 것을 연(連)이라 합니다. 짐승을 쫓아 사냥하면서 만족하지 못해 그만두지 않는 것을 황(荒)이라 하고, 술 마시는 것을 즐기면서 적당히 마실 줄 모르는 것을 망(亡)이라 합니다. 선왕께서는 이러한 유연한 즐거움과 황망한 행동이 없었습니다. 오직 왕의 행동에 달렸습니다.'

경공은 안자의 말을 기쁘게 듣고 온 나라 안에 훈령을 내리고 교외로 나와 처음으로 창고를 열어 곤궁한 백성들을 구제해 주었습니다. 그러고는 태사를 불러놓고 말했습니다. '나를 위하여 임금과 신하가 서로 기뻐할 음악을 만들어다오.'

이리하여 만들어진 음악이 치소와 각소랍니다. 그 가사에 이르기를 '임금께서 하고자 하시는 것을 막는 것이 무슨 허물이 되리오'라고 했습니다. 임금이 하고자 하시는 것을 막는 것은 임금을 좋아하기 때문이랍니다."

齊宣王見孟子於雪宮(제선왕견맹자어설궁). 王曰(왕왈): "賢者亦有此樂乎(현자역유차낙호)?"

孟子對曰(맹자대왈): "有(유). 人不得(인부득), 則非其上矣(즉비기상의). 不得而非其上者(부득이비기상자), 非也(비야), 爲民上而不與民同樂者(위민상이부여민동락자), 亦非也(역비야). 樂民之樂者(낙민지락자), 民亦樂其樂(민역락기락), 憂民之憂者(우민지우자), 民亦憂其憂(민역우기우). 樂以天下(낙이천하), 憂以天下(우이천하), 然而不王者(연이불왕자), 未之有也(미지유야). 昔者齊景公問於晏子曰(석자제경공문어안자왈): '吾欲觀於轉附(오욕관어전부), 朝儛(조무), 遵海而南(준해이남), 放於琅邪(방어랑야). 吾何脩而可以比於先王觀也(오하수이가이비어선왕관야)?'

晏子對曰(안자대왈): '善哉問也(선재문야)! 天子適諸侯曰巡狩(천자적제후왈순수), 巡狩者巡所守也(순수자순소수야), 諸侯朝於天子曰述職(제후조어천자왈술직), 述職者述所職也(술직자술소직야). 無非事者(무비사자). 春省耕而補不足(춘생경이보부족), 秋省斂而助不給(추성렴이조불급). 夏諺曰(하언왈): '吾王不遊(오왕불유), 吾何以休(오하이휴)? 吾王不豫(오왕불예), 吾何以助(오하이조)?' 一遊一豫(일유일예), 爲諸侯度(위제후도). 今也不然(금야불연), 師行而糧食(사행이량식), 飢者弗食(기자불식), 勞者弗息(노자불식). 睊睊胥讒(견견서참), 民乃作慝(민내작특). 方命虐民(방명학민), 飮食若流(음식야류). 流連荒亡(유연황망), 爲諸侯憂(위제후우).

從流下而忘反謂之流(종유하이망반위지유), 從流上而忘反謂之連(종류상이망반위지연), 從獸無厭謂之荒(종수무염위지황), 樂酒無厭謂之亡(낙주무염위지망). 先王無流連之樂(선왕무유연지락), 荒亡之行(황망지행). 惟君所行也(유군소행야).'

景公說(경공설), 大戒於國(대계어국), 出舍於郊(출사어교). 於是始興發補不足(어시시흥발보부족). 召大師曰(소대사왈): '爲我作君臣相說之樂(위아작군신상열지락).'

蓋徵招角招是也(개징초각초시야). 其詩曰(기시왈): '畜君何尤(축군하우)?' 畜君者(축군자), 好君也(호군야)."

2-5 명당이란 것은 왕의 집

제나라 선왕이 맹자께 물었습니다.

"사람들이 모두 나에게 명당을 헐어버리라고 말합니다. 헐어야 합니까? 그냥 그대로 두어야 합니까?"

맹자께서 대답하셨습니다.

"명당이란 것은 왕의 집입니다. 왕께서 왕정을 행하고자 하시거든, 그것을 헐지 마십시오."

왕이 다시 물었습니다.

"왕정에 대해 들어볼 수 있겠습니까?"

맹자께서 대답하셨습니다.

"옛날 문왕이 기(岐)땅을 다스릴 때 농사짓는 자에게 9분의 1의 세금을 받았고, 벼슬하는 자에게는 대대로 녹을 주었습니다. 관문이나 시장에서는 그 사정을 살피고 조사는 하되 세금을 받지는 않았고, 연못에서 물고기 잡는 것을 금하지 않았으며, 죄 있는 자를 처벌할 때도 처자식에게까지 미치게 하지는 않았답니다. 늙어서 아내가 없는 것을 홀아비라 하고, 늙어서 남편이 없는 것을 과부라고 합니다. 늙어서 자식이 없는 것을 외로움이라 하고, 어려서 부모가 없는 것을 고아라고 합니다. 이 네 가지에 속한 사람들은 천하의 궁한 백성들로서 호소할 곳이 없는 사람들입니다. 문왕은 정사를 펼치실 때 인을 베풀어 반드시 이 네 부류의 사람들을 먼저 구제하였답니다. 『시경(詩經)』에 이르길 '좋기도 하겠다, 저 부유한 사람들은! 가엾구나, 이 외로운 사람들!'이라고 했습니다."

齊宣王問曰(제선왕문왈): "人皆謂我毀明堂(인개위아훼명당). 毀諸 (훼제)? 已乎(이호)?"

孟子對曰(맹자대왈): "夫明堂者(부명당자), 王者之堂也(왕자지당 야). 王欲行王政(왕욕행왕정), 則勿毀之矣(즉물훼지의)."

王曰(왕왈): "王政可得聞與(왕정가득문여)?"

對曰(대왈): "昔者文王之治岐也(석자문왕지치기야), 耕者九一(경자구일), 仕者世祿(사자세녹), 關市譏而不征(관시기이부정), 澤梁無禁(택량무금), 罪人不孥(죄인불노). 老而無妻曰鰥(노이무처왈환). 老而無夫曰寡(노이무부왈과). 老而無子曰獨(노이무자왈독). 幼而無父曰孤(유이무부왈고). 此四者(차사자), 天下之窮民而無告者(천하지궁민이무고자). 文王發政施仁(문왕발정시인), 必先斯四者(필선사사자). 詩云(시운): '哿矣富人(가의부인), 哀此煢獨(애차경독).'"

문왕이 말했습니다.

"좋은 말씀입니다!"

맹자께서 말씀하셨습니다.

"왕께서 좋다고 여기신다면 어찌 실천하지 않으십니까?"

왕이 말했습니다.

"나에게는 결함이 있답니다. 나는 재물을 좋아합니다."

맹자께서 대답하셨습니다.

"옛날에 공유도 재물을 좋아했답니다. 『시경(詩經)』에 이르길 '곡식을 노적가리에 쌓고 창고에 쌓아 두었건만 마른 곡식은 큰 부대와 작은 부대에 따로 담아 두었네! 백성들을 편안하게 하여 나라를 빛나게 하기 위해 활과 화살을 펼쳐들고서 방패와 창과 도끼를 치켜 올려 잡고, 그제야 비로소 전쟁터로 떠나가는구나!'라고 했습니다. 그러므로 남아 있는 사람에게는 노적가리와 창고에 쌓인 곡식이 있고, 떠나가는 사람에게는 싸 가지고 갈 곡식이 있었으니, 그렇게 한 뒤에야 비로소 떠날 수가 있었답니다. 왕께서 재물을 좋아하시되 백성들과 함께하신다면 왕 노릇을 하시는 데 어떤 어려움이 있겠습니까?"

그러자 왕이 말했습니다.

"과인에게는 결함이 있으니, 과인은 여색을 좋아한답니다."

이에 맹자께서 대답하셨습니다.

"옛날에 태왕께서도 여색을 좋아하여 그 왕비를 아주 사랑했답니다.『시경(詩經)』에 이르길 '주나라의 왕업을 일으킨 무왕의 할아버지 고공단보가 쫓길 적에 아침 일찍 말을 몰아 달리시어 서쪽 물가를 따라 기산 아래에 이르시어, 여기서 강녀와 함께 사이좋게 지내셨네'라고 했습니다. 그때에는 안으로는 남편 없는 여인이 없었고, 밖으로는 아내 없는 사내가 없었던 겁니다. 왕께서 여색을 좋아하시되 백성들과 함께하시다면 왕 노릇을 하시는 데 무슨 상관이 있겠습니까?"

王曰(왕왈): "善哉言乎(선재언호)!"

曰(왈): "王如善之(왕여선지), 則何爲不行(즉하위불행)?"

王曰(왕왈): "寡人有疾(과인유질), 寡人好貨(과인호화)."

對曰(대왈): "昔者公劉好貨(석자공류호화), 詩云(시운): '乃積乃倉(내적내창), 乃裹餱糧(내과후량), 于橐于囊(우탁우낭). 思戢用光(사집용광). 弓矢斯張(궁시사장), 干戈戚揚(간과척양), 爰方啓行(원방계행).' 故居者有積倉(고거자유적창), 行者有裹囊也(행자유과낭야), 然後可以爰方啓行(연후가이원방계행). 王如好貨(왕여호화), 與百姓同之(여백성동지), 於王何有(어왕하유)?"

王曰(왕왈): "寡人有疾(과인유질), 寡人好色(과인호색)."

對曰(대왈): "昔者大王好色(석자대왕호색), 愛厥妃(애궐비). 詩云(시운): '古公亶甫(고공단보), 來朝走馬(내조주마), 率西水滸(율서수호), 至于岐下(지우기하). 爰及姜女(원급강녀), 聿來胥宇(율내서우).' 當是時也(당시시야), 內無怨女(내무원녀), 外無曠夫(외무광부). 王如好色(왕여호색), 與百姓同之(여백성동지), 於王何有(어왕하유)?"

2-6 나라가 잘 다스려지지 않는다면

맹자께서 제나라 선왕에게 말씀하셨습니다.

"왕의 신하가 자기의 아내와 자식을 친구에게 맡기고 초나라로 유학을 떠났다고 합시다. 그런데 이 사람이 돌아와 보니 그 친구가 자기의 처자식을 춥고 굶주리게 했다면, 왕께서 그 사람을 어떻게 하시겠습니까?"

왕이 말했습니다.

"절교해 버리지요."

맹자께서 다시 물었습니다.

"재판관이 그 관리를 잘못 다스린다면 어찌하시겠습니까?"

왕이 대답했습니다.

"파면을 시키지요."

맹자께서 다시 물었습니다.

"나라가 잘 다스려지지 않는다면 어찌하시겠습니까?"

그러자 왕이 좌우에 있는 사람들을 돌아보면서 엉뚱한 말을 하였습니다.

孟子謂齊宣王曰(맹자위제선왕왈): "王之臣有託其妻子於其友(왕지신유탁기처자어기우), 而之楚遊者(이지초유자). 比其反也(비기반야), 則凍餒其妻子(즉동뇌기처자), 則如之何(즉여지하)?"

王曰(왕왈): "棄之(기지)."

曰(왈): "士師不能治士(사사불능치사), 則如之何(즉여지하)?"

王曰(왕왈): "已之(이지)."

曰(왈): "四境之內不治(사경지내불치), 則如之何(즉여지하)?"

王顧左右而言他(왕고좌우이언타).

2-7 어진 사람을 등용하는 방법

맹자께서 제나라 선왕을 뵙고는 말씀하셨습니다.

"이른바 오래된 나라란 키 큰 나무가 있음을 가리키는 말이 아니고, 대대로 이어오는 오랜 신하가 있는 것을 두고 하는 말이랍니다. 왕께서는 신임할 신하가 없습니다. 왕께서는 지난날에 등용한 사람을 지금 모두 파면했다는 것을 모르고 계십니다."

왕이 물었습니다.

"내가 어떻게 하면 처음부터 그들의 무능함을 알아서 등용하지 않을 수 있겠습니까?"

맹자께서 말씀하셨습니다.

"임금이 어진 사람을 등용하는 것은 매우 신중이 해야 합니다. 낮은 사람을 높은 사람 위에 앉히고 생소한 사람을 친척보다 위에 앉히기도 하는 것이니 어찌 신중하지 않을 수 있겠습니까? 좌우에 있는 사람들 모두가 현량하다 할지라도 �섭사리 등용해서는 안 됩니다. 또 여러 대부들이 모두 현량하다고 말해도 안 됩니다. 온 나라 사람 모두가 현량하다고 말한 뒤에야 비로소 그 사람을 살펴보시고 현량함이 보이면 그 후에야 등용하셔야 합니다. 좌우 사람들 모두가 안 된다고 해도 그 말을 듣지 마시고, 온 백성들이 안 된다고 말한 뒤에야 그 사람을 살펴보고 안 되겠다 싶으면 그때 그를 내보내십시오.

좌우의 사람들이 모두 죽여야 한다고 말하더라도 그 말을 듣지 마시고, 여러 대부들이 죽여야 한다고 하더라도 듣지 마시고, 온 백성들이 모두 죽여야 한다고 말한 뒤에야 그 사람을 살펴서 죽여야 할 것을 발견한 뒤에야 죽이십시오. 그래야 온 나라 사람이 그 사람을 죽였다고 말할 수 있는 것이니, 그렇게 된 뒤에야 백성의 부모라고 할 수 있습니다."

孟子見齊宣王曰(맹자견제선왕왈): "所謂故國者(소위고국자), 非謂有喬木之謂也(비위유교목지위야), 有世臣之謂也(유세신지위야). 王無親臣矣(왕무친신의), 昔者所進(석자소진), 今日不知其亡也(금일부지기망야)."

王曰(왕왈): "吾何以識其不才而舍之(오하이식기부재이사지)?"

曰(왈): "國君進賢(국군진현), 如不得已(여부득이), 將使卑踰尊(장사비유존), 疏踰戚(소유척), 可不愼與(가불신여)? 左右皆曰賢(좌우개왈현), 未可也(미가야). 諸大夫皆曰賢(제대부개왈현), 未可也(미가야). 國人皆曰賢(국인개왈현), 然後察之(연후찰지). 見賢焉(견현언), 然後用之(연후용지). 左右皆曰不可(좌우개왈불가), 勿聽(물청). 諸大夫皆曰不可(제대부개왈불가), 勿聽(물청). 國人皆曰不可(국인개왈불가), 然後

察之(연후찰지). 見不可焉(견불가언), 然後去之(연후거지).

左右皆曰可殺(좌우개왈가살), 勿聽(물청), 諸大夫皆曰可殺(제대부개왈가살), 勿聽(물청), 國人皆曰可殺(국인개왈가살), 然後察之(연후찰지), 見可殺焉(견가살언), 然後殺之(연후살지). 故曰(고왈), 國人殺之也(국인살지야). 如此然後(여차연후), 可以爲民父母(가이위민부모)."

2-8 걸왕과 주왕의 축출

제나라의 선왕이 물었습니다.

"상나라 탕임금이 하나라의 걸왕을 몰아내고, 주나라의 무왕이 은나라의 주왕을 징벌했다고 하는데, 그러한 일이 있었습니까?"

맹자께서 대답하셨습니다.

"전해 오는 옛 문헌에 그러한 기록이 있답니다."

다시 선왕이 물었습니다.

"신하가 자기 임금을 죽여도 괜찮습니까?"

맹자께서 말씀하셨습니다.

"인(仁)을 해치는 자를 적(賊)이라 하고, 의(義)를 해치는 사람을 잔(殘)이라 하며, 이러한 잔적(殘賊)을 일삼는 자를 일러 한 사람의 필부인 일부(一夫)라고 합니다. 그렇기에 무왕이 일부에 불과한 주를 죽였다는 말은 들었어도, 자기 임금을 죽였다는 말은 듣지 못했답니다."

齊宣王問曰(제선왕문왈): "湯放桀(탕방걸), 武王伐紂(무왕벌주), 有諸(유저)?"

孟子對曰(맹자대왈): "於傳有之(어전유지)."

曰(왈): "臣弑其君可乎(신시기군가호)?"

曰(왈): "賊仁者謂之賊(적인자위지적), 賊義者謂之殘(적의자위지
잔), 殘賊之人謂之一夫(잔적지인위지일부). 聞誅一夫紂矣(문주일부주
의), 未聞弑君也(미문시군야)."

2-9 도목수와 옥공예가

맹자께서 제나라 선왕을 뵙고 말씀하셨습니다.

"큰 집을 지으려면 반드시 먼저 도목수를 시켜 큰 나무를 구해
오게 할 겁니다. 도목수가 큰 나무를 구해 오면 왕께서는 기뻐하
시고, 그 나무가 제구실을 해낼 것이라고 생각하실 겁니다. 그러
나 목수들이 그 나무를 깎아서 너무 작게 만들면 왕께서는 화를 내
고 그 나무가 제구실을 해내지 못한다고 생각하실 겁니다. 어떤 사
람이 어려서부터 배워 장년이 되어 그 배운 것을 실행하려고 합니
다. 그런데 왕께서 '잠시 자네가 배운 것을 그만두고 나를 따르라'
고 하신다면 어떠하겠습니까? 지금 여기에 가공하지 않은 옥 덩어
리가 여기 있다고 합시다. 비록 이 옥을 다듬는 데 만일(萬鎰, '일萬'
은 '스물 넉 냥'이므로 '만일萬鎰'은 24만 냥)의 값이 나가더라도 왕께서
는 반드시 이것을 옥 다듬는 사람에게 갈도록 할 겁니다. 그런데
나라를 다스리는 데 있어서만 '잠시 네가 배운 것을 버려두고 나를
따르라'고 하신다면, 이는 옥을 다듬는 사람에게 옥 다듬는 기술을
새롭게 가르치는 것과 무엇이 다르겠습니까?"

孟子見齊宣王曰(맹자견제선왕왈): "爲巨室(위거실), 則必使工師求
大木(즉필사공사구대목). 工師得大木則王喜(공사득대목즉왕희), 以爲

能勝其任也(이위능승기임야). 匠人斲而小之(장인착이소지), 則王怒(즉왕노), 以爲不勝其任矣(이위불승기임의). 夫人幼而學之(부인유이학지), 壯而欲行之(장이욕행지). 王曰(왕왈): '姑舍女所學而從我(고사여소학이종아)', 則何如(즉하여)? 今有璞玉於此(금유박옥어차), 雖萬鎰(수만일), 必使玉人彫琢之(필사옥인조탁지). 至於治國家(지어치국가), 則曰(즉왈): '姑舍女所學而從我(고사여소학이종아)', 則何以異於敎玉人彫琢玉哉(즉하이리어교옥인조탁옥재)?"

2-10 무왕과 문왕의 업적

제나라 사람들이 연나라를 정벌하여 이겼습니다. 이에 제나라 선왕이 물었습니다.

"어떤 사람은 나에게 연나라를 빼앗지 말라 하고, 어떤 사람은 빼앗아 버리라고 합니다. 만승의 큰 나라(제나라)가 만승의 나라(연나라)를 정벌하여 50일 만에 대승을 거두었으니, 사람의 힘으로는 이렇게 되지 않았을 것이므로, 빼앗지 않으면 반드시 하늘의 재앙이 따를 겁니다. 그러니 빼앗아 버리는 것이 어떻겠습니까?"

맹자께서 대답하셨습니다.

"빼앗아서 연나라 백성들이 기뻐한다면 빼앗아 버리십시오. 옛 사람 가운데 그렇게 실행한 사람이 있었는데, 바로 무왕입니다. 빼앗아서 연나라 백성들이 기뻐하지 않는다면 빼앗지 마십시오. 옛 사람 가운데 그렇게 실행한 사람이 있었는데, 바로 문왕이랍니다. 만승의 나라가 같은 만승의 나라를 치는데 연나라 백성들이 대광주리에 담은 밥과 호리병에 담긴 마실 것을 가지고 왕의 군대를 환영한 것은 어찌 다른 뜻이 있었겠습니까? 물불의 재난과도 같은 사나운 정치를 피하려는 것입니다. 물이 더욱 깊어지고 불이 더욱 성화를 부린다면 백성의 마음 역시 다른 나라로 옮겨갈 뿐입니다."

齊人伐燕(제인벌연), 勝之(승지). 宣王問曰(선왕문왈): "或謂寡人勿取(혹위과인물취), 或謂寡人取之(혹위과인취지). 以萬乘之國伐萬乘之國(이만승지국벌만승지국), 五旬而舉之(오순이거지), 人力不至於此(인력부지어차). 不取(불취), 必有天殃(필유천앙). 取之(취지), 何如(하여)?"

孟子對曰(맹자대왈): "取之而燕民悅(취지이연민열), 則取之(즉취지). 古之人有行之者(고지인유행지자), 武王是也(무왕시야). 取之而燕民不悅(취지이연민불열), 則勿取(즉물취). 古之人有行之者(고지인유행지자), 文王是也(문왕시야). 以萬乘之國伐萬乘之國(이만승지국벌만승지국), 簞食壺漿(단식호장), 以迎王師(이영왕사). 豈有他哉(개유타재)? 避水火也(피수화야). 如水益深(여수익심), 如火益熱(여화익열), 亦運而已矣(역운이이의)."

2-11 천하의 병난

제나라 사람들이 연나라를 정벌하여 빼앗았습니다. 여러 나라 제후들이 연나라를 구해 주려고 도모했습니다. 제나라 선왕이 이에 대해 물었습니다.

"제후들 가운데 과인을 치려고 도모하는 자들이 많은데, 어떤 대책을 세워야 하겠습니까?"

이에 맹자께서 대답하셨습니다.

"제가 듣기론 사방 70리 땅을 가지고 천하를 다스린 사람이 있었는데, 바로 탕임금이 그분이랍니다. 천 리의 땅을 가지고 남을 두려워했다는 말은 이제껏 듣지 못했습니다. 『서경(書經)』에 이르길 '탕임금의 처음 정벌은 갈나라로부터 시작되었다네'라고 했는데, 천하가 모두 그를 믿었답니다. 그가 동쪽으로부터 정벌하면 서쪽의 오랑캐가 원망하였고, 남쪽으로부터 정복하면 북쪽의 오랑캐가 원망하며 말하길 '어찌 우리를 뒤로 미루는가?'라고 하였습니다. 백성들의 소망이 마치 큰 가뭄에 구름과 무지개가 일어 비가 내리기를 바라는 것과 같았습니다. 탕임금이 쳐들어가도 시장으로 장사하러 가는 사람이 여전히 그치지 않았고, 밭갈이하는 사람은 그대로 밭갈이를 했답니다. 그 나라의 임금을 죽여서 그 백성들을 위로하니, 마치 때에 맞추어 비가 내리는 것처럼 백성들은 기뻐하였답니다. 『서경』에 이르길 '우리 임금님이 오시기를 기다렸는데, 임금님이 오시니 우리는 살아났네!'라고 하였답니다. 지금 연나라의 임금은 자기 백성들을 학대하여 못살게 굴었습니다. 이때 왕께서 가시어 정벌하시자, 그곳 백성들은 물불의 재난 속에서 구해 줄 것이라 생각하여, 대광주리에 담은 밥과 호리병에 담은 마실 것을 가지고 왕의 군대를 환영하였던 겁니다. 만약 그들의 부모와 형제를 죽이고, 그들의 자제들을 포박하고, 그들의 종묘를 헐고, 그들의 소중한 제기를 빼앗아 간다면, 어찌 그것을 옳다고 하겠습니까? 천하가 참으로 제나라가 강대해지는 것을 두려워하고 있습니다. 지금은 또 연나라까지 합병해 영토가 두 배나 되었는데도 인정을 베풀어 행하지 않는다면, 이는 천하의 군대를 움직이게 하는 겁니다.

왕께서는 빨리 명령을 내리시어 포로로 잡은 노약자들을 돌려보내시고, 소중한 제기를 제자리로 갖다 두게 하고, 연나라의 백성들과 도모하여 새로운 임금을 세워 준 뒤에 군사를 철수하신다면, 제후국이 들고 일어나는 것을 멈추게 할 수 있을 겁니다."

齊人伐燕(제인벌연), 取之(취지). 諸侯將謀救燕(제후장모구연). 宣王曰(선왕왈): "諸侯多謀伐寡人者(제후다모벌과인자), 何以待之(하이대지)?"

孟子對曰(맹자대왈): "臣聞七十里爲政於天下者(신문칠십리위정어천하자), 湯是也(탕시야). 未聞以千里畏人者也(미문이천리외인자야). 書曰(서왈): '湯一征(탕일정), 自葛始(자갈시).' 天下信之(천하신지). 東面而征(동면이정), 西夷怨(서이원), 南面而征(남면이정), 北狄怨(북적원). 曰(왈): '奚爲後我(해위후아)?' 民望之(민망지), 若大旱之望雲霓也(야대한지망운예야). 歸市者不止(귀시자부지), 耕者不變(경자불변). 誅其君而弔其民(주기군이조기민), 若時雨降(약시우강), 民大悅(민대열). 書曰(서왈): '徯我后(혜아후), 后來其蘇(후내기소).' 今燕虐其民(금연학기민), 王往而征之(왕왕이정지). 民以爲將拯己於水火之中也(민이위장증기어수화지중야), 簞食壺漿(단식호장), 以迎王師(이영왕사). 若殺其父兄(야살기부형), 係累其子弟(계누기자제), 毁其宗廟(훼기종묘), 遷其重器(천기중기), 如之何其可也(여지하기가야)? 天下固畏齊之强也(천하고외제지강야). 今又倍地而不行仁政(금우배지이불행인정), 是動天下之兵也(시동천하지병야). 王速出令(왕속출령), 反其旄倪(반기모예), 止其重器(지기중기), 謀於燕衆(모어연중), 置君而後去之(치군이후거지), 則猶可及止也(즉유가급지야)."

2-12 백성들과 윗사람의 관계

추나라와 노나라가 전쟁을 벌였습니다. 목공이 물었습니다.

"우리 편의 장교가 33명이나 죽었는데도 백성들은 누구 하나 장교들을 위해 죽은 자가 없습니다. 이런 자들을 죽이자니 다 죽일 수도 없고, 그렇다고 내버려 두자니 상관의 죽음을 보고서도 구원하지 않은 것이 괘씸합니다. 이를 어찌하면 좋겠습니까?"

맹자께서 대답하셨습니다.

"흉년과 기근이 든 해에 임금의 백성들 중에 노약자들은 구렁텅이에 굴러 떨어져 죽고, 장정들은 사방으로 흩어져 도망친 자가 천 명이나 되었습니다. 그런데도 왕의 창고에는 곡식으로 가득 차 있고, 문서나 재물을 넣어둔 부고도 가득 차 있습니다. 그러나 관리들은 이것을 보고하지도 않았으니, 이것이야말로 윗사람들이 게을러서 아래 백성들을 죽이는 겁니다. 증자(曾子)는 '경계하고 경계하라! 너한테 나온 것은 너에게로 돌아간다!'라고 하였답니다. 백성들은 이제 자기네가 당한 것을 되돌려 주게 되었으니, 임금께서는 그들을 탓하지 마십시오. 임금께서 어진 정치를 행하시면, 백성들도 윗사람을 친애하고 윗사람을 위해서 죽을 겁니다."

鄒與魯鬨(추여노홍). 穆公問曰(목공문왈): "吾有司死者三十三人(오유사사자삼십삼인), 而民莫之死也(이민막지사야), 誅之(주지), 則不可勝誅(즉불가승주), 不誅(불주), 則疾視其長上之死而不救(즉질시기장상지사이불구), 如之何則可也(여지하즉가야)?"

孟子對曰(맹자대왈): "凶年饑歲(흉년기세), 君之民老弱轉乎溝壑(군지민노약전호구학), 壯者散而之四方者(장자산이지사방자), 幾千人

矣(기천인의), 而君之倉廩實(이군지창름실), 府庫充有司莫以告(부고
충유사막이고), 是上慢而殘下也(시상만이잔하야), 曾子曰(증자왈): '戒
之戒之(계지계지)! 出乎爾者(출호이자), 反乎爾者也(반호이자야).' 夫
民今而後得反之也(부민금이후득반지야). 君無尤焉(군무우언). 君行仁
政(군행인정), 斯民親其上(사민친기상), 死其長矣(사기장의)."

2-13 백성들의 신의

등나라의 문공이 물었습니다.

"등나라는 작은 나라인데 제나라와 초나라 사이에 끼어 있으니,
제나라를 섬겨야 합니까? 아니면 초나라를 섬겨야 합니까?"

맹자께서 대답하셨습니다.

"이런 대책에 대해서는 저도 알 수가 없습니다. 부득이하게 말씀
드리자면 한 가지가 있습니다. 이곳에 깊게 못(해자)을 파시고 성을
높게 쌓아서 백성들과 함께 지키되, 죽는 한이 있더라도 백성들이
달아나지 않는다면, 이것이야말로 해볼 만합니다."

滕文公問曰(등문공문왈): "滕(등), 小國也(소국야), 間於齊楚(간어제
초). 事齊乎(사제호)? 事楚乎(사초호)?"

孟子對曰(맹자대왈): "是謀非吾所能及也(시모비오소능급야). 無己
(무이), 則有一焉(즉유일언). 鑿斯池也(착사지야), 築斯城也(축사성야),
與民守之(여민수지), 效死而民弗去(효사이민불거), 則是可爲也(즉시
가위야)."

2-14 군자의 왕업과 국통

등나라 문공이 물었습니다.

"제나라 사람들이 장차 설나라에 성을 쌓으려 하는데, 나는 무척 두렵답니다. 이를 어떻게 하면 좋겠습니까?"

맹자께서 대답하셨습니다.

"옛날에 태왕이 빈 땅에 살 적에 북쪽의 오랑캐가 침략해 왔는데, 그곳을 버리고 기산 아래로 옮겨 살았답니다. 그곳을 선택한 게 아니라 부득이하게 그랬답니다. 진실로 선한 정치를 행하면 후세의 자손들 중에 반드시 왕 노릇할 이가 생겨납니다. 군자가 왕업을 일으키고 국통을 전하는 것은 그것을 계승해 나가기 위해서입니다. 그러나 그것의 성공 여부는 하늘에 달려 있답니다. 임금님께서는 제나라를 어떻게 하시겠습니까? 선한 정치를 실천하는 데 힘써야 할 뿐이랍니다."

滕文公問曰(등문공문왈): "齊人將築薛(제인장축설), 吾甚恐(오심공). 如之何則可(여지하즉가)?"

孟子對曰(맹자대왈): "昔者大王居邠(석자대왕거빈), 狄人侵之(적인침지), 去之岐山之下居焉(거지기산지하거언). 非擇而取之(비택이취지), 不得已也(부득이야). 苟爲善(구위선), 後世子孫必有王者矣(후세자손필유왕자의). 君子創業垂統(군자창업수통), 爲可繼也(위가계야). 若夫成功(야부성공), 則天也(즉천야). 君如彼何哉(군여피하재)? 彊爲善而已矣(강위선이이의)."

2-15 북쪽 오랑캐의 침략

등나라 문공이 물었습니다.

"등나라는 작은 나라입니다. 힘을 다해 큰 나라를 섬겨도 침략을 면할 수가 없으니, 어떻게 하면 좋겠습니까?"

맹자께서 대답하셨습니다.

"옛날에 태왕이 빈 땅에 살고 있을 때 북쪽 오랑캐가 침입해 왔습니다. 가죽과 비단을 바치며 섬겼지만 침략을 면할 수는 없었고, 개와 말을 바쳐서 섬겼지만 침략을 면할 수도 없었으며, 구슬과 옥을 바쳐 섬겼지만 침략을 면할 수는 없었답니다. 이에 태왕은 그곳의 노인들을 모아 놓고 일러 말하기를 '북쪽 오랑캐들이 가지고 싶어 하는 것은 우리의 영토랍니다. 내가 듣기론 군자는 사람을 길러내는 수단에 불과한 땅 때문에 사람을 희생시키지는 않는다고 했습니다. 그대들은 임금이 없다는 것을 어찌 걱정할 필요가 있겠소? 나는 이제 이 땅을 내주고 떠나려 합니다'라고 하고선 빈 땅을 떠나 양산을 넘어 기산 아래에 도읍을 정하고 살았습니다. 빈 땅의 사람들이 '어진 사람이로구나! 놓쳐서는 아니 된다'라고 하면서, 그를 따라가는 사람들이 시장으로 몰려드는 사람들처럼 많았습니다. 그러나 어떤 사람은 '조상 대대로 지켜온 땅이라서 내 마음대로 할 수 있는 것이 아니니, 죽는 한이 있더라도 떠나지 말아야 한다'라고 했답니다. 왕께서는 이 두 가지 가운데 하나를 선택하도록 하십시오."

滕文公問曰(등문공문왈): "滕(등), 小國也(소국야). 竭力以事大國(갈력이사대국), 則不得免焉(즉부득면언). 如之何則可(여지하즉가)?"

孟子對曰(맹자대왈): "昔者大王居邠(석자대왕거빈), 狄人侵之(적인침지). 事之以皮幣(사지이피폐), 不得免焉(부득면언), 事之以犬馬(사지이견마), 不得免焉(부득면언), 事之以珠玉(사지이주옥), 不得免焉(부득면언). 乃屬其耆老而告之曰(내속기기노이고지왈): '狄人之所欲者(적인지소욕자), 吾土地也(오토지야). 吾聞之也(오문지야), 君子不以其所以養人者害人(군자불이기소이양인자해인). 二三子何患乎無君(이삼자하환호무군)? 我將去之(아장거지).' 去邠(거빈), 踰梁山(유양산), 邑于岐山之下居焉(읍우기산지하거언). 邠人曰(빈인왈): '仁人也(인인야), 不可失也(불가실야).' 從之者如歸市(종지자여귀시). 或曰(혹왈): '世守也(세수야), 非身之所能爲也(비신지소능위야). 效死勿去(효사물거).' 君請擇於斯二者(군청택어사이자)."

2-16 노나라 평공과 맹자

노나라 평공이 막 외출하려 하자 임금의 총애를 받는 장창이라는 사람이 물었습니다.

"다른 날에는 왕께서 외출하시려면 반드시 관원에게 가시는 곳을 말씀하셨는데, 오늘은 이미 수레에 말을 매어 놓았는데도 관원이 아직 가시는 곳을 모르고 있어서, 감히 이를 묻고 싶사옵니다."

그러자 평공이 대답했습니다.

"맹자를 만나보려 한다네."

이에 장창이 물었습니다.

"무엇 때문입니까? 왕께서 자신의 몸을 가볍게 하셔서 필부를 찾아가시는 것은 그자가 현량하다고 해서 그러시는 겁니까? 예의란 현량한 사람으로부터 나오는 겁니다. 그런데 맹자는 모친의 초상을 부친의 초상보다 지나치게 화려하게 치렀습니다. 그러니 왕께서는 만나지 마십시오."

이에 평공이 대답했습니다.

"그럼 그렇게 하지."

악정자가 입궁하여 평공을 뵙고서는 물었습니다.

"왕께서는 어찌하여 맹가(맹자의 이름)를 만나지 않으십니까?"

평공이 대답했습니다.

"어떤 사람이 나에게 말하길 '맹자는 모친의 초상을 부친의 초상보다 지나치게 화려하게 치렀다고 말했다네. 그래서 가서 만나보지 않았다네."

이에 악정자가 물었습니다.

"왕께서 지나치게 잘 치렀다고 말씀하신 것은 무엇입니까? 앞서 치른 아버지는 선비의 예로써 했는데 뒤의 어머니는 대부의 예로써 치렀고, 앞서 치른 것은 삼정(三鼎, 선비에게 제사 지낼 때 사용한 3가지 제물)의 제물을 썼는데 뒤에는 오정(五鼎, 대부에게 제사 지낼 때 사용한 5가지 제물)의 제물을 쓴 것을 말씀하시는 겁니까?"

그러자 평공이 말했습니다.

"아니라네. 관곽(棺槨, 시신을 넣는 속관과 겉 관)과 수의가 좋았던 것을 말한 것이라네."

악정자가 말했습니다.

"그것은 지나쳤다고 말할 만하지 않습니다. 부친의 초상 때와 모친의 초상 때가 재력이 같지 않았기 때문입니다."

악정자가 맹자를 뵙고 말했습니다.

"제가(악정의 이름은 극克) 왕께 말씀드려 왕께서 선생님을 찾아 뵈려 했었는데, 임금의 총애를 받는 장창이라는 자가 막았기 때문에 왕께서 오시지 못한 겁니다."

그러자 맹자께서 말씀하셨습니다.

"가는 것도 혹 그렇게 시키는 것이 있고, 그만두는 것도 혹 그렇게 시키는 것이 있어서 그러하니, 가는 것도 그만두는 것도 사람이 할 수 있는 것이 아니라네. 내가 노나라의 제후를 만나지 못한 것은 하늘의 뜻일 것이네. 장가 따위가 어떻게 내가 임금을 만나는 걸 못하게 할 수 있겠는가?"

魯平公將出(노평공장출), 嬖人臧倉者請曰(폐인장창자청왈): "他日君出(타일군출), 則必命有司所之(즉필명유사소지). 今乘輿已駕矣(금승여이가의), 有司未知所之(유사미지소지). 敢請(감청)."

公曰(공왈): "將見孟子(장견맹자)."

曰(왈): "何哉(하재)? 君所爲輕身以先於匹夫者以爲賢乎(군소위경신이선어필부자이위현호)? 禮義由賢者出(예의유현자출). 而孟子之後喪踰前喪(이맹자지후상유전상). 君無見焉(군무견언)!"

公曰(공왈): "諾(낙)."

樂正子入見(악정자입견), 曰(왈): "君奚爲不見孟軻也(군해위불견맹가야)?"

曰(왈): "或告寡人曰(혹고과인왈): '孟子之後喪踰前喪(맹자지후상유전상).' 是以不往見也(시이불왕견야)."

曰(왈): "何哉君所謂踰者(하재군소위유자)? 前以士(전이사), 後以

大夫(후이대부), 前以三鼎(전이삼정), 而後以五鼎與(이후이오정여)?"

曰(왈): "否(부), 謂棺槨衣衾之美也(위관곽의금지미야)."

曰(왈): "非所謂踰也(비소위유야), 貧富不同也(빈부부동야)."

樂正子見孟子(악정자견맹자), 曰(왈): "克告於君(극고어군), 君爲來見也(군위내견야). 嬖人有臧倉者沮君(폐인유장창자저군), 君是以不果來也(군시이불과내야)."

曰(왈): "行或使之(행혹사지), 止或尼之(지혹니지). 行止(행지), 非人所能也(비인소능야). 吾之不遇魯侯(오지불우노후), 天也(천야). 臧氏之子焉能使予不遇哉(장씨지자언능사여불우재)?"

공손추장구상
公孫丑章句上

• • •

3-1 관중과 안자와 제나라

맹자의 제자 공손추가 여쭈었습니다.

"스승님께선 제나라의 요직에 계신다면 관중이나 안자의 공적을 다시 이룰 수 있겠습니까?"

이에 맹자께서 말씀하셨습니다.

"관중과 안자만 아는 걸 보니 자네는 분명 제나라 사람이로구나. 어떤 사람이 증서에게 '당신과 자로 중에 누가 더 현량합니까?'라고 묻자 증서가 펄쩍 뛰면서 말했다. '그분은 우리 선친께서도 두려워하시던 분이라네' 그러자 또 '그렇다면 당신과 관중 가운데 누가 현량합니까?'라고 묻자 증서는 노기를 띠고 불쾌하다는 듯 말했단다. '자네는 무엇 때문에 나를 관중 따위에 비교하는가? 관중은 환공의 신임을 독차지하고 국정을 오랫동안 행해 왔지만 그의 공적은 보잘 것 없는 것인데, 자네는 어찌하여 나를 관중과 비교하려 하는가?'"

公孫丑問曰(공손추문왈): "夫子當路於齊(부자당노어제), 管仲(관중), 晏子之功(안자지공), 可復許乎(가복허호)?"

孟子曰(맹자왈): "子誠齊人也(자성제인야), 知管仲(지관중), 晏子而已矣(안자이이의). 或問乎曾西曰(혹문호증서왈): '吾子與子路孰賢(오자여자로숙현)?' 曾西蹴然曰(증서축연왈): '吾先子之所畏也(오선자지소외야).' 曰(왈): '然則吾子與管仲孰賢(연즉오자여관중숙현)?' 曾西艴然不悅(증서불연불열), 曰(왈): '爾何曾比予於管仲(이하증비여어관중)? 管仲得君(관중득군), 如彼其專也(여피기전야), 行乎國政(행호국정), 如彼其久也(여피기구야), 功烈(공렬), 如彼其卑也(여피기비야). 爾何曾比予於是(이하증비여어시)?'"

맹자께서 말씀하셨습니다.

"관중은 증서조차도 비교되기를 싫어했는데, 자네는 내가 관중처럼 되기를 원한단 말인가?"

이에 공손추가 말했습니다.

"관중은 환공을 도와 패자가 되게 하였고, 안자는 경공을 도와서 이름을 떨치게 했습니다. 그런데도 관중과 안자는 본받기에 부족합니까?"

맹자께서 말씀하셨습니다.

"제나라와 같은 큰 나라라면 왕이 되기란 손바닥을 뒤집는 것보다 더 쉬운 일이라네."

이에 공손추가 다시 여쭈었습니다.

"그렇게 말씀하시면 저는 더 혼란스러워집니다. 문왕은 덕이 있으면서도 백 년을 사셨는데 그 덕을 천하에 충분히 행하지 못했고, 아들인 무왕과 주공이 뒤를 이은 뒤에야 그 덕이 크게 행해지게 되었습니다. 이제 왕 노릇하기가 그와 같이 쉽다면, 문왕도 본받기에 부족함이 있다는 말씀인가요?"

曰(왈): "管仲(관중), 曾西之所不爲也(증서지소불위야), 而子爲我願之乎(이자위아원지호)?"

曰(왈): "管仲以其君霸(관중이기군패), 晏子以其君顯(안자이기군현). 管仲(관중), 晏子猶不足爲與(안자유부족위여)?"

曰(왈): "以齊王(이제왕), 由反手也(유반수야)."

曰(왈): "若是(약시), 則弟子之惑滋甚(즉제자지혹자심). 且以文王之德(차이문왕지덕), 百年而後崩(백년이후붕), 猶未洽於天下(유미흡어천하), 武王(무왕), 周公繼之(주공계지), 然後大行(연후대행). 今言王若易然(금언왕약이연), 則文王不足法與(즉문왕부족법여)?"

그러자 맹자께서 말씀하셨습니다.

"어찌 문왕에 비교할 수 있겠느냐? 은나라에는 탕임금부터 무정에 이르기까지 어질고 성스러운 군주가 6~7명이 나와서 천하의 마음이 은나라로 돌아간 지가 오래되었지. 오래되면 변하기가 어렵단다. 무정이 제후들을 조회에 참석케 하여 천하를 통일했는데, 이것은 마치 손바닥을 움직이는 것처럼 쉬운 일이었지. 은나라를 망하게 한 주와 성군인 무정 때로부터 그리 멀지 않은 때이므로 그 옛집의 좋은 풍속이나 유풍과 선정이 아직 남아 있었단다. 뿐만 아니라 미자 · 미중 · 왕자 비간 · 기자 · 교격과 같은 사람은 모두가 현인인데, 그들이 서로 보좌해 주었기 때문에 오랫동안 유지한 뒤에야 망한 것이란다. 그때는 한 치의 땅도 은나라의 영토가 아닌 곳이 없었고, 한 명의 백성도 은나라 백성이 아닌 사람이 없었지. 그런데 문왕은 겨우 사방 백 리의 땅을 근거로 해서 일어났기 때문에 어려웠던 거란다.

曰(왈): "文王何可當也(문왕하가당야)? 由湯至於武丁(유탕지어무정), 賢聖之君六七作(현성지군육칠작). 天下歸殷久矣(천하귀은구의), 久則難變也(구즉난변야). 武丁朝諸侯有天下(무정조제후유천하), 猶運之掌也(유운지장야). 紂之去武丁未久也(주지거무정미구야), 其故家遺俗(기고가유속), 流風善政(유풍선정), 猶有存者(유유존자), 又有微子(우유미자), 微仲(미중), 王子比干(왕자비간), 箕子(기자), 膠鬲皆賢人也(교격개현인야), 相與輔相之(상여보상지), 故久而後失之也(고구이후실지야). 尺地莫非其有也(척지막비기유야), 一民莫非其臣也(일민막비기신야), 然而文王猶方百里起(연이문왕유방백리기), 是以難也(시이난야).

제나라 사람들에겐 이런 말이 있었단다. '아무리 지혜가 있더라도 시세를 타느니만 못하고, 아무리 호미나 괭이가 있더라도 때를 맞추어 농사짓는 것만 못하다.' 지금이야말로 쉬운 때란다. 하 · 은 · 주의 3대가 융성했을 때에도 영토가 사방 천 리를 못 넘었는데, 제나라는 그만한 땅을 차지하고, 닭 울고 개 짖는 소리가 온 사방의 국경 지대까지 들렸지. 그러니 토지를 더 늘리고 백성을 더 모을 필요도 없이 인정을 베풀어 왕 노릇을 한다면, 이것을 막을 자는 없을 거야. 게다가 왕다운 사람이 세상에 나타나지 않은 것이 지금보다 오래된 적이 없었으며, 백성들이 모진 정치에 시달리기가 지금보다 더 심한 적은 없었지. 굶주린 자는 어떤 음식이라도 먹을 수 있으며, 목마른 자는 어떤 마실 것이라도 마실 수 있지. 공자께서 이르시길 '덕이 퍼져 나가는 것은 역마를 갈아타고 명령을 전달하는 것보다 빠르다'고 하였다. 지금 같은 때를 만나서 제나라 같은 만승의 나라에서 인정을 베푼다면 백성의 기쁨은 거꾸로 매달린 사람이 풀려나는 것과 같을 것이므로, 하는 일을 옛 사람의 반만 해도 공덕은 그 배가 될 거야. 오직 지금만이 그렇게 할 수 있단다."

齊人有言曰(제인유언왈): '雖有智慧(수유지혜), 不如乘勢(불여승세), 雖有鎡基(수유자기), 不如待時(불여대시).' 今時則易然也(금시즉역연야). 夏后(하후), 殷(은), 周之盛(주지성), 地未有過千里者也(지미유과천리자야), 而齊有其地矣(이제유기지의), 雞鳴狗吠相聞(계명구폐상문), 而達乎四境(이달호사경), 而齊有其民矣(이제유기민의). 地不改辟矣(지불개벽의), 民不改聚矣(민불개취의), 行仁政而王(행인정이왕), 莫之能禦也(막지능어야). 且王者之不作(차왕자지부작), 未有疏於此時者也(미유소어차시자야), 民之憔悴於虐政(민지초췌어학정), 未有甚於此時者矣(미유심어차시자의), 飢者易爲食(기자이위식), 渴者易爲飲(갈자이위음). 孔子曰(공자왈): '德之流行(덕지유행), 速於置郵而傳命(속어

치우이전명).' 當今之時(당금지시), 萬乘之國行仁政(만승지국행인정), 民之悅之(민지열지), 猶解倒懸也(유해도현야). 故事半古之人(고사반고지인), 功必倍之(공필배지), 惟此時爲然(유차시위연)."

3-2 호연지기를 기르는 법

공손추가 여쭈었습니다.

"스승님이 제나라의 재상이 되셔서 도를 행하실 수 있다면, 이로 말미암아 제나라 임금을 왕이 되게 하건 패자가 되게 하건 이상할 건 없습니다만, 그렇게 될 경우에 스승님께선 마음이 동요되는 일은 없겠습니까?"

맹자께서 말씀하셨습니다.

"아니란다. 나는 나이 40부터는 마음이 동요된 적은 없단다."

이에 공손추가 말했습니다.

"그렇다면 스승님께선 맹분보다 훨씬 더 용감한 겁니다."

그러자 맹자께서 말씀하셨습니다.

"그건 어려운 일이 아니란다. 고자도 나보다 일찍이 마음이 동요되지 않았단다."

다시 공손추가 여쭈었습니다.

"마음이 동요되지 않게 하는 데에 어떤 방법이 있습니까?"

이에 맹자께서 말씀하셨습니다.

"있지. 북궁유가 용기를 수양하는 걸 보면, 그는 살을 찔러도 꿈쩍하지 않고 눈을 찔러도 깜박이지 않았을 뿐더러 추호라도 남에게 꺾인다면 장터에서 매 맞은 것처럼 여겼지. 그리하여 헌 누더기를 입은 천한 사람에게도 모욕을 당하지 않았고, 만승의 천자한테도 모욕을 당하지 않았단다. 또한 만승의 군주를 찔러 죽이는 것을 마치 누더기 입은 천한 사람을 찔러 죽이는 것같이 여겼지. 그러므로 그에겐 두려워할 제후도 없었단다. 조금이라도 자기를 욕하는 소리가 들리면 반드시 그것에 대해 보복을 하였지. 또 맹시사가 용기를 기르는 걸 보면, 그가 말하길 '이기지 못할 걸 알면서도 이길 듯이 해야 한다. 적의 역량을 헤아려 보고서 앞으로 나아가고, 승리를 생각한 후에 싸운다면, 이는 적의 대병력을 두려워하는 것이다. 내가 어찌 매번 이긴다고 할 수 있겠는가? 다만 두려워하지 않을 뿐이다'라고 했지. 이렇게 볼 때, 맹시사는 증자와 비슷하고 북궁유는 자하와 비슷하니 두 사람의 용기 중 어느 편이 나은지는 모르겠으나, 맹시사는 자기 기운을 지키는 것에 요점을 두고 있단다. 옛날에 증자는 자양에게 일러 말하길 '그대는 용기를 좋아하는가? 나는 일찍이 스승님이신 공자님께 큰 용기에 대해 들었는데, 스스로 돌이켜서 정당하지 않으면 비록 칡 옷을 입은 천한 사람에게도 겁을 내어 가질 못할 것이다. 그러나 스스로 돌이켜보아서 정당할 때는 비록 천만 명이라 할지라도 나는 갈 것이다'라고 했단다."

公孫丑問曰(공손추문왈): "夫子加齊之卿相(부자가제지경상), 得行道焉(득행도언), 雖由此霸王不異矣(수유차패왕불이의). 如此(여차), 則動心否乎(즉동심부호)?"

孟子曰(맹자왈): "否(부). 我四十不動心(아사십부동심)."

曰(왈): "若是(약시), 則夫子過孟賁遠矣(즉부자과맹분원의)."

曰(왈): "是不難(시불난), 告子先我不動心(고자선아부동심)."

曰(왈): "不動心有道乎(부동심유도호)?"

曰(왈): "有(유). 北宮黝之養勇也(북궁유지양용야), 不膚撓(불부요), 不目逃(불목도), 思以一豪挫於人(사이일호좌어인), 若撻之於市朝(약달지어시조). 不受於褐寬博(불수어갈관박), 亦不受於萬乘之君(역불수어만승지군). 視刺萬乘之君(시자만승지군), 若刺褐夫(약자갈부). 無嚴諸侯(무엄제후). 惡聲至(오성지), 必反之(필반지). 孟施舍之所養勇也(맹시사지소양용야), 曰(왈): '視不勝猶勝也(시불승유승야). 量敵而後進(양적이후진), 慮勝而後會(려승이후회), 是畏三軍者也(시외삼군자야). 舍豈能爲必勝哉(사개능위필승재)? 能無懼而已矣(능무구이이의).' 孟施舍似曾子(맹시사사증자), 北宮黝似子夏(북궁유사자하). 夫二子之勇(부이자지용), 未知其孰賢(미지기숙현), 然而孟施舍守約也(연이맹시사수약야). 昔者曾子謂子襄曰(석자증자위자양왈): '子好勇乎(자호용호)? 吾嘗聞大勇於夫子矣(오상문대용어부자의): 自反而不縮(자반이불축), 雖褐寬博(수갈관박), 吾不惴焉(오불췌언), 自反而縮(자반이축), 雖千萬人(수천만인), 吾往矣(오왕의).'"

공손추가 다시 여쭈었습니다.

"감히 여쭈어 보겠습니다만, 스승님께서 마음이 동요되지 않으시는 '부동심'과 고자의 부동심에 대해서 들려주실 수 있겠습니까?"

이에 맹자께서 말씀하셨습니다.

"고자는 '남의 말에서 이해되지 않는 것이 있더라도 억지로 이해하려고 해서는 안 되고, 마음속에 이해하지 못한 것이 있더라도 기의 도움으로 억지로 이해하려고 해서도 아니 된다'라고 했지. 마음속에 이해하지 못할 것이 있더라도 기의 도움으로 억지로 이해하려고 해서도 아니 된다고 하는 것은 옳지만, 남의 말에서 이해되지 않을 것이 있더라도 억지로 이해하려고 해서는 안 된다는 것은 옳지가 않구나. 대체로 뜻이라는 것은 기의 통솔자이고, 기는 사람의 육체를 지배하는 것이란다. 그러므로 뜻이 확립되면 기는 자연스럽게 따라오는 것이지. 그래서 '그 뜻을 굳건하게 지켜서 기를 헛되이 해서는 아니 된다'고 말하는 거란다."

공손추가 다시 질문했습니다.

"스승님께선 '뜻이 확립되면 기는 자연스럽게 따라온다'라고 하시더니, 이번에는 또 '그 뜻을 굳건하게 지켜서 기를 헛되이 해서는 아니 된다'고 하시니 이건 무슨 뜻입니까?"

맹자께서 말씀하셨습니다.

"뜻이 한결같으면 기가 움직이고, 반대로 기가 한결같으면 뜻을 움직이기 때문이란다. 급히 달리다가 엎어지는 것이 기란다. 도리어 그것이 마음을 움직이는 것이지."

공손추가 여쭈었습니다.

"감히 여쭈겠습니다만, 스승님께선 무엇에 장점이 있으십니까?"

맹자께서 말씀하셨습니다.

"나는 남의 말을 잘 알아채지. 그리고 나는 나의 호연지기를 잘 기른단다."

이에 공손추가 의아한 표정으로 여쭈었습니다.

"감히 여쭈어 봅니다. 그 호연지기란 대체 무엇입니까?"

曰(왈): "敢問夫子之不動心(감문부자지부동심), 與告子之不動心(여고자지부동심), 可得聞與(가득문여)?"

"告子曰(고자왈): '不得於言(부득어언), 勿求於心(물구어심), 不得於心(부득어심), 勿求於氣(물구어기).' 不得於心(부득어심), 勿求於氣(물구어기), 可(가), 不得於言(부득어언), 勿求於心(물구어심), 不可(불가). 夫志(부지), 氣之帥也(기지수야), 氣體之充也(기체지충야). 夫志至焉(부지지언), 氣次焉(기차언). 故曰(고왈): '持其志(지기지), 無暴其氣(무포기기).'"

"旣曰(기왈): '志至焉(지지언), 氣次焉(기차언)', 又曰(우왈): '持其志無暴其氣(지기지무포기기)', 何也(하야)?"

曰(왈): "志壹則動氣(지일즉동기), 氣壹則動志也(기일즉동지야). 今夫蹶者趨者(금부궐자추자), 是氣也(시기야), 而反動其心(이반동기심)."

"敢問夫子惡乎長(감문부자오호장)?"

曰(왈): "我知言(아지언), 我善養吾浩然之氣(아선양오호연지기)."

"敢問何謂浩然之氣(감문하위호연지기)?"

맹자께서 말씀하셨습니다.

"말로는 형용하기가 어려운 것이란다. 그것은 지극히 크고 지극히 굳센 것이니, 바르게 기르고 해가 되는 것이 없으면 하늘과 땅 사이에 가득 차게 되지. 그 기는 언제나 의로움과 도와 함께 있는 것이므로 이것들이 없으면 그 기는 시들어지게 된단다. 또 이것은 언제나 의(義)를 행하는 동안에 자연스럽게 생기는 것이지, 의는 밖에서 억지로 한꺼번에 잡아올 수 있는 건 아니란다. 자기 마음속에 무언가 불쾌한 것이 있으면, 이것은 곧 시들어지게 된단다. 그렇기에 내가 고자는 의를 알지 못한다고 했는데, 그것은 그가 의를 밖에 있는 것으로 보고 있기 때문이란다. 기는 언제나 의를 수반하는 것이므로 결코 기만을 추구함으로써 기가 바르게 된다고 해서도 아니 되며, 그렇다고 해서 기를 기르는 일을 잊어서도 아니 되고, 또 기를 지나치게 기르려고 해서 송나라 사람처럼 해서는 아니 된단다. 송나라의 어떤 사람이 곡식의 싹이 빨리 자라지 않음을 걱정해서 싹을 뽑아 올리고선, 몸이 지칠 대로 지쳐 집으로 돌아왔지. 그는 가족을 보고 말하기를 '나는 오늘 몹시 피곤하구나. 나는 곡식의 싹이 자라는 걸 도와주었지'라고 말했단다. 그의 아들이 뭔가 이상해 밭으로 달려가 보니, 곡식의 싹들이 모두 말라 죽어 있었단다. 세상에는 이렇게 싹을 뽑아 잘 자라도록 도와주지 않는 자가 드물더구나. 호연지기를 기르는 것이 무익하다고 해서 내버리는 자는 곡식의 싹이 자라도록 김을 매지 않는 자이고, 호연지기를 억지로 조장하는 것은 싹을 뽑아 올리는 자란다. 이러한 일은 다만 무익할 뿐만 아니라, 도리어 해가 되는 것이란다."

曰(왈): "難言也(난언야). 其爲氣也(기위기야), 至大至剛(지대지강), 以直養而無害(이직양이무해), 則塞於天地之間(즉색어천지지간). 其爲氣也(기위기야), 配義與道(배의여도), 無是(무시), 餒也(뇌야). 是集義所生者(시집의소생자), 非義襲而取之也(비의습이취지야). 行有不慊於心(행유불겸어심), 則餒矣(즉뇌의). 我故曰(아고왈), 告子未嘗知義(고

자미상지의), 以其外之也(이기외지야). 必有事焉而勿正(필유사언이물정), 心勿忘(심물망), 勿助長也(물조장야). 無若宋人然(무야송인연), 宋人有閔其苗之不長而揠之者(송인유민기묘지부장이알지자), 芒芒然歸(망망연귀). 謂其人曰(위기인왈): '今日病矣(금일병의), 予助苗長矣(여조묘장의).' 其子趨而往視之(기자추이왕시지), 苗則槁矣(묘즉고의). 天下之不助苗長者寡矣(천하지부조묘장자과의). 以爲無益而舍之者(이위무익이사지자), 不耘苗者也(불운묘자야), 助之長者(조지장자), 揠苗者也(알묘자야). 非徒無益(비도무익), 而又害之(이우해지)."

공손추가 다시 여쭈었습니다.

"남의 말을 잘 안다는 것은 무엇을 말하는 겁니까?"

맹자께서 말씀하셨습니다.

"편파적인 말은 그 사람의 마음이 어딘가에 숨겨져 있음을 알 수 있고, 음란한 말은 그 사람의 마음이 어딘가에 빠져 있음을 알 수 있으며, 간사한 말은 그 사람의 마음이 어딘가 도리에 벗어나 있음을 알 수 있고, 회피하는 말은 그 사람이 무언가 궁지에 빠져 있음을 알 수가 있지. 만약 이 네 가지 어긋난 생각이 사람들의 마음속에 생겨나면 정치에도 피해가 올 것이고, 정치에 피해가 생기면 그 사람의 일에도 피해가 올 거란다. 그러므로 성인이 다시 나타난다 할지라도 반드시 내 말을 따를 게야."

공손추가 말했습니다.

"재아와 자공은 언변에 능했고, 염우와 민자건과 안연은 덕행에 뛰어났는데, 공자께서는 이 모든 걸 겸하셨습니다. 그런데도 공자님께서는 '나는 사명(외교 무대에서 응대하면서 쓰는 말이나 문장)에 있어서 능숙하지 못하다네'라고 하셨습니다. 그렇다면 스승님께서는 이미 성인이 되신 것이 아닙니까?"

맹자께서 말씀하셨습니다.

"아아! 그게 무슨 말이냐? 옛날에 자공이 공자께 '스승님께선 성인이신지요?'라고 하자, 공자께서는 '성인이야 내가 될 수가 없지. 나는 단지 배우는 걸 싫어하지 않고 가르치는 걸 게을리하지 않는다'라고 하셨지. 그러자 자공이 '배우는 걸 싫어하지 않는 것은 지(智)이고, 가르치는 걸 게을리하지 않는 것이 인(仁)입니다. 인과 지를 겸하셨으니 스승님께선 이미 성인이십니다!'라고 했단다. 이렇듯 공자께서도 성인을 자처하지 않으셨는데, 그게 무슨 말이냐?"

공손추가 다시 말했습니다.

"옛날에 제가 살짝 엿들으니, 자하·자유·자장은 모두 성인의 일면을 갖추었고, 염우·민자건·안연은 성인의 덕을 모두 갖추었으나 아직은 미약했다고 합니다. 감히 여쭙겠습니다만 스승님께선 두 부류 중 어느 편에 가까운지요?"

그러자 맹자께서 말씀하셨습니다.

"이제 그 이야기는 그만두자."

공손추가 여쭈었습니다.

"그렇다면, 백이와 이윤은 어떠합니까?"

맹자께서 대답하셨습니다.

"그들은 처세하는 방법이 달랐지. 자기 임금이 아니면 섬기지 아

니하고, 자기 백성이 아니면 다스리지 아니하며, 세상이 잘 다스려
지고 있으면 나아가서 벼슬하고, 어지러우면 물러나서 은거하는
것이 백이란다. 어떤 임금에게서나 벼슬하고 어떤 백성이나 다스
리는 게 이윤이며, 벼슬할 때 벼슬하고, 그만두어야 할 때 그만두
고, 오래 머물러 있어야 할 곳에 오래 머물러 있고, 빨리 떠나야 할
때는 빨리 떠나는 게 공자님이시란다. 세 사람 모두가 옛 성인이시
지. 나는 그중에서 아직 아무것도 실행하지 못하지만, 내가 바라는
것은 공자님을 따라 배우는 것이란다."

공손추가 여쭈었습니다.

"백이와 이윤은 공자님과 비교할 때 같다고 할 수 있습니까?"

맹자께서 대답하셨습니다.

"아니지. 백성이 있은 이후로 공자님과 같은 사람은 없었단다."

공손추가 여쭈었습니다.

"그렇다면 세 분에게 같은 점이 있습니까?"

"何謂知言(하위지언)?"

曰(왈): "詖辭知其所蔽(피사지기소폐), 淫辭知其所陷(음사지기소
함), 邪辭知其所離(사사지기소리), 遁辭知其所窮(둔사지기소궁). 生於
其心(생어기심), 害於其政(해어기정), 發於其政(발어기정), 害於其事
(해어기사). 聖人復起(성인복기), 必從吾言矣(필종오언의)."

"宰我(재아), 子貢善爲說辭(자공선위설사), 冉牛(염우), 閔子(민자),
顏淵善言德行(안연선언덕행). 孔子兼之(공자겸지), 曰(왈): '我於辭命
則不能也(아어사명즉불능야).' 然則夫子旣聖矣乎(연즉부자기성의호)?"

曰(왈): "惡(오)! 是何言也(시하언야)? 昔者子貢問於孔子曰(석자자공문어공자왈): '夫子聖矣乎(부자성의호)?' 孔子曰(공자왈): '聖則吾不能(성즉오불능), 我學不厭而教不倦也(아학불염이교불권야).' 子貢曰(자공왈): '學不厭(학불염), 智也(지야), 教不倦(교불권), 仁也(인야). 仁且智(인차지), 夫子旣聖矣(부자기성의)!' 夫聖(부성), 孔子不居(공자불거), 是何言也(시하언야)?"

"昔者竊聞之(석자절문지), 子夏(자하), 子游(자유), 子張皆有聖人之一體(자장개유성인지일체), 冉牛(염우), 閔子(민자), 顏淵則具體而微(안연즉구체이미). 敢問所安(감문소안)."

曰(왈): "姑舍是(고사시)."

曰(왈): "伯夷(백이), 伊尹何如(이윤하여)?"

曰(왈): "不同道(부동도). 非其君不事(비기군불사), 非其民不使(비기민불사), 治則進(치즉진), 亂則退(난즉퇴), 伯夷也(백이야). 何事非君(하사비군), 何使非民(하사비민), 治亦進(치역진), 亂亦進(난역진), 伊尹也(이윤야). 可以仕則仕(가이사즉사), 可以止則止(가이지즉지), 可以久則久(가이구즉구), 可以速則速(가이속즉속), 孔子也(공자야). 皆古聖人也(개고성인야), 吾未能有行焉(오미능유행언), 乃所願(내소원), 則學孔子也(즉학공자야)."

"伯夷(백이), 伊尹於孔子(이윤어공자), 若是班乎(약시반호)?"

曰(왈): "否(부). 自有生民以來(자유생민이래), 未有孔子也(미유공자야)."

曰(왈): "然則有同與(연즉유동여)?"

"있지. 그분들께 사방 백 리 되는 땅을 주어서 임금이 되게 한다면 제후들에게 조회를 받고 천하를 통일할 것이다. 그러나 조금이라도 의가 아닌 일을 행하거나 단 한 사람이라도 죄 없는 사람을 죽여 천하를 얻는 일은 모두 하지 않을 것이야. 이러한 점에 있어서는 같다고 할 수 있지."

공손추가 여쭈었습니다.

"그렇다면, 감히 그들의 다른 점을 듣고자 합니다."

맹자께서 말씀하셨습니다.

"재아와 자공과 유약은 모두 그 지혜가 성인을 알아볼 만하였고, 설령 지혜가 모자란다 하더라도 좋아하는 사람에게 아첨하는 데까지 이르지는 않을 것이야. 재아가 말하길 '제가 스승님을 보건대 요임금이나 순임금보다 훨씬 뛰어나십니다'라고 했고, 자공이 말하길 '그 나라의 예를 보면 그 나라의 정치를 알 수 있고, 그 나라의 임금이 좋아하는 음악을 들으면 그 나라 임금의 덕을 알 수 있다. 이러한 기준으로 백 세대 뒤에 역대 왕들을 평가해 보면 조금도 틀림이 없을 것이다. 그런데 백성이 생겨난 이래 스승님 같은 분은 아직 있지 않았다'라고 했지. 또 유약이 말하길 '어찌 사람에게 있어서만 그러겠는가? 달리는 짐승 중의 기린, 날아다니는 새 중의 봉황, 태산과 조그마한 언덕, 황하와 바다와 작은 물 웅덩이는 모두 같은 부류이다. 이들은 서로 다른 것이지만 같은 무리다. 그와 같이 성인도 일반 백성과 같은 무리이지만 같은 인간 중에서도 뛰어난 사람이다. 이 세상에 사람이 생겨난 이래로 공자님보다 더 훌륭한 사람은 없었다'라고 했단다."

曰(왈): "有(유). 得百里之地而君之(득백리지지이군지), 皆能以朝諸侯有天下(개능이조제후유천하). 行一不義(행일불의), 殺一不辜而得天下(살일불고이득천하), 皆不爲也(개불위야). 是則同(시즉동)."

曰(왈): "敢問其所以異(감문기소이이)?"

曰(왈): "宰我(재아), 子貢(자공), 有若智足以知聖人(유약지족이지성인). 汙(오), 不至阿其所好(부지아기소호). 宰我曰(재아왈): '以予觀於夫子(이여관어부자), 賢於堯舜遠矣(현어요순원의).' 子貢曰(자공왈): '見其禮而知其政(견기례이지기정), 聞其樂而知其德(문기악이지기덕). 由百世之後(유백세지후), 等百世之王(등백세지왕), 莫之能違也(막지능위야). 自生民以來(자생민이래), 未有夫子也(미유부자야).' 有若曰(유약왈): '豈惟民哉(개유민재)? 麒麟之於走獸(기린지어주수), 鳳凰之於飛鳥(봉황지어비조), 太山之於丘垤(태산지어구질), 河海之於行潦(하해지어행료), 類也(류야). 聖人之於民(성인지어민), 亦類也(역류야). 出於其類(출어기류), 拔乎其萃(발호기췌), 自生民以來(자생민이래), 未有盛於孔子也(미유성어공자야).'"

3-3 왕 중의 왕인 패자

맹자께서 말씀하셨습니다.

"힘으로써 인정을 가장하는 것이 왕 중의 왕인 패자이지. 패자는 반드시 큰 나라를 지녀야 한단다. 덕행으로 인정을 베푸는 자를 왕이라 하며 왕은 나라가 큰 것을 바라지는 않지. 탕왕은 사방 70리를 가지고 왕도를 펼쳤으며, 문왕은 사방 백 리를 가지고 왕이 되었단다. 힘으로써 남을 복종케 하는 것은 진심으로 복종케 하는 게 아니라 힘이 부족해서 할 수 없이 겉으로 복종하게 하는 것이란다. 덕으로써 남을 복종케 하는 것은 마음속으로 기뻐하면서 진정으로 복종케 하는 것이지. 이는 마치 70명의 제자들이 공자님에게 복종하는 것과 같단다. 『시경(詩經)』에 이르길 '서쪽과 동쪽으로부터, 남쪽과 북쪽으로부터 모여 들어, 복종하지 않는 사람이 없었다'라고 한 것은 이런 것을 두고 한 말이지."

孟子曰(맹자왈): "以力假仁者霸(이력가인자패), 霸必有大國(패필유대국), 以德行仁者王(이덕행인자왕), 王不待大(왕부대대). 湯以七十里(탕이칠십리), 文王以百里(문왕이백리). 以力服人者(이력복인자), 非心服也(비심복야), 力不贍也(역불섬야), 以德服人者(이덕복인자), 中心悅而誠服也(중심열이성복야), 如七十子之服孔子也(여칠십자지복공자야). 詩云(시운): '自西自東(자서자동), 自南自北(자남자북), 無思不服(무사불복).' 此之謂也(차지위야)."

3-4 자기가 만든 재앙

맹자께서 말씀하셨습니다.

"인정(仁政)을 베풀면 번영하고 인정을 펴지 못하면 치욕을 당하게 된단다. 치욕을 당하는 걸 싫어하면서도 인정을 베풀지 않는 것은, 마치 습한 것을 싫어하면서도 낮은 곳에 있는 것과 같지. 만약 치욕을 싫어한다면 덕 있는 사람을 존귀하게 여기고 선비를 존중해야 한단다. 현자가 요직에 있고 유능한 사람이 좋은 직위에 있으면 나라는 평온하고 무사할 것이야. 그러한 때에 이르러서 정치와 형벌을 공정하게 운영한다면, 큰 나라라도 반드시 두려워할 게야.

『시경(詩經)』에 이르길 '하늘이 흐려 비 내리기 전에 저 뽕나무 뿌리를 캐어다가 창문을 단단히 얽어맨다면 이제 아래 백성들도 누가 감히 나를 업신여기리오'라고 했지. 공자께서 말씀하시길 '이 시를 지은 사람은 정도를 알고 있었을 게야'라고 하셨지. 자기 나라를 잘 다스릴 수 있다면 누가 감히 그 나라를 업신여길 수 있겠느냐? 이제 나라가 평온해졌다 해서 때마침 지나치게 즐기고 게으름을 피우며 놀아난다면, 그것은 스스로 재앙을 부르는 것이란다. 재앙이나 복은 그 자신이 불러들이지 않는 것은 없지.『시경』에 이르길 '길이길이 천명을 따라 스스로 많은 복을 구하라'고 했고,『서경(書經)』「태갑편(太甲篇)」에서는 '하늘이 내리는 재앙은 피할 수 있지만, 자기가 만든 재앙은 피할 수가 없다'고 했는데, 모두 이를 두고서 한 말들이란다."

孟子曰(맹자왈): "仁則榮(인즉영), 不仁則辱(불인즉욕). 今惡辱而居不仁(금오욕이거불인), 是猶惡溼而居下也(시유오습이거하야). 如惡之(여오지), 莫如貴德而尊士(막여귀덕이존사). 賢者在位(현자재위), 能者在職(능자재직), 國家閒暇(국가한가). 及是時(급시시), 明其政刑(명기정형), 雖大國必畏之矣(수대국필외지의). 詩云(시운): '迨天之未陰雨(태천지미음우), 徹彼桑土(철피상토), 綢繆牖戶(주무유호). 今此下民(금차하민), 或敢侮予(혹감모여)!' 孔子曰(공자왈): '爲此詩者(위차시자), 其知道乎(기지도호)!' 能治其國家(능치기국가), 誰敢侮之(수감모지)! 今國家閒暇(금국가한가), 及是時(급시시), 般樂怠敖(반낙태오), 是自求禍也(시자구화야). 禍福無不自己求之者(화복무불자기구지자). 詩云(시운): '永言配命(영언배명), 自求多福(자구다복).' 太甲曰(태갑왈): '天作孽(천작얼), 猶可違(유가위), 自作孽(자작얼), 不可活(불가활).' 此之謂也(차지위야)."

3-5 하늘이 부리는 관리

맹자께서 말씀하셨습니다.

"현자를 존중하고 유능한 사람을 등용해서 뛰어난 인재가 벼슬자리에 있게 되면, 천하의 선비들이 모두 기뻐하여 그 나라 조정에서 일하기를 바랄 게야. 시장의 점포세를 받되 법으로써 아무나 점포를 차리지 못하게 하면 천하의 상인들은 그 나라의 시장에서 상품을 두고 팔기를 바랄 것이다. 관문에서 단속은 하되 세금을 징수하지 않으면, 천하 나그네들은 모두 기뻐하며 그 나라의 길을 지나가기를 바랄 것이야. 농민에게는 공전을 적용하되 따로 세금을 받지 않는다면 천하의 농민들은 모두 기뻐하며 그 나라의 땅에서 농사짓기를 바랄 것이다. 거주지에 대해 인두세와 지세를 받지 않으면 천하의 백성들은 모두 기뻐하며 그 나라의 백성이 되기를 원할 게야. 진실로 이 다섯 가지를 행할 수만 있다면 이웃나라의 백성들까지도 그 나라의 임금을 부모와 같이 우러러볼 것이다. 그 자제들을 거느리고 부모를 공격하는 일은 이 세상에 사람이 생긴 이래로 성공한 일이 없단다. 이와 같으면 천하에 적이 없게 되지. 천하에 적이 없는 자는 하늘이 부리는 관리라 할 수 있을 게야. 그러고서도 왕 노릇을 하지 못한 자는 아직은 없었단다."

孟子曰(맹자왈): "尊賢使能(존현사능), 俊傑在位(준걸재위), 則天下之士(즉천하지사), 皆悅而願立於其朝矣(개열이원입어기조의). 市廛而

不征(시전이부정), 法而不廛(법이부전), 則天下之商(즉천하지상), 皆悅而願藏於其市矣(개열이원장어기시의). 關譏而不征(관기이부정), 則天下之旅(즉천하지려), 皆悅而願出於其路矣(개열이원출어기로의). 耕者助而不稅(경자조이불세), 則天下之農(즉천하지농), 皆悅而願耕於其野矣(개열이원경어기야의). 廛無夫里之布(전무부리지포), 則天下之民(즉천하지민), 皆悅而願爲之氓矣(개열이원위지맹의). 信能行此五者(신능행차오자), 則鄰國之民(즉린국지민), 仰之若父母矣(앙지약부모의). 率其子弟(솔기자제), 攻其父母(공기부모), 自生民以來(자생민이래), 未有能濟者也(미유능제자야). 如此(여차), 則無敵於天下(즉무적어천하). 無敵於天下者(무적어천하자), 天吏也(천리야). 然而不王者(연이불왕자), 未之有也(미지유야)."

3-6 인의예지(仁義禮智)

맹자께서 말씀하셨습니다.

"사람은 누구나 차마 남의 불행을 마음 편하게 그대로 보아 넘기지 못하는 마음, 즉 불인지심이 있단다. 선왕들도 이러한 불인지심이 있었기에 이러한 마음으로 정치를 하였지. 이러한 불인지심으로써 정치를 한다면, 천하를 다스리는 일은 손바닥 위에서 운영하는 것처럼 쉬울 게야. 이른바 사람들이 누구나 남에게 차마 말 못하는 마음을 지닌 까닭일 것이다. 지금 어린아이가 우물에 빠지는 것을 갑자기 본다면 누구나 깜짝 놀라고, 불쌍하게 여기는 마음이 생길 게야. 이것은 어린아이의 부모와 친해 보려고 해서 그런 것도 아니며, 마을 사람이나 친구들에게 칭송을 받기 위해서 그런 것도 아니고, 또 구하지 않으면 비난의 소리를 듣기 싫어서 그러한 것도 아니지. 이렇게 볼 때 측은하게 여기는 마음이 없는 자는 사람도 아니요, 악을 부끄럽게 여기고 미워하는 마음이 없는 자는 사람이 아니고, 사양하는 마음이 없는 자는 사람이 아니며, 옳고 그름을 가리는 마음이 없는 자도 사람이 아니지. 측은하게 여기는 마음은 인(仁)의 시작(싹)이고, 악을 부끄럽게 여기고 미워하는 마음은 의(義)의 시작이며, 사양하는 마음은 예(禮)의 시작이고, 시비를 가리는 마음은 지(智)의 시작이란다. 사람에게 이 네 가지 싹이 있는 것은 마치 사람에게 사지가 있는 것과 같단다. 그런데 이 네 가지 싹이 있으면서도 자기는 할 수 없다고 하는 자는 스스로를 해치는 자이고, 자기 임금에게 그러한 일을 하지 못한다고 하는 자는 자기 임금을 해치는 사람이란다. 내게 있는 이 네 가지 싹을 모두 확충시킬 줄 안다면, 마치 불이 처음 타오르고 샘물이 처음 솟아오르는 것과 같을 게야. 진실로 그것을 확충시킬 수 있다면 온 천하를 충분히 보호할 것이고, 진정 확충시킬 수 없다면 자기 부모조차도 섬기지 못하게 될 게야."

孟子曰(맹자왈): "人皆有不忍人之心(인개유불인인지심). 先王有不忍人之心(선왕유불인인지심), 斯有不忍人之政矣(사유불인인지정의). 以不忍人之心(이불인인지심), 行不忍人之政(행불인인지정), 治天下可運之掌上(치천하가운지장상). 所以謂人皆有不忍人之心者(소이위인개유불인인지심자), 今人乍見孺子將入於井(금인사견유자장입어정), 皆有怵惕惻隱之心(개유출척측은지심), 非所以内交於孺子之父母也(비소이내교어유자지부모야), 非所以要譽於鄉黨朋友也(비소이요예어향

당붕우야), 非惡其聲而然也(비오기성이연야). 由是觀之(유시관지), 無
惻隱之心(무측은지심), 非人也(비인야), 無羞惡之心(무수오지심), 非
人也(비인야), 無辭讓之心(무사양지심), 非人也(비인야), 無是非之心
(무시비지심), 非人也(비인야). 惻隱之心(측은지심), 仁之端也(인지단
야), 羞惡之心(수오지심), 義之端也(의지단야), 辭讓之心(사양지심), 禮
之端也(예지단야), 是非之心(시비지심), 智之端也(지지단야). 人之有
是四端也(인지유시사단야), 猶其有四體也(유기유사체야). 有是四端而
自謂不能者(유시사단이자위불능자), 自賊者也(자적자야), 謂其君不能
者(위기군불능자), 賊其君者也(적기군자야). 凡有四端於我者(범유사단
어아자), 知皆擴而充之矣(지개확이충지의). 若火之始然(약화지시연),
泉之始達(천지시달). 苟能充之(구능충지), 足以保四海(족이보사해),
苟不充之(구불충지), 不足以事父母(부족이사부모)."

3-7 인(仁)의 실천은 활쏘기와 같다

맹자께서 말씀하셨습니다.

"화살을 만드는 사람이 어찌 갑옷을 만드는 사람보다 어질지 않
겠느냐! 화살을 만드는 사람은 오로지 사람을 상하게 하지 못할
까 걱정하고, 갑옷을 만드는 사람은 오직 사람이 상하게 될까 걱정
을 하지. 무당과 관을 만드는 목수 또한 그렇단다. 그러므로 직업
을 선택하는 데 신중을 기하지 않으면 안 될 게야. 공자께서 말씀
하시길 '인에 머물러야 좋다. 자기가 선택하는 것이면서 인에 머물
지 않는다면 어찌 지혜롭다 하겠는가!'라고 했단다. 대체로 인이
란 하늘이 내려준 존귀한 벼슬자리이고, 사람이 가장 안심하고 살

수 있는 집이란다. 굳이 인하지 말라고 막지 않는데도 인하지 않는
것은 지혜롭지 못한 일이지. 인하지도 않고 지혜롭지도 않으며 예
절도 없고 의롭지도 않은 사람은 남에게 부림을 받게 된단다. 남에
게 부림을 받으면서 부림받는 것을 부끄러워하는 것은 마치 활 만
드는 사람이 활 만드는 걸 부끄럽게 생각하고, 화살 만드는 사람이
화살 만드는 것을 부끄러워하는 것과 같은 것이지. 만일 부끄럽거
든 인을 실천하는 것보다 더 좋은 방법은 없단다. 인을 행하는 것
은 활쏘기 시합과 같지. 활 쏘는 사람은 자기 몸을 바르게 바로잡
은 뒤에 활살을 쏴야 된단다. 활을 쏘아 명중하지 않더라도 자기를
이긴 자를 원망하지 않고, 활을 쏜 자신에게서 잘못을 찾을 따름이
란다."

孟子曰(맹자왈): "矢人豈不仁於函人哉(시인기불인어함인재)! 矢人
惟恐不傷人(시인유공불상인), 函人惟恐傷人(함인유공상인). 巫匠亦然
(무장역연). 故術不可不愼也(고술불가불신야). 孔子曰(공자왈): '里仁
爲美(이인위미), 擇不處仁(택불처인), 焉得知(언득지)!'夫仁(부인), 天
之尊爵也(천지존작야), 人之安宅也(인지안택야), 莫之禦而不仁(막지
어이불인), 是不智也(시부지야). 不仁不智(불인부지), 無禮無義(무례무
의), 人役也(인역야). 人役而恥爲役(인역이치위역), 由弓人而恥爲弓
(유궁인이치위궁). 矢人而恥爲矢也(시인이치위시야). 如恥之(여치지),
莫如爲仁(막여위인). 仁者如射(인자여사), 射者正己而後發(사자정기
이후발), 發而不中(발이부중), 不怨勝己者(불원승기자), 反求諸己而已
矣(반구저기이이의)."

3-8 순임금이 위대한 이유

맹자께서 말씀하셨습니다.

"자로는 남들이 그에게 잘못이 있다고 일러주면 기뻐했고, 우임금은 선한 말을 들으면 절을 했단다. 위대한 순임금은 그들보다 대단했는데, 선한 일은 남과 더불어 했고 자기의 생각을 버리고, 남을 따라서 선한 것을 취해서 즐겼지. 밭을 갈아 곡식을 심고, 옹기를 굽고 물고기를 잡는 일에서부터 천자가 되기까지 남에게서 취하지 않은 것이라곤 없었단다. 다른 사람에게서 좋은 점을 취해서 선한 일을 하는 것은 남과 더불어 선한 일을 하는 것이지. 그러므로 군자에게는 남과 함께 선한 일을 하는 것보다 중대한 것은 없단다."

孟子曰(맹자왈): "子路人告之以有過則喜(자로인고지이유과즉희), 禹聞善言則拜(우문선언즉배). 大舜有大焉(대순유대언), 善與人同(선여인동), 舍己從人(사기종인), 樂取於人以爲善(낙취어인이위선), 自耕稼陶漁以至爲帝(자경가도어이지위제), 無非取於人者(무비취어인자). 取諸人以爲善(취저인이위선), 是與人爲善者也(시여인위선자야). 故君子莫大乎與人爲善(고군자막대호여인위선)."

3-9 백이와 유하혜의 언행

맹자께서 말씀하셨습니다.

"백이는 섬길 만한 임금이 아니면 섬기지 않았고, 벗할 만한 벗이 아니면 사귀지 않았지. 악한 사람의 조정에서는 벼슬하지 않았고 악한 사람과는 말도 하지 않았단다. 악한 사람의 조정에서 벼슬하고 악한 사람과 말하는 것을 마치 궁중 조회 때 차려 입는 의관을 갖춘 차림으로 진흙이나 숯 더미 속에 앉아 있는 것처럼 여겼지. 악인을 미워하는 마음으로 미루어보건대, 그는 고향사람과 함께 서 있을 때도 그 사람의 관이 반듯하지 않으면 못마땅하게 여기고 그 자리를 떠나서 마치 자기 몸이 더러워진 것처럼 여겼지. 이랬기 때문에, 제후들이 비록 초빙하는 글을 좋게 써 가지고 와도 받아들이지 않았단다. 그가 받아들이지 않은 것은 벼슬하러 나가는 것을 깨끗하게 여기지 않았기 때문이란다.

유하혜는 더러운 임금 아래서 벼슬하는 것을 부끄럽게 여기지 않았고, 아무리 작은 벼슬이라도 하찮게 여기지 않았지. 벼슬길에 나가면 현명함을 숨기지 않았고 반드시 자기 소신대로 해나갔단다. 버림을 받아도 원망하지 않았고 곤궁에 빠져도 고민하지도 않았단다. 그래서 그는 '너는 너고 나는 나다. 비록 내 곁에서 옷을 벗고 몸뚱이를 드러낸들 네가 어찌 나를 더럽히겠는가!'라고 했지. 그러므로 그들과 더불어 즐거워하면서도 자기의 태도를 잃지 않았단다. 억지로 붙잡으면 붙잡혀 그대로 머물러 있었지. 그것은 자기를 붙잡는데 억지로 떠나갈 필요가 없다는 것이지."

맹자께서 말씀하셨습니다.

"백이는 그 처신하는 바가 좁고, 유하혜는 공손하지 못했지. 좁거나 공손하지 못한 것을 군자는 따르지 않는 법이지."

孟子曰(맹자왈): "伯夷非其君不事(백이비기군불사), 非其友不友(비기우불우), 不立於惡人之朝(불립어악인지조), 不與惡人言(불여악인언), 立於惡人之朝(입어악인지조), 與惡人言(여악인언), 如以朝衣朝

冠(여이조의조관), 坐於塗炭(좌어도탄). 推惡惡之心(추오악지심), 思與鄕人立(사여향인립), 其冠不正(기관부정), 望望然去之(망망연거지), 若將浼焉(약장매언). 是故(시고), 諸侯雖有善其辭命而至者(제후수유선기사명이지자), 不受也(불수야), 不受也者(불수야자), 是亦不屑就已(시역불설취이).

柳下惠不羞汙君(유하혜불수오군), 不卑小官(불비소관), 進不隱賢(진불은현), 必以其道(필이기도), 遺佚而不怨(유일이불원), 阨窮而不憫(액궁이불민). 故曰(고왈): '爾爲爾(이위이), 我爲我(아위아), 雖袒裼裸裎於我側(수단석라정어아측), 爾焉能浼我哉(이언능매아재)!' 故由由然與之偕而不自失焉(고유유연여지해이부자실언). 援而止之而止(원이지지이지), 援而止之而止者(원이지지이지자), 是亦不屑去已(시역불설거이)."

孟子曰(맹자왈): "伯夷隘(백이애), 柳下惠不恭(유하혜불공), 隘與不恭(애여불공), 君子不由也(군자불유야)."

공손추장구하
公孫丑章句下

• • •

4-1 천시(天時)와 지리(地利)와 인화(人和)

맹자께서 말씀하셨습니다.

"하늘의 때(天時)는 땅의 이로움(地利)보다 못하고, 땅의 이로움도 사람의 화합(人和)보다는 못하단다. 3리 되는 성과 7리 되는 외곽을 빙 둘러 포위하고 공격하더라도 이기지 못할 때가 있지. 이를 포위하고 공격할 때에는 반드시 하늘의 때를 얻어야겠지만 그래도 이기지 못하는 것은 하늘의 때가 땅의 이로움만 못하기 때문이란다. 또 성이 높지 않은 것도 아니고, 못이 깊지 않은 것도 아니며, 갑옷이 견고하고 병장기가 날카롭고 쌀과 곡식이 많은데도 성을 버리고 도망가는 경우도 있지. 이는 땅의 이로움이 사람의 화합보다 못하기 때문이란다. 그래서 말하기를 '백성들을 나라 안에 살게 하는 데는 영토의 경계로써 하지 않으며, 국방을 견고하게 하되 산천의 험준함에 의하지 않고, 천하에 위세를 떨치는 데는 병장기의 예리함으로써 하지 않는다'라고 하였지. 도를 얻은 사람은 도와주는 자가 많고, 도를 잃은 자는 도와주는 사람이 적은 법이지. 도와주는 사람이 적을 때에는 가까운 친척마저도 배반을 하고, 도와주는 사람이 많을 때는 온 천하가 따르게 된단다. 온 천하가 따르게 하는 힘으로써 친척마저 배반하는 나라를 공격하기 때문에 군자는 자주 싸우지 않지만 싸우면 반드시 승리하게 마련이란다."

孟子曰(맹자왈): "天時不如地利(천시불여지리), 地利不如人和(지리불여인화). 三里之城(삼리지성), 七里之郭(칠리지곽), 環而攻之而不勝(환이공지이불승), 夫環而攻之(부환이공지), 必有得天時者矣(필유득천시자의), 然而不勝者(연이불승자), 是天時不如地利也(시천시불여지리야). 城非不高也(성비불고야), 池非不深也(지비불심야), 兵革非不堅利也(병혁비불견리야), 米粟非不多也(미속비불다야), 委而去之(위이거지), 是地利不如人和也(시지리불여인화야). 故曰(고왈): '域民不以封疆之界(역민불이봉강지계), 固國不以山谿之險(고국불이산계지험), 威天下不以兵革之利(위천하불이병혁지리)', 得道者多助(득도자다조), 失道者寡助(실도자과조), 寡助之至(과조지지), 親戚畔之(친척반지), 多助之至(다조지지), 天下順之(천하순지). 以天下之所順(이천하지소순), 攻親戚之所畔(공친척지소반), 故君子有不戰(고군자유부전), 戰必勝矣(전필승의)."

4-2 왕이 함부로 부르지 못하는 신하

맹자께서 제나라 선왕을 찾아뵈려던 참에 왕이 사람을 보내어 왕명을 전해 왔습니다.

"내가 찾아뵈려 했으나 감기에 걸려 바람을 쐴 수가 없답니다. 선생께서 아침에 궁으로 찾아오시면 만나뵐 수 있는데, 오실 수 있는지 알고자 합니다."

맹자께서 대답하셨습니다.

"저 역시 안타깝게도 병이 나서 조정에 나가서 뵈올 수 없을 것 같습니다."

다음 날 맹자께서 동곽씨 집에 조문을 가려 하자, 곁에 있던 제자 공손추가 여쭈었습니다.

"어제는 병중이라며 사양하셨는데 오늘은 조문을 가신다니, 무언가 잘못된 게 아닐까요?"

맹자께서 말씀하셨습니다.

"어제는 병이 들었으나 오늘은 나았는데, 어찌 조문을 안 간단 말이냐?"

그래서 왕이 사람을 시켜 대신 문병을 하게 하고 의원도 보내왔습니다. 맹자의 사촌인 맹중자가 문병 온 사람에게 말했습니다.

"어제 입궐하라는 왕명이 있었으나 편찮으셔서 조정으로 나아가 뵈옵지 못하시더니, 오늘은 좀 나아지셔서 종종걸음으로 조정으로 가셨는데, 도착하셨는지 어떤지는 모르겠습니다."

그러고는 여러 사람을 시켜 길목에서 지키다가 맹자께 이렇게 말하라고 지시를 내렸습니다.

"집으로 오지 마시고 꼭 조정으로 가십시오."

맹자께서는 어쩔 수가 없어 경추씨의 집에 가서 묵었습니다. 이에 경추씨가 맹자께 말했습니다.

"집안에서는 부자관계, 밖에서는 군신의 관계가 사람의 큰 윤리라 할 수 있습니다. 부자관계는 은혜를, 군신의 관계는 공경을 위주로 합니다. 그런데 저는 왕께서 선생님을 공경하는 것은 보았어도, 선생님께서 왕을 공경하시는 것은 아직 보지 못했습니다."

孟子將朝王(맹자장조왕). 王使人來曰(왕사인래왈): "寡人如就見者也(과인여취견자야), 有寒疾(유한질), 不可以風(불가이풍). 朝將視朝(조장시조), 不識可使寡人得見乎(불식가사과인득견호)?"

對曰(대왈): "不幸而有疾(불행이유질), 不能造朝(불능조조)."

明日(명일), 出弔於東郭氏(출조어동곽씨).

公孫丑曰(공손추왈): "昔者辭以病(석자사이병), 今日弔(금일조), 或者不可乎(혹자불가호)?"

曰(왈): "昔者疾(석자질), 今日愈(금일유), 如之何不弔(여지하부조)?"

王使人問疾(왕사인문질), 醫來(의래). 孟仲子對曰(맹중자대왈): "昔者有王命(석자유왕명), 有采薪之憂(유채신지우), 不能造朝(불능조조). 今病小愈(금병소유), 趨造於朝(추조어조), 我不識能至否乎(아불식능지부호)?"

使數人要於路(사수인요어로), 曰(왈): "請必無歸(청필무귀), 而造於朝(이조어조)."

不得已而之景丑氏宿焉(부득이이지경추씨숙언). 景子曰(경자왈):

"內則父子(내즉부자), 外則君臣(외즉군신), 人之大倫也(인지대륜야). 父子主恩(부자주은), 君臣主敬(군신주경), 丑見王之敬子也(추견왕지경자야), 未見所以敬王也(미견소이경왕야)."

그러자 맹자께서 말씀하셨습니다.

"오! 그게 무슨 말씀입니까? 제나라 사람들은 인과 의로써 왕과 말하는 자가 없습니다. 그것이 어찌 인과 의가 좋지 않다고 생각해서 왕에게 그렇게 하는 것이겠습니까? 그들은 마음속으로 '그가 어찌 나와 더불어 인과 의를 이야기할 수 있겠는가?' 하고 경멸하기 때문이랍니다. 그렇게 한다면 불경함이 이보다 큰 건 없을 겁니다. 나는 요순의 도가 아니면 감히 왕 앞에 나아가서 말하지 않으니, 그러니 제나라 사람 중에 나보다 왕을 공경하는 사람은 없을 게요."

그러자 경추씨가 말했습니다.

"아니, 그런 걸 두고 한 말은 아니랍니다. 『예기(禮記)』에 이르길 '아버지가 부르시면 곧 대답하고 머뭇거리지 아니하고, 임금이 부르시면 수레에 말을 매기를 기다리지 말고 달려가야 한다'고 했습니다. 그런데 선생께서는 왕을 뵈러 가시려다가 왕명을 듣고는 도리어 그만두었으니, 이는 확실히 예와는 어긋나는 것 같습니다."

맹자께서 말씀하셨습니다.

"어찌 그런 예(禮)를 들어 말하는 겁니까? 증자가 말하길 '진나라와 초나라의 부유함은 따라갈 수 없을 것이나, 그들이 부유함으로써 한다면 나는 나의 인으로써 대하고, 그들이 벼슬로써 한다면 나는 나의 의로움으로써 대하면 될 걸, 내가 무엇을 꺼리겠나?'라고 하였습니다. 그것이 의로움인 의(義)가 아니라면 어찌 증자께서 말씀했겠습니까? 그 말씀에는 한 가지 도리가 있답니다. 세상에는 세 가지 존귀한 것이 있는데, 벼슬자리와 나이와 덕이 그것이죠. 조정에서는 벼슬자리(爵)가 제일이고, 마을에서는 나이(齒)가 제일이며, 세상을 구제하고 백성의 어른 노릇을 하는 데는 덕(德)이 제일이랍니다. 어찌 그중의 하나를 가지고 나머지 둘을 소홀히 할 수 있겠습니까? 그러므로 큰 뜻을 펼치려는 왕은 반드시 함부로 부르지 못할 신하를 두고 그와 의논하고 싶은 게 있으면 자기가 직접 찾아가면 됩니다. 덕을 존중하고 도를 즐김이 이와 같지 않다면 더불어 하기에는 부족함이 있답니다. 그러므로 탕왕은 이윤에게 배운 뒤에 신하로 삼았기 때문에 힘들이지 않고 왕 노릇을 할 수 있었고, 환공은 관중에게 배운 뒤에 신하로 삼았기 때문에 힘들이지 않고 패업을 이룰 수 있었답니다. 지금 천하의 왕들이 차지하고 있는 땅과 덕은 서로 비슷하여 어느 누구도 월등하다고 할 순 없습니다. 이는 다름이 아니라 자기가 가르칠 만한 사람을 신하로 삼길 좋아할 뿐 자기에게 가르침을 줄 만한 사람은 신하로 삼길 꺼리기 때문이랍니다. 탕왕은 이윤에게 갔고, 환공은 관중에게 찾아갔지, 감히 불러들이지는 않았습니다. 관중조차도 불러들이지 못했는데, 하물며 관중이 아닌 사람을 어떻게 불러들이겠습니까?"

曰(왈): "惡(오), 是何言也(시하언야)? 齊人無以仁義與王言者(제인무이인의여왕언자), 豈以仁義爲不美也(기이인의위불미야)? 其心曰(기심왈): '是何足與言仁義也(시하족여언인의야)?' 云爾(운이), 則不敬

莫大乎是(즉불경막대호시). 我非堯舜之道(아비요순지도), 不敢以陳於王前(불감이진어왕전). 故齊人莫如我敬王也(고제인막여아경왕야)."

景子曰(경자왈): "否(부), 非此之謂也(비차지위야). 禮曰(예왈): '父召無諾(부소무낙), 君命召不俟駕(군명소불사가).' 固將朝也(고장조야), 聞王命而遂不果(문왕명이수불과), 宜與夫禮若不相似然(의여부예약불상사연)."

曰(왈): "豈謂是與(기위시여)? 曾子曰(증자왈): '晉楚之富(진초지부), 不可及也(불가급야), 彼以其富(피이기부), 我以吾仁(아이오인), 彼以其爵(피이기작), 我以吾義(아이오의), 吾何慊乎哉(오하겸호재)?' 夫豈不義而曾子言之(부기불의이증자언지), 是或一道也(시혹일도야). 天下有達尊三(천하유달존삼), 爵一(작일), 齒一(치일), 德一(덕일). 朝廷莫如爵(조정막여작), 鄕黨莫如齒(향당막여치), 輔世長民莫如德(보세장민막여덕). 惡得有其一(오득유기일), 以慢其二哉(이만기이재)? 故將大有爲之君(고장대유위지군), 必有不召之臣(필유불소지신), 欲有謀焉(욕유모언), 則就之(즉취지). 其尊德樂道(기존덕낙도), 不如是(불여시), 不足與有爲也(부족여유위야). 故湯之於伊尹(고탕지어이윤), 學焉而後臣之(학언이후신지), 故不勞而王(고불노이왕). 桓公之於管仲(환공지어관중), 學焉而後臣之(학언이후신지), 故不勞而霸(고불노이패). 今天下(금천하), 地醜德齊(지추덕제), 莫能相尙(막능상상), 無他(무타), 好臣其所敎(호신기소교), 而不好臣其所受敎(이불호신기소수교). 湯之於伊尹(탕지어이윤), 桓公之於管仲(환공지어관중), 則不敢召(즉불감소). 管仲且猶不可召(관중차유불가소), 而況不爲管仲者乎(이황불위관중자호)?"

4-3 선물과 뇌물

맹자의 제자인 진진이 여쭈었습니다.

"지난번에 제나라에 계실 때 왕이 황금 100일(鎰, 스물녁 냥)을 주었을 때 스승님께선 이를 받지 않으셨습니다. 그런데 송나라에서 황금 70일을 주었을 땐 받으셨고, 설나라에서 황금 50일을 주었을 때도 받으셨습니다. 전에 받지 않으신 것이 옳다면 오늘날 받으신 것은 잘못된 것이며, 오늘날 받으신 것이 옳다면 전에 받으신 것은 잘못된 것일 겁니다. 스승님께선 반드시 둘 중 하나에 해당될 겁니다."

맹자께서 말씀하셨습니다.

"모두가 옳단다. 송나라에 있을 땐 내가 막 먼 길을 떠나려던 참이었지. 길 떠나는 사람에게는 반드시 노잣돈을 주는 법인데, 왕이 '노잣돈으로 드립니다'라고 하였으니 내가 무엇 때문에 안 받겠느냐? 설나라에 있을 땐 나를 해치려는 자가 있어 경계하려는 마음이 있었는데, 왕이 '경비를 강화하신다고 들었는데, 경비하는 병사들의 비용으로 써 주십시오'라고 했으니, 내가 이를 어찌 받지 않겠느냐? 제나라에 있을 땐 돈 받을 명목이 없었지. 마땅히 쓸 곳도 없는데 받는 것은 뇌물이나 마찬가지란다. 어찌 군자가 뇌물에 매수될 수 있겠느냐?"

陳臻問曰(진진문왈): "前日於齊(전일어제), 王餽兼金一百而不受(왕궤겸금일백이불수), 於宋(어송), 餽七十鎰而受(궤칠십일이수), 於薛(어설), 餽五十鎰而受(궤오십일이수). 前日之不受是(전일지불수시), 則今日之受非也(즉금일지수비야). 今日之受是(금일지수시), 則前日之不受非也(즉전일지불수비야). 夫子必居一於此矣(부자필거일어차의)."

孟子曰(맹자왈): "皆是也(개시야). 當在宋也(당재송야), 予將有遠行 (여장유원행), 行者必以贐(행자필이신), 辭曰(사왈): '餽贐(궤신).' 予何 爲不受(여하위불수)? 當在薛也(당재설야). 予有戒心(여유계심), 辭曰 (사왈): '聞戒(문계), 故爲兵餽之(고위병궤지).' 予何爲不受(여하위불 수)? 若於齊(약어제), 則未有處也(즉미유처야), 無處而餽之(무처이궤 지), 是貨之也(시화지야). 焉有君子而可以貨取乎(언유군자이가이화취 호?"

4-4 그것은 과인의 죄로군요

맹자께서 평륙(지금의 산동성에 위치)에 가셔서 그곳 대부에게 물었습니다.

"창을 든 그대의 병사가 하루에 세 차례씩이나 대오를 벗어난다면 그를 처벌하겠소? 아니면 그리하지는 않겠습니까?"

대부가 대답했습니다.

"세 번까진 기다리지 않을 겁니다."

맹자께서 말씀하셨습니다.

"그렇다면 그대도 대오를 이탈한 적이 많을 겁니다. 흉년이나 기근이 든 해에 그대의 백성들 중에 늙고 병든 사람은 구렁텅이에 굴러 떨어져 죽고, 장정들 중 사방으로 흩어져 떠난 자들이 수천 명은 될 겁니다."

대부가 말했습니다.

"그건 나 거심의 힘으로 어떻게 할 수 있는 일이 아니었습니다."

맹자께서 말씀하셨습니다.

"그렇다면 지금 남의 소와 양을 받아서 길러 주는 사람이 있다면, 반드시 소와 양을 위해 목장과 풀을 찾아야 할 겁니다. 그러나 목장과 풀을 찾다가 얻지 못하면 그 소와 양을 그 주인에게 되돌려주어야겠소? 아니면 그대로 방치한 채 소와 양이 죽어가는 것을 보고만 있을 겁니까?"

거심이 대답했습니다.

"그것은 나 거심의 죄로군요."

훗날 맹자께서 왕을 만난 자리에서 말씀하셨습니다.

"왕의 도읍을 다스리는 대부 다섯 사람을 알고 있답니다. 그 가운데 자기의 죄를 알고 있는 자는 오직 공거심 한 사람뿐이었습니다."

맹자께서는 그러한 일을 왕에게 일러주었습니다. 그러자 왕이 말했습니다.

"그것은 과인의 죄로군요."

孟子之平陸(맹자지평륙), 謂其大夫曰(위기대부왈): "子之持戟之士(자지지극지사), 一日而三失伍(일일이삼실오), 則去之否乎(즉거지부호)?"

曰(왈): "不待三(부대삼)."

"然則子之失伍也亦多矣(연즉자지실오야역다의). 凶年飢歲(흉년기세), 子之民(자지민), 老羸轉於溝壑(노영전어구학), 壯者散而之四方者(장자산이지사방자), 幾千人矣(기천인의)."

曰(왈): "此非距心之所得爲也(차비거심지소득위야)."

曰(왈): "今有受人之牛羊而爲之牧之者(금유수인지우양이위지목지자), 則必爲之求牧與芻矣(즉필위지구목여추의). 求牧與芻而不得(구목여추이부득), 則反諸其人乎(즉반제기인호)? 抑亦立而視其死與(억역립이시기사여)?"

曰(왈): "此則距心之罪也(차즉거심지죄야)."

他日見於王曰(타일견어왕왈): "王之爲都者(왕지위도자), 臣知五人焉(신지오인언). 知其罪者(지기죄자), 惟孔距心(유공거심)."

爲王誦之(위왕송지). 王曰(왕왈): "此則寡人之罪也(차즉과인지죄야)."

4-5 맹자가 느긋한 이유

맹자께서 제나라의 대부인 지와에게 말씀하셨습니다.

"그대가 영구 지방의 벼슬을 사양하고 재판관인 사사의 자리를 희망한 것은 그럴듯합니다. 그 자리는 임금에게 바른말을 할 수 있기 때문이죠. 그런데도 지금 몇 달이 지났는데 아직도 간언할 수 없었습니까?"

그래서 지와가 임금께 간언했지만 받아들이지 않자, 지와는 벼슬자리를 내놓고 물러나 버렸습니다. 이를 보고 제나라 사람들이 말했습니다.

"맹자가 지와를 위해 한 말이라면 좋은 일이지만 자기 자신을 위해 한 것이라면 우리는 어떨지 모르겠다."

맹자의 제자인 공도자가 이 말을 아뢰자 맹자께서 말씀하셨습니다.

"내가 듣기론 관직에 있는 자가 자기의 직책을 지키지 못하면 관직을 내놓는 법이고, 간언에 책임 있는 자가 한 말이 받아들여지지 않으면 그 자리에서 물러나는 법이라고 했지. 나는 맡은 관직도 없고 간언할 책임도 없으니, 내가 나아가든 물러나든 어찌 느긋한 여유마저 없겠느냐?"

孟子謂蚔鼃曰(맹자위지와왈): "子之辭靈邱而請士師(자지사령구이청사사), 似也(사야), 爲其可以言也(위기가이언야). 今旣數月矣(금기수월의), 未可以言與(미가이언여)?"

蚔鼃諫於王而不用(지와간어왕이불용), 致爲臣而去(치위신이거).

齊人曰(제인왈): "所以爲蚔鼃則善矣(소이위지와즉선의), 所以自爲(소이자위), 則吾不知也(즉오부지야)."

公都子以告(공도자이고). 曰(왈): "吾聞之也(오문지야), 有官守者(유관수자), 不得其職則去(부득기직즉거), 有言責者(유언책자), 不得其言則去(부득기언즉거). 我無官守(아무관수), 我無言責也(아무언책야). 則吾進退(즉오진퇴), 豈不綽綽然有餘裕哉(기부작작연유여유재)?"

4-6 내가 무슨 말을 더 해야겠는가?

맹자께서 제나라의 객경(客卿, 객원 재상)이 되어 등나라에 조문을 갔습니다. 제나라 왕은 합읍의 대부인 왕환에게 맹자를 보좌하여 다녀오게 하였습니다. 왕환이 아침저녁으로 맹자를 만났는데도, 제나라에서 등나라로 오가는 동안 조문에 대해 단 한마디도 언급하지 않았습니다.

그래서 공손추가 여쭈었습니다.

"제나라의 객경이란 지위가 낮은 것도 아니고 제나라와 등나라의 거리가 가까운 것도 아닌데, 오가시는 동안 한 번도 조문에 대해 말씀하지 않으신 것은 무슨 이유입니까?"

맹자께서 말씀하셨습니다.

"이미 그 일을 처리할 자(왕환)가 있는데, 내가 무슨 말을 더 해야 겠는가?"

孟子爲卿於齊(맹자위경어제), 出弔於滕(출조어등), 王使蓋大夫王
驩爲輔行(왕사개대부왕환위보행). 王驩朝暮見(왕환조모견), 反齊滕之
路(반제등지로), 未嘗與之言行事也(미상여지언행사야).

公孫丑曰(공손추왈): "齊卿之位(제경지위), 不爲小矣(불위소의), 齊
滕之路(제등지로), 不爲近矣(불위근의), 反之而未嘗與言行事(반지이
미상여언행사), 何也(하야)?"

曰(왈): "夫旣或治之(부기혹치지), 予何言哉(여하언재)?"

4-7 군자는 부모 장례에 재물을 아끼지 않는다

맹자께서 제나라에서 노나라로 가서 어머니의 장례를 치르고 다시 제나라로 돌아오다가 영읍에 머물게 되었습니다. 제자 충우가 청원하듯 말했습니다.

"전날엔 저의 못남을 모르시고 저에게 목수 일을 돕도록 하셨는데, 일이 다급해서 제가 감히 여쭈어보지 못했습니다만, 이제 외람되이 말씀드립니다. 쓰셨던 관이 너무 화려한 것 같았습니다."

맹자께서 말씀하셨습니다.

"옛날엔 시체를 넣는 속널과 겉널인 관곽을 만드는 데엔 일정한 법도가 없었단다. 그러다 중세시대 쯤에는 관의 두께가 7촌이었고, 겉널인 곽을 이에 맞도록 했었지. 천자로부터 서민에 이르기까지

한결같았단다. 이는 오직 외관을 아름답게 보이기 위해서가 아니라 이렇게 한 후에야 사람들이 정성을 다했다고 흡족해했기 때문이지. 그러나 이러한 법도대로 할 수가 없었고, 또 이렇게 할 만한 재물이 없으면 마음으로 기뻐할 수가 없었단다. 관을 만들 재물이 있다면 옛사람들은 모두가 그렇게 했단다. 그러니 어찌 나만 그렇게 하지 못하겠느냐? 또 부모의 육신이 흙으로 변할 때까지 흙이 살에 닿지 않게 하는 것이 남아 있는 사람들의 마음에도 좋지 않겠느냐? 내가 듣기론 '군자는 천하 때문에 그 부모의 장례에 재물을 아끼지는 않는다'고 했단다."

孟子自齊葬於魯(맹자자제장어노), 反於齊(반어제), 止於嬴(지어영), 充虞請曰(충우청왈): "前日不知虞之不肖(전일부지우지부초), 使虞敦匠事(사우돈장사). 嚴虞不敢請(엄우불감청), 今願竊有請也(금원절유청야). 木若以美然.(목약이미연)."

曰(왈): "古者棺椁無度(고자관곽무도), 中古棺七寸(중고관칠촌), 椁稱之(곽칭지), 自天子達於庶人(자천자달어서인), 非直爲觀美也(비직위관미야), 然後盡於人心(연후진어인심). 不得不可以爲悅(부득불가이위열), 無財不可以爲悅(무재불가이위열), 得之爲有財(득지위유재), 古之人皆用之(고지인개용지), 吾何爲獨不然(오하위독불연)? 且比化者(차비화자), 無使土親膚(무사토친부), 於人心獨無怓乎(어인심독무교호)? 吾聞之也(오문지야), 君子不以天下儉其親(군자불이천하검기친)."

4-8 제나라의 연나라 정벌
제나라의 대신인 심동이 개인적으로 물었습니다.

"연나라를 정벌하는 것이 가능할까요?"

맹자께서 대답하셨습니다.

"가능합니다. 연나라의 왕 자쾌는 님에게 연나라를 내어줄 수 없었고, 연나라의 재상 자지도 자쾌에게 연나라를 받을 수는 없습니다. 여기에 벼슬하는 사람이 있다고 칩시다. 당신이 그를 좋게 보아 왕에게 말하지도 않고, 자기 마음대로 당신의 봉록과 관직을 주고 그 또한 왕명도 없이 자기 마음대로 그것을 받는다면 괜찮겠습니까?"

제나라 사람들이 연나라를 정벌했습니다. 그러자 어떤 사람이 물었습니다.

"제나라를 정벌하라고 권고한 일이 있었습니까?"

맹자께서 말씀하셨습니다.

"아니랍니다. 심동이란 사람이 묻기를 '연나라를 정벌해도 좋겠습니까?'라고 하기에 '가능한 일이지요'라고 했더니 그는 옳다고 여긴 다음 정벌한 겁니다. 만약 그가 '누가 연나라를 정벌할 수 있을까요?'라고 물었다면 '하늘의 뜻을 대신하는 사람(天吏)이라면 정벌할 수 있답니다'라고 대답했을 겁니다. 지금 여기에 살인자가 있다고 칩시다. 어떤 사람이 '저 사람을 죽여도 좋겠습니까?'라고 묻는다면 '좋습니다'라고 대답할 겁니다. 만약 그가 '누가 죽일 수 있습니까?'라고 묻는다면 '형벌을 집행하는 관리인 사사라면 죽일 수 있습니다'라고 대답할 겁니다. 지금의 경우는 연나라가 연나라를 정벌하는 격인데 무엇 때문에 정벌하라고 권고하겠습니까?"

沈同以其私問曰(심동이기사문왈): "燕可伐與(연가벌여)?"

孟子曰(맹자왈): "可(가). 子噲不得與人燕(자쾌부득여인연), 子之不得受燕於子噲(자지부득수연어자쾌). 有仕於此(유사어차), 而子悅之(이자열지), 不告於王(불고어왕), 而私與之吾子之祿爵(이사여지오자지록작). 夫士也(부사야), 亦無王命而私受之於子(역무왕명이사수지어자), 則可乎(즉가호)? 何以異於是(하이이어시)."

齊人伐燕(제인벌연). 或問曰(혹문왈): "勸齊伐燕(권제벌연), 有諸(유저)?"

曰(왈): "未也(미야). 沈同問(심동문): '燕可伐與(연가벌여)?' 吾應之曰(오응지왈): '可.' 彼然而伐之也(피연이벌지야). 彼如曰(피여왈): '孰可以伐之(숙가이벌지)?' 則將應之曰(즉장응지왈): '爲天吏則可以伐之(위천리즉가이벌지).' 今有殺人者(금유살인자), 或問之曰(혹문지왈): '人可殺與(인가살여)?' 則將應之曰(즉장응지왈): '可(가).' 彼如曰(피여왈): '孰可以殺之(숙가이살지)?' 則將應之曰(즉장응지왈): '爲士師則可以殺之(위사사즉가이살지).' 今以燕伐燕(금이연벌연), 何爲勸之哉(하위권지재)?"

4-9 옛날의 군자와 오늘날의 군자

제나라에 강제 합병된 연나라 사람들이 반란을 일으키자, 제나라 왕이 말했습니다.

"나는 맹자에게 매우 부끄럽네."

곁에 있던 제나라의 대부 진가가 말했습니다.

"왕께서는 걱정하지 마십시오. 왕께서는 주공과 비교해 보시면 누가 더 어질고 지혜롭다고 생각하십니까?"

왕이 말했습니다.

"아니, 그게 무슨 말인가?"

진가가 말했습니다.

"주공은 관숙에게 은나라를 감독하게 하였습니다. 그런데 관숙은 은나라에서 반란을 일으켰습니다. 그러니 주공이 그럴 줄 알고 은나라를 감독하게 했다면 이는 어질지 못한 짓입니다. 만약 그럴 줄 모르고 시켰다면 지혜롭지 못한 겁니다. 어질고 지혜로운 주공도 매진하지 못했는데, 하물며 왕께서야 더할 나위가 있겠습니까? 제가 맹자를 찾아뵙고 해명해 보겠습니다."

진가는 맹자를 찾아뵙고 물었습니다.

"주공은 어떤 사람입니까?"

맹자께서 대답하셨습니다.

"옛 성인이랍니다."

진가가 물었습니다.

"주공이 관숙으로 하여금 은나라를 감독하게 하였으나, 관숙은 오히려 은나라에서 반란을 일으켰다는데, 그러한 일이 있었습니까?"

맹자께서 대답하셨습니다.

"그렇습니다."

진가가 물었습니다.

"주공은 그가 반란을 일으킬 걸 알면서도 그와 같은 일을 맡겼을까요?"

맹자께서 대답하셨습니다.

"아마도 알지는 못했을 겁니다."

진가가 다시 물었습니다.

"그렇다면 성인 또한 잘못을 저지를 수가 있습니까?"

맹자께서 대답하셨습니다.

"주공은 동생이고 관숙은 형이었으니, 주공의 잘못은 있을 수 있는 것 아니겠습니까? 또 옛날의 군자들은 잘못이 있으면 그것을 고쳤는데, 요즘의 군자들은 잘못이 있어도 고치기는커녕 그것을 그대로 밀고 나갑니다. 옛날 군자들의 잘못은 마치 일식이나 월식 같아서 백성들이 모두 볼 수가 있었고, 그들이 잘못을 고치게 되면 백성들은 모두가 그들을 우러러 존경했답니다. 오늘날의 군자들은 자신의 잘못을 답습할 뿐만 아니라 이를 합리화하기 위해 변명까지 일삼는답니다."

燕人畔(연인반). 王曰(왕왈): "吾甚慙於孟子(오심참어맹자)."

陳賈曰(진가왈): "王無患焉(왕무환언). 王自以爲與周公孰仁且智
(왕자이위여주공숙인차지)?"

王曰(왕왈): "惡(오), 是何言也(시하언야)?"

曰(왈): "周公使管叔監殷(주공사관숙감은), 管叔以殷畔(관숙이은
반). 知而使之(지이사지), 是不仁也(시불인야), 不知而使之(부지이사
지), 是不智也(시부지야). 仁智(인지), 周公未之盡也(주공미지진야), 而
況於王乎(이황어왕호)? 賈請見而解之(가청견이해지)."

見孟子(견맹자), 問曰(문왈): "周公(주공), 何人也(하인야)?"

曰(왈): "古聖人也(고성인야)."

曰(왈): "使管叔監殷(사관숙감은), 管叔以殷畔也(관숙이은반야), 有

諸(유저)?"

曰(왈): "然(연)."

曰(왈): "周公知其將畔而使之與(주공지기장반이사지여)?"

曰(왈): "不知也(부지야)."

"然則聖人且有過與(연즉성인차유과여)?"

曰(왈): "周公弟也(주공제야), 管叔兄也(관숙형야), 周公之過(주공지과), 不亦宜乎(불역의호)? 且古之君子(차고지군자), 過則改之(과즉개지), 今之君子(금지군자), 過則順之(과즉순지). 古之君子(고지군자), 其過也(기과야), 如日月之食(여일월지식), 民皆見之(민개견지), 及其更也(급기갱야), 民皆仰之(민개앙지). 今之君子(금지군자), 豈徒順之(기도순지), 又從爲之辭(우종위지사)."

4-10 세금징수의 유래

맹자께서 제나라 객경(客卿, 객원 재상)의 자리를 내놓고 고향으로 돌아가려고 하자, 왕이 맹자를 만나고서 말했습니다.

"예전부터 선생을 만나뵙기를 원해도 뵐 수가 없었는데, 조정에 모시게 되어 대단히 기뻤답니다. 그런데 이제 과인을 버리고 떠나시니, 이후에도 계속해서 만나뵐 수 있을런지요?"

맹자께서 말씀하셨습니다.

"감히 청하지는 못할지언정, 정말로 그렇게 되기를 기원합니다."

한참이 지난 뒤 왕이 가까운 시자(時子)에게 말했습니다.

"나는 나라 한가운데에 맹자를 위해 집을 지어주고, 만 종(1종은 곡식 여섯 섬 네 되)의 녹봉을 지급해 제자들을 양성케 하여 여러 대부들과 백성들 모두가 공경하는 본보기로 삼고 싶은데, 그대가 나를 위해 맹자께 전해 주지 않겠소?"

시자는 진자를 통해 맹자에게 그 이야기를 전해 주었고, 진자가 시자의 말을 맹자께 고하였습니다. 그러자 맹자께서 말씀하셨습니다. "그래? 시자가 어찌 그것이 안 될 일이라는 것을 알겠느냐? 내가 만약 부자가 되고 싶었다면 십만 종을 사양하고 만 종만을 받는 것이, 이게 부자가 되려고 하는 것이겠느냐? 계손씨가 이르길 '자숙의는 이상하구나. 자신이 정치를 하다가 자기의 주장이 받아들여지지 않으면 그만두면 될 터인데, 자기 제자들을 재상으로 삼았구나. 사람이라면 누군들 부귀를 바라지 않겠는가마는 그는 홀로 부귀함 속에 있으면서도 사사로이 국정을 농단하였구나'라고 하였지. 옛날의 시장이란 자기가 가진 것과 가지지 못한 것을 서로 바꾸는 곳이었고, 시장을 관리 감독하는 유사는 그 질서를 다스릴 뿐이었단다. 그런데 천박한 사람이 있었는데, 그는 반드시 높은 언덕에 올라가서는 좌우를 둘러보아 시장의 이익을 독차지하였지. 그래서 사람들은 그를 천박하게 여겼단다. 그래서 그러한 행위에 대해 세금을 징수하게 되었고, 상인들에게 세금을 징수하게 된 건 이 천박한 사내로부터 시작된 것이란다."

孟子致爲臣而歸(맹자치위신이귀). 王就見孟子曰(왕취견맹자왈): "前日願見而不可得(전일원견이불가득), 得侍同朝甚喜(득시동조심희). 今又棄寡人而歸(금우기과인이귀), 不識可以繼此而得見乎(불식가이계차이득견호)?"

對曰(대왈): "不敢請耳(불감청이), 固所願也(고소원야)."

他日(타일), 王謂時子曰(왕위시자왈): "我欲中國而授孟子室(아욕중국이수맹자실), 養弟子以萬鍾(양제자이만종), 使諸大夫國人(사제대부국인), 皆有所矜式(개유소긍식). 子盍爲我言之(자합위아언지)?"

時子因陳子而以告孟子(시자인진자이이고맹자), 陳子以時子之言告孟子(진자이시자지언고맹자).

孟子曰(맹자왈): "然(연). 夫時子惡知其不可也(부시자오지기불가야)? 如使予欲富(여사여욕부), 辭十萬而受萬(사십만이수만), 是爲欲富乎(시위욕부호)? 季孫曰(계손왈): '異哉子叔疑(이재자숙의)! 使己爲政(사기위정), 不用(불용), 則亦已矣(즉역이의), 又使其子弟爲卿(우사기자제위경). 人亦孰不欲富貴(인역숙불욕부귀)? 而獨於富貴之中(이독어부귀지중), 有私壟斷焉(유사농단언).' 古之爲市者(고지위시자), 以其所有(이기소유), 易其所無者(역기소무자), 有司者治之耳(유사자치지이). 有賤丈夫焉(유천장부언), 必求壟斷而登之(필구농단이등지), 以左右望而罔市利(이좌우망이망시리). 人皆以爲賤(인개이위천), 故從而征之(고종이징지), 征商(징상), 自此賤丈夫始矣(자차천장부시의)."

4-11 군자가 현자를 대하는 태도

맹자께서 제나라를 떠나는 길에 제나라 수도에서 비교적 가까운 주읍에서 하룻밤을 묵게 되었습니다. 제나라 선왕을 위하여 맹자를 만류하려고 어떤 사람이 무릎을 꿇고 말하였습니다. 맹자께서는 그 사람의 말에 대답도 하지 않은 채 안석(几)에 기대어 누워 있었습니다. 그 사람은 불쾌하게 여기며 말했습니다.

"저는 하룻밤을 재계한 후에야 감히 말씀을 드렸는데도, 선생께서는 누워만 있고 제 말을 듣지도 않으시니 다시는 뵈러 오지 않겠습니다."

맹자께서 말씀하셨습니다.

"앉으시오. 내 그대에게 분명히 말해 주리다. 옛날 노나라 목공은 공자의 손자인 자사(子思) 곁에 자신의 뜻을 전해 줄 사람이 없으면 자사를 편안하게 해 줄 수 없다고 생각했고, 설유와 신상은 목공 곁에 자신의 뜻을 전해 줄 사람이 없으면 그 자신들은 편안하게 있을 수가 없었다오. 그대는 나를 위한다며 염려하였으나 자사를 대우한 경우까지는 미치질 못했소. 그러니 그대가 나를 거절한 것이겠소? 내가 그대를 거절한 것이겠소?"

孟子去齊(맹자거제), 宿於晝(숙어주). 有欲爲王留行者坐而言(유욕위왕류행자좌이언). 不應(불응), 隱几而臥(은궤이와).

客不悅曰(객불열왈): "弟子齊宿而後敢言(제자제숙이후감언), 夫子臥而不聽(부자와이불청), 請勿復敢見矣(청물부감견의)."

曰(왈): "坐(좌). 我明語子(아명어자). 昔者魯繆公無人乎子思之側(석자로무공무인호자사지측), 則不能安子思(즉불능안자사), 泄柳申詳(설유신상), 無人乎繆公之側(무인호무공지측), 則不能安其身(즉불능안기신). 子爲長者慮(자위장자려), 而不及子思(이불급자사), 子絕長者乎(자절장자호)? 長者絕子乎(장자절자호)?"

4-12 맹자가 제나라를 떠날 때 지체한 이유

맹자께서 제나라를 떠나자 윤사라는 자가 사람들에게 말했습니다.

"우리 왕께서 탕왕과 무왕같이 될 수 없음을 맹자가 몰랐다면 그는 지혜가 밝지 못한 사람입니다. 제나라 왕이 탕왕과 무왕같이 될 수 없음을 알면서도 왔다면 이는 무언가 혜택을 보려고 한 것일 게요. 천 리 길을 와서 왕을 만나고는 뜻이 받아들여지지 않자 떠나는 것인데, 맹자는 주읍에서 사흘 동안이나 머뭇거리고 있다가 떠났소. 어찌하여 머뭇거린 건지, 나는 그게 영 불쾌하답니다."

맹자의 제자인 고자가 이 말을 듣고 스승 맹자께 그 사실을 보고했습니다.

맹자께서 말씀하셨습니다.

"그 윤사라는 자가 나를 어찌 알겠느냐! 천 리 길을 와서 왕을 만나 본 것은 내가 원해서 한 일이란다. 뜻이 받아들여지지 않아서 떠나는 것이야, 어찌 내가 바라던 것이었겠느냐? 어쩔 수 없어 한 일이란다. 주읍에서 사흘을 묵고서 떠난 것은 내 마음속에선 오히려 빠르게 떠난 것이라고 생각한단다. 혹시나 왕이 마음을 고쳐먹기를 바랐고, 왕이 마음을 고쳤다면 반드시 나를 되돌아가게 했을 거야. 그러나 내가 주읍을 떠나도 왕은 나를 부르지도 않았지. 나는 그렇게 된 후에야 홀가분하게 떠나야겠다는 뜻을 갖게 되었단다. 그렇다고 하여 어찌 왕을 버릴 수야 있겠느냐? 그래도 왕은 선정을 베풀 만한 인물이었지. 만약 왕이 나를 등용하였다면 어찌 제나라의 백성들만 편안해지겠느냐. 온 천하의 백성들이 편안해졌을 게야. 나는 혹시라도 왕이 마음을 고쳐먹기를 나날이 기대하고 있었단다. 내가 어찌 소인배와 같은 짓을 하겠느냐? 그 임금에게 간언을 해도 받아들이지 않는다고 화를 내고, 노여움을 얼굴에 드러낸 채 그 나라를 떠나가느라 하루 종일 힘을 쓴 이후에 잠에 곯아 떨어지는 짓을 하겠느냐!"

윤사가 이러한 소식을 전해 듣고는 말했습니다.

"나야말로 정말 소인배였구나."

孟子去齊(맹자거제), 尹士語人曰(윤사어인왈): "不識王之不可以爲湯武(불식왕지불가이위탕무), 則是不明也(즉시불명야), 識其不可(식기불가), 然且至(연차지), 則是干澤也(즉시간택야), 千里而見王(천리이견왕), 不遇故去(불우고거), 三宿而後出晝(삼숙이후출주), 是何濡滯也(시하유체야)! 士則茲不悅(사즉자불열열).

高子以告(고자이고).

曰(왈): "夫尹士惡知予哉(부윤사오지여재) 千里而見王(천리이견왕), 是予所欲也(시여소욕야), 不遇故去(불우고거), 豈予所欲哉(기여소욕재)? 予不得已也(여부득이야). 予三宿而出晝(여삼숙이출주), 於予心猶以爲速(어여심유이위속). 王庶幾改之(왕서기개지), 王如改諸(왕여개제), 則必反予(즉필반여). 夫出晝而王不予追也(부출주이왕불여추야), 予然後浩然有歸志(여연후호연유귀지). 予雖然(여수연), 豈舍王哉(기사왕재)? 王由足用爲善(왕유족용위선), 王如用予(왕여용여), 則豈徒齊民安(즉기도제민안), 天下之民擧安(천하지민거안). 王庶幾改之(왕서기개지), 予日望之(여일망지). 予豈是若小丈夫然哉(여기시약소장부연재)? 諫於其君而不受則怒(간어기군이불수즉노), 悻悻然見於其面(행행연견어기면), 去則窮日之力而後宿哉(거즉궁일지력이후숙재)!"

尹士聞之曰(윤사문지왈): "士誠小人也(사성소인야)."

4-13 오백 년 주기의 왕통

맹자께서 제나라를 떠날 때, 길에서 만난 제자 충우가 여쭈었습니다.

"스승님께선 별로 기분이 좋지 않은 듯하십니다. 전에 제가 스승님께 듣기론 '군자는 하늘을 원망하지 않고 남을 탓하지 않는다'고 하셨습니다."

맹자께서 말씀하셨습니다.

"그때도 한 시절이고 지금도 한 시절이지. 오백 년을 주기로 반드시 제대로 왕 노릇을 할 사람이 나타나고, 그 시기에는 반드시 세상에 이름을 드날릴 사람이 나타나게 된단다. 주나라 이래로 7백 년이 되었구나. 그걸 햇수로 보자면 이미 때가 지났고, 그 시기를 고려해 본다면 지금이 딱 그런 때로구나. 그런데 하늘이 아직은 천하를 평화롭게 다스릴 뜻이 없는 것 같구나. 만약 천하를 평화롭게 다스리려고 한다면, 오늘날의 세상에서 나를 빼놓고 누가 있겠느냐? 내가 무엇 때문에 기분이 유쾌하지 않겠느냐?"

孟子去齊(맹자거제). 充虞路問曰(충우로문왈): "夫子若有不豫色然(부자약유불예색연). 前日虞聞諸夫子曰(전일우문제부자왈): '君子不怨天(군자불원천), 不尤人(불우인).'"

曰(왈): "彼一時(피일시), 此一時也(차일시야). 五百年必有王者興(오백년필유왕자흥), 其間必有名世者(기간필유명세자). 由周而來(유주이래), 七百有餘歲矣(칠백유여세의), 以其數則過矣(이기수즉과의), 以其時考之則可矣(이기시고지즉가의). 夫天未欲平治天下也(부천미욕평치천하야), 如欲平治天下(여욕평치천하), 當今之世(당금지세), 舍我

其誰也(사아기수야)? 吾何爲不豫哉(오하위불예재)?"

4-14 제나라에 오래 머문 이유

맹자께서 제나라를 떠나 휴 땅에 머무르고 있을 때 제자 공손추
가 여쭈었습니다.

"벼슬살이를 하되 녹봉을 받지 않는 것이 옛날의 법도입니까?"

맹자께서 말씀하셨습니다.

"아니란다. 숭 지방에서 내가 왕을 만나 뵙고 물러나면서 제나라
를 떠날 생각이었지. 떠나겠다는 생각을 바꾸지 않기 위해 녹봉을
받지 않은 것이란다. 그런데 계속해서 군대를 동원하는 명령을 내
려서 떠나가겠다고 청하지 못한 것일 뿐, 제나라에 오래 머물렀던
건 결코 나의 뜻은 아니었단다."

孟子去齊(맹자거제), 居休(거휴). 公孫丑問曰(공손추문왈): "仕而不
受祿(사이불수록), 古之道乎(고지도호)?"

曰(왈): "非也(비야). 於崇吾得見王(어숭오득견왕), 退而有去志(퇴
이유거지). 不欲變(불욕변), 故不受也(고불수야). 繼而有師命(계이유사
명), 不可以請(불가이청), 久於齊(구어제), 非我志也(비아지야)."

등문공장구상
滕文公章句上

• • •

5-1 등나라의 문공

등나라의 문공이 세자였을 때, 초나라로 가는 길에 송나라에 잠시 들러 맹자를 만나게 되었습니다. 맹자께서는 인간의 본성은 선하다는 '성선설'에 대해 말씀하시며 말끝마다 요임금과 순임금을 이야기했습니다. 세자가 초나라에서 돌아오면서 다시 맹자를 만났습니다. 맹자께서 말씀하셨습니다.

"세자는 내 말을 의심하시는 겁니까? 도라는 것은 하나일 뿐이랍니다. 성간이 제나라 경공에게 말하길 '그 사람도 사내대장부이고 나도 사내대장부이거늘 내 어찌 그자를 두려워하겠습니까?'라고 했고, 안연은 '순임금은 어떤 사람이고, 나는 어떤 사람입니까? 노력하면 또한 순임금과 같이 된답니다'라고 했습니다. 또 공명의는 '문왕이 나의 스승이거늘 주공이 어찌 나를 속이겠는가!'라고 했답니다. 이제 등나라는 긴 곳과 짧은 곳을 뭉뚱그리면 얼추 사방 50리가 되니, 그만하면 좋은 나라가 될 수 있습니다. 『서경(書經)』에 이르길 '만약에 약이 눈앞을 캄캄하게 하고 어지럽히지 않으면, 그 병은 낫지 않는다'고 했답니다."

滕文公爲世子(등문공위세자), 將之楚(장지초), 過宋而見孟子(과송이견맹자). 孟子道性善(맹자도성선), 言必稱堯舜(언필칭요순). 世子自楚反(세자자초반), 復見孟子(부견맹자).

孟子曰(맹자왈): "世子疑吾言乎(세자의오언호)? 夫道一而已矣(부도일이이의). 成覵謂齊景公曰(성간위제경공왈): '彼丈夫也(피장부야), 我丈夫也(아장부야), 吾何畏彼哉(오하외피재)?' 顔淵曰(안연왈): '舜何人也(순하인야), 予何人也(여하인야)? 有爲者亦若是(유위자역약시).' 公明儀曰(공명의왈): '文王我師也(문왕아사야), 周公豈欺我哉(주공기기아재)!' 今滕絶長補短(금등절장보단), 將五十里也(장오십리야), 猶可以爲善國(유가이위선국). 書曰(서경): '若藥不暝眩(약약불명현), 厥疾不瘳(궐질불추).'"

5-2 연우와 맹자

등나라의 정공이 서거하자 세자가 연우에게 말했습니다.

"전에 맹자께서 송나라에 계실 때 나와 함께 이러저러한 이야기를 한 적이 있었는데, 그분과 함께 나눴던 이야기들이 내 마음속에서 떠나질 않고 계속해서 떠오르는군요. 지금 불행하게도 아버님이 돌아가시는 큰 변고를 당했으니, 나는 선생을 맹자께 보내어 앞으로의 일을 의논한 후에 아버님의 상례를 거행했으면 한답니다."

연우가 추나라로 가서 맹자께 이를 여쭙자, 맹자께서 말씀하셨습니다.

"그 또한 훌륭한 일입니다. 부모님의 상례는 진실로 정성을 다해야 합니다. 증자께서 말씀하시길 '어버이께서 살아 계실 때는 예로써 섬겼고, 돌아가시게 되면 예로써 장사지내고, 예로써 제사를 모시면 효성스럽다고 할 수 있다'고 했습니다. 제후의 예에 대해서는 아직 배우지는 못했습니다만 내가 일찍이 들은 적이 있답니다. 거친 베옷을 입고 미음을 먹으면서 삼년상을 치르는 것은 천자로부터 서민에 이르기까지 3대 동안 받들어온 전통입니다."

滕定公薨(등정공훙), 世子謂然友曰(세자위연우왈): "昔者孟子嘗與我言於宋(석자맹자상여아언어송), 於心終不忘(어심종불망). 今也不幸至於大故(금야불행지어대고), 吾欲使子問於孟子(오욕사자문어맹자), 然後行事(연후행사)."

然友之鄒(연우지추), 問於孟子(문어맹자). 孟子曰(맹자왈): "不亦善乎(불역선호)! 親喪(친상), 固所自盡也(고소자진야). 曾子曰(증자왈): '生(생), 事之以禮(사지이례), 死(사), 葬之以禮(장지이례), 祭之以禮(제지이례), 可謂孝矣(가위효의).' 諸侯之禮(제후지례), 吾未之學也(오미지학야). 雖然(수연), 吾嘗聞之矣(오상문지의), 三年之喪(삼년지상), 齊疏之服(제소지복), 飦粥之食(전죽지식), 自天子達於庶人(자천자달어서인), 三代共之(삼대공지)."

연우가 등나라로 돌아가 그대로 아뢰자 세자는 삼년상을 치르기로 결정했습니다. 그러나 왕실의 친척들과 문무백관의 관료들 모두가 반대하며 말했습니다.

"우리의 종주국인 노나라의 선대에서도 그렇게 하지 않았고 우리나라의 선대왕들도 그렇게 하지 않았는데, 세자 대에 이르러서 그걸 변경한다는 것은 옳지 않습니다. 또 옛날 글에도 '초상이나 제사는 앞선 조상에 따른다'고 했습니다. 이는 '우리에게는 물려받은 풍속이 있음'을 말한 것이랍니다."

세자가 연우에게 말했습니다.

"내가 지난날 학문에는 뜻을 두지 않고 말달리기와 칼 쓰기만을 좋아했더니, 지금 왕실의 친척들과 모든 관료들이 나를 부족하게 여겨 반대하는 겁니다. 아마도 그들은 내가 큰일에 매진하지 못할까 걱정하고 있습니다. 선생께서는 나를 위해 이 일에 대해 맹자께 여쭤봐 주십시오."

然友反命(연우반명), 定爲三年之喪(정위삼년지상). 父兄百官皆不欲(부형백관개불욕).

曰(왈):"吾宗國魯先君莫之行(오종국노선군막지행), 吾先君亦莫之行也(오선군역막지행야). 至於子之身而反之(지어자지신이반지), 不可(불가). 且志曰(차지왈):'喪祭從先祖(상제종선조).'曰(왈):'吾有所受之也(오유소수지야).'"

謂然友曰(위연우왈):"吾他日未嘗學問(오타일미상학문), 好馳馬試劍(호치마시검). 今也父兄百官不我足也(금야부형백관불아족야), 恐其不能盡於大事(공기불능진어대사). 子爲我問孟子(자위아문맹자)."

연우가 다시 추나라로 가서 맹자께 여쭙자, 맹자께서 말씀하셨습니다.

"그럴 겁니다. 이 문제는 세자 스스로 해결해야지 다른 사람한테서는 구할 수가 없을 겁니다. 공자께서 말씀하시길 '임금이 돌아가시면 나라의 정사는 총재(재상)에게 맡기고, 미음을 마시고 얼굴빛을 침울하게 검게 칠하고서 상주의 자리에서 곡을 한다면, 문무백관과 유사들이 감히 슬퍼하지 않는 사람이 없을 것이니, 이는 먼저 세자께서 슬퍼하기 때문이랍니다. 윗사람이 좋아하는 것이 있으면 아랫사람은 더욱더 좋아하게 마련입니다. 군자의 덕은 바람 같고 소인의 덕은 풀과 같으니, 풀은 바람이 불면 반드시 쓰러진다'고 했으니, 이 모든 것은 세자 자신에게 달려 있답니다."

연우가 다시 돌아와 그대로 아뢰자, 세자가 말했습니다.

"그렇군요. 이러한 것은 진실로 나에게 달려 있군요."

세자가 다섯 달 동안 여막에서 지내며 어떤 명령이나 교계를 내리지 않자, 문무백관과 친척들이 '예를 아는구나!'라고 했습니다. 마침내 장례일이 되자 사방에서 조문객들이 와서 보니, 세자의 안색이 수척했고 곡하고 우는 소리가 애절하여 문상하러 온 사람들이 크게 감동했답니다.

然友復之鄒(연우부지추), 問孟子(문맹자). 孟子曰(맹자왈): "然(연). 不可以他求者也(불가이타구자야). 孔子曰(공자왈): '君薨(군훙), 聽於冢宰(청어총재), 歠粥面深墨(철죽면심묵), 即位而哭(즉위이곡). 百官有司(백관유사), 莫敢不哀(막감불애), 先之也(선지야). 上有好者(상유호자), 下必有甚焉者矣(하필유심언자의). 君子之德風也(군자지덕풍

야), 小人之德草也(소인지덕초야). 草尙之風必偃(초상지풍필언).' 是
在世子(시재세자)."

然友反命(연우반명). 世子曰(세자왈): "然(연). 是誠在我(시성재아).
五月居廬(오월거려), 未有命戒(미유명계), 百官族人(백관족인), 可謂
曰知(가위왈지). 及至葬(급지장), 四方來觀之(사방래관지), 顔色之戚
(안색지척), 哭泣之哀(곡읍지애), 弔者大悅(조자대열).

5-3 공손과 검약이란

등나라 문공이 나라 다스리는 법에 대해 물었습니다. 맹자께서
말씀하셨습니다.

"백성들의 농사일이 늦추어져서는 안 됩니다. 『시경(詩經)』에 이
르길 '낮에는 들에 나가 띠풀을 베어오고, 저녁에는 집으로 돌아와
새끼줄을 꼬아서 빨리 지붕을 이어야 비로소 백곡을 파종할 시절
이 다가온다'고 했습니다. 백성은 일정한 산물이 있으면 일정한 마
음이 생기고, 일정한 산물이 없다면 일정한 마음이 없으며, 진실로
일정한 마음이 없으면 방탕하고, 편벽되고, 간사하고, 사치하는 일
을 거침없이 하게 됩니다. 백성들에게 죄를 짓게 하여 함정에 빠뜨
린 후에 죄에 따라 형벌을 가하는 것은 백성들을 그물 쳐 잡는 것
과 같습니다. 어찌 어진 사람이 보위에 있으면서 백성들을 그물질
로 잡는 일을 하겠습니까? 이 때문에 현명한 군주는 반드시 공손
하고 검약하여 아랫사람을 예로 대하며, 백성들에게 받는 세금에
도 일정한 제한이 있는 겁니다. 계씨의 가신인 양호가 이르길 '부
자가 되려고 하면 어진 일을 할 수 없고, 어진 일을 하려고 하면 부

자가 될 수 없다'고 했습니다.

滕文公問爲國(등문공문위국). 孟子曰(맹자왈): "民事不可緩也(민사불가완야). 詩云(시운): '晝爾于茅(주이우모), 宵爾索綯(소이색도), 亟其乘屋(극기승옥), 其始播百穀(기시파백곡).' 民之爲道也(민지위도야), 有恒産者有恒心(유항산자유항심), 無恒産者無恒心(무항산자무항심), 苟無恒心(구무항심), 放辟邪侈(방벽사치), 無不爲已(무불위이). 及陷乎罪(급함호죄), 然後從而刑之(연후종이형지), 是罔民也(시망민야). 焉有仁人在位(언유인인재위), 罔民而可爲也(망민이가위야)? 是故(시고), 賢君必恭儉(현군필공검), 禮下(예하), 取於民有制(취어민유제). 陽虎曰(양호왈): '爲富不仁矣(위부불인의), 爲仁不富矣(위인불부의).'

하우씨는 50묘를 경작케 하고서 공법에 의해 세금을 거두었고, 은나라는 사람들에게 70묘를 주어 경작케 하고서 조법에 의해 세금을 징수했습니다. 주나라는 사람들에게 100묘를 주고서 경작케 하고 철법에 의거해 세금을 거두었는데, 실제적으로 수확물의 10분의 1을 세금으로 내게 한 겁니다. 철(徹)이라는 것은 통한다는 뜻이며, 조(助)라는 것은 빌린다는 뜻입니다. 현자였던 용자라는 사람이 이르길 '땅을 다스리는 데는 조법보다 나은 게 없고, 공법보다 좋지 아니한 게 없다'고 했습니다. 공법이란 수년 간의 평균 수확량을 산출해서 그것으로써 일정한 납부 기준으로 삼는다는 겁니다. 풍년에는 곡식의 낱알이 어지럽게 여기저기 흩어질 정도이므로 세금을 많이 받아도 포악한 학정이 행해지지 않는데도 적게 징수하고, 흉년에는 수확량이 거름 값도 되지 않는데도 반드시 정한 액수를 가득 채워서 받아갑니다.

백성의 부모가 되어 백성들로 하여금 한스럽게 여기게 하여 한 해 동안 죽도록 일만 시켜 부모도 제대로 봉양하지 못하도록 하고, 또 거기에 곡식이나 돈을 꾸어주어 이자까지 늘려 붙여 받아 감으로써 늙은이와 어린아이들을 구렁텅이에 굴러 떨어져 죽게 한다면 어찌 백성들의 부모라고 할 수 있겠습니까? 그런데 세습적으로 녹봉을 받는 제도는 등나라에서 이미 시행하고 있답니다. 『시경(詩經)』에 이르길 ‘우리 공전에 비가 내리면 마침내는 우리 사전 사(私田)에도 내리게 하라’고 했습니다. 오직 조법에 공전이 있으므로, 이것으로 볼 때 주나라도 또한 조법을 시행한 겁니다.

夏后氏五十而貢(하후씨오십이공), 殷人七十而助(은인칠십이조), 周人百畝而徹(주인백묘이철), 其實皆什一也(기실개십일야). 徹者徹也(철자철야), 助者藉也(조자자야). 龍子曰(용자왈): ‘治地莫善於助(치지막선어조), 莫不善於貢(막불선어공).’ 貢者校數歲之中以爲常(공자교수세지중이위상). 樂歲粒米狼戾(낙세립미랑려), 多取之而不爲虐(다취지이불위학), 則寡取之(즉과취지), 凶年糞其田而不足(흉년분기전이부족), 則必取盈焉(즉필취영언).

爲民父母(위민부모), 使民盼盼然(사민반반연), 將終歲勤動(장종세근동), 不得以養其父母(부득이양기부모), 又稱貸而益之(우칭대이익지), 使老稚轉乎溝壑(사노치전호구학), 惡在其爲民父母也(오재기위민부모야)? 夫世祿(부세녹), 滕固行之矣(등고행지의). 詩云(시운): ‘雨我公田(우아공전), 遂及我私(수급아사).’ 惟助爲有公田(유조위유공전). 由此觀之(유차관지), 雖周亦助也(수주역조야).

상서(향교鄕校를 주周나라에서는 상庠, 은殷나라에서는 서序라고 부른 데서 나온 말)와 학교를 설립해서 백성들을 가르쳤으니, 상(庠)은 봉양한다는 뜻이고, 교(校)는 가르친다는 뜻이며, 서(序)는 활쏘기를 익힌다는 뜻입니다. 하나라에서는 교라 했고, 은나라에서는 서라 했으며, 주나라에서는 상이라 했답니다. 배우는 것은 하·은·주 3대가 모두 그 이름을 함께했으니, 모두가 인륜을 밝히기 위한 것이었습니다. 위에서 인륜이 밝으면 아래의 백성들은 친목하게 됩니다. 왕도로써 천하를 다스리는 사람이 나타나면 반드시 등나라에 와서 이 법을 본받을 것이니, 이는 왕도의 스승이 될 수 있습니다. 『시경(詩經)』에 이르길 '주나라가 비록 오래된 나라이지만, 천명을 받은 자는 새롭구나'라고 했으니, 이는 문왕을 두고 한 말이랍니다. 문공께서 힘써 왕도를 시행한다면 또한 문공의 나라를 새롭게 할 수 있을 겁니다."

設爲庠序學校以敎之(설위상서학교이교지), 庠者養也(상자양야), 校者敎也(교자교야), 序者射也(서자사야). 夏曰校(하왈교), 殷曰序(은왈서), 周曰庠(주왈상), 學則三代共之(학즉삼대공지), 皆所以明人倫也(개소이명인륜야). 人倫明於上(인륜명어상), 小民親於下(소민친어하). 有王者起(유왕자기), 必來取法(필래취법), 是爲王者師也(시위왕자사야). 詩云(시운): '周雖舊邦(주수구방), 其命維新(기명유신).' 文王之謂也(문왕지위야). 子力行之(자력행지), 亦以新子之國(역이신자지국)."

등나라 문공이 신하인 필전을 시켜 정전법에 대해 물었습니다. 이에 대해 맹자께서 말씀하셨습니다.

"그대의 왕이 앞으로 어진 정치를 베풀려고 특별히 선택하여 그대를 보냈으니, 그대는 반드시 힘써야 될 겁니다. 어진 정치란 반드시 경계를 바로잡는 데서 시작된답니다. 경계가 바르지 않으면 정전이 균등하지 못하고, 관리에게 주는 녹봉도 고르지 않게 됩니다. 이 때문에 폭군이나 탐관오리는 반드시 경계를 소홀히 다룹니다. 경계가 올바르면 정전의 분배나 녹봉을 정하는 것은 가만히 앉아서도 확정할 수 있을 겁니다. 등나라는 영토가 좁고 작으나 앞으로 군자가 될 사람도 있고 야인이 될 사람도 있을 겁니다. 군자가 없으면 야인을 다스릴 수 없으며 야인이 없으면 군자를 양성할 수도 없습니다.

바라옵건대, 교외에서는 9분의 1의 조법을 실시하고 성 안에서는 10분의 1의 철법을 써서 백성들 스스로가 세금을 내도록 하십시오. 경(卿, 재상) 이하의 신하는 규전(벼슬아치에게 녹봉 이외에 제사를 지내도록 주는 토지)을 가지게 하는데, 규전은 50묘씩 줍니다. 또 장부가 더 있으면 장부당 25묘씩 배당합니다. 이렇게 되면 일하던 사람이 죽거나, 이사를 가더라도 마을 밖으로 떠나서 유랑하는 일이 없을 겁니다. 마을에서 공전을 같이 경작하면서 오가며 서로 친밀해지며, 서로 바라보면서 돕고, 질병이 났을 때 서로 도와주므로 백성들은 서로 친목하게 될 겁니다. 사방 1리마다 정전을 두는데, 한 정전은 9백 묘이며 그 가운데가 공전입니다. 8가구가 백 묘씩을 사전(私田)으로 가지며, 공전은 함께 농사짓고, 먼저 공전의 일을 마친 뒤에 사전을 가꾸는데 이는 군자와 야인의 상하 구별을 분명하게 하려는 겁니다. 이것이 정전법의 대략입니다. 이를 적절하게 실시하는 것은 왕과 당신에게 달려 있습니다."

使畢戰問井地(사필전문정지). 孟子曰(맹자왈): "子之君(자지군), 將
行仁政(장행인정), 選擇而使子(선택이사자), 子必勉之(자필면지). 夫
仁政必自經界始(부인정필자경계시), 經界不正(경계부정), 井地不均
(정지불균), 穀祿不平(곡녹불평). 是故(시고), 暴君汙吏(폭군오리), 必
慢其經界(필만기경계). 經界旣正(경계기정), 分田制祿(분전제록), 可
坐而定也(가좌이정야). 夫滕(부등), 壤地褊小(양지편소), 將爲君子焉
(장위군자언), 將爲野人焉(장위야인언). 無君子莫治野人(무군자막치야
인), 無野人莫養君子(무야인막양군자).

請野(청야), 九一而助(구일이조), 國中什一使自賦(국중십일사자부).
卿以下(경이하), 必有圭田(필유규전), 圭田五十畝(규전오십묘). 餘夫
二十五畝(여부이십오묘). 死徒無出鄕(사도무출향), 鄕田同井(향전동
정), 出入相友(출입상우), 守望相助(수망상조), 疾病相扶持(질병상부
지), 則百姓親睦(즉백성친목). 方里而井(방리이정), 井九百畝(정구백
묘), 其中爲公田(기중위공전), 八家皆私百畝(팔가개사백묘), 同養公
田(동양공전). 公事畢(공사필), 然後敢治私事(연후감치사사), 所以別
野人也(소이별야인야). 此其大略也(차기대략야), 若夫潤澤之(약부윤택
지), 則在君與子矣(즉재군여자의)."

5-4 대인이 할 일이 있고 소인이 할 일이 있는 법

신농의 가르침을 실천하는 허행이라는 사람이 초나라에서 등나
라로 가서 궁궐문에 이르러 문공에게 아뢰었습니다.

"먼 지방 사람인데, 왕께서 어진 정치를 베푸신다는 소문을 듣고

집 한 채를 얻어서 백성이 되기를 원합니다."

문공은 그들에게 거처할 곳을 마련해 주었습니다. 그들 무리 수십 명은 모두가 베옷을 입고 짚신과 자리를 짜서 그걸 팔아 먹고살았습니다.

진량의 제자 진상도 그의 아우 제신과 함께 괭이와 쟁기를 등에 지고 송나라에서 등나라로 가서 문공에게 말했습니다.

"왕께서 성인의 정치를 베푸신다는 말을 들었답니다. 이 또한 성인이시니, 저도 성인의 백성이 되기를 원합니다."

진상은 허행을 만나보고 크게 기뻐하며 그동안 배운 것을 모두 버리고 그에게 배웠습니다. 진상은 맹자를 뵙고는 허행이 한 말을 전했습니다.

"등나라 임금은 진정으로 어진 군자입니다. 그렇긴 하지만 아직 올바른 도를 알지 못하고 있습니다. 현명한 군주는 백성들과 더불어 나란히 밭을 갈고 밥을 지어 먹으며 정치를 하는 겁니다. 그러나 등나라에는 곡식곳간과 재물창고가 있긴 하나, 이는 곧 백성들을 힘들게 하여 자신을 부양토록 하는 것이니 어찌 현명한 군주라 할 수 있겠습니까?"

有爲神農之言者許行(유위신농지언자허행), 自楚之滕(자초지등), 踵門而告文公曰(종문이고문공왈): "遠方之人(원방지인), 聞君行仁政(문군행인정), 願受一廛而爲氓(원수일전이위맹)."

文公與之處(문공여지처). 其徒數十人(기도수십인), 皆衣褐(개의갈), 捆屨織席以爲食(곤구직석이위식).

陳良之徒陳相(진량지도진상), 與其弟辛(여기제신), 負耒耜而自宋

之滕(부뢰사이자송지등), 曰(왈): "聞君行聖人之政(문군행성인지정), 是亦聖人也(시역성인야), 願爲聖人氓(원위성인맹)."

陳相見許行而大悅(진상견허행이대열), 盡棄其學而學焉(진기기학이학언). 陳相見孟子(진상견맹자), 道許行之言曰(도허행지언왈): "滕君(등군), 則誠賢君也(즉성현군야). 雖然(수연), 未聞道也(미문도야). 賢者與民並耕而食(현자여민병경이식), 饔飧而治(옹손이치). 今也滕有食廩府庫(금야등유식름부고), 則是厲民而以自養也(즉시려민이이자양야). 惡得賢(오득현)?"

이에 맹자께서 물었습니다.

"허행은 반드시 곡식의 씨앗을 심은 후에야 그것을 거두어 먹는가?"

진상이 대답했습니다.

"그렇습니다."

맹자께서 물었습니다.

"허행은 반드시 삼베를 짠 후에야 옷을 지어 입는가?"

진상이 대답했습니다.

"아닙니다. 허행은 갈옷을 입습니다."

"허행은 관을 쓰는가?"

"관을 쓴답니다."

"어떤 관인가?"

"흰색의 관을 씁니다."

"자신이 직접 짠 것인가?"

"아닙니다. 곡식과 바꾼 겁니다."

"그렇다면 허행은 어찌 스스로 짜지 않는가?"

"농사짓기에 방해가 되기 때문이랍니다."

"허행은 솥과 시루로 밥을 짓고 쇠로 만든 쟁기로 농사를 짓는가?"

"그렇습니다."

"자기 손수 그것을 만들던가?"

"아닙니다. 곡식과 바꿉니다."

맹자께서 말씀하셨습니다.

"곡식을 주고 기구와 바꾸는 것은 질그릇을 굽는 사람이나 대장장이를 힘들게 하는 것 아니던가! 질그릇을 굽는 사람이나 대장장이 또한 그들의 기구와 곡식을 바꿔 오는 것이 어찌 농부를 괴롭히는 일이 되겠는가! 허행은 어찌하여 질그릇을 굽고 쟁기 만드는 일을 하지 않는가! 어찌 모든 것을 자기 집안에서 하지 않고 복잡하게 백공들과 교역을 한단 말인가? 어찌하여 허행은 귀찮은 짓을 꺼리지 않는단 말인가!"

이에 진상이 말했습니다.

"백공들의 일은 진정 농사를 지으면서는 할 수가 없는 일이기 때문입니다."

맹자께서 말씀하셨습니다.

"그렇다면 천하를 다스리면서 농사를 짓는 것을 동시에 할 수 있단 말인가? 대인이 할 일이 있고 소인이 할 일이 있는 법이라네. 또한 사람의 몸에는 백공이 하는 일이 갖추어져 있으니, 만약 반드시 자기가 만든 후에야 사용한다면, 이는 천하의 백성을 길거리로 이끌어 내어 분주하게 하는 것이지. 그러므로 '어떤 사람은 마음을 쓰기도 하고, 또 어떤 사람은 몸을 쓴다'라고 한 게지. 마음을 쓰는 사람은 남을 다스리고, 몸을 쓰는 사람은 남에게 다스림을 받는 거라네. 남에게 다스림을 받는 사람은 남을 먹여주고, 남을 다스리는 사람은 남에게 얻어먹는 것이 천하에 통용되는 의리라네.

孟子曰(맹자왈): "許子必種粟而後食乎(허자필종속이후식호)?"

曰(왈): "然(연)."

"許子必織布而後衣乎(허자필직포이후의호)."

曰(왈): "否(부), 許子衣褐(허자의갈)."

"許子冠乎(허자관호)?"

曰(왈): "冠(관)."

曰(왈): "奚冠(해관)?"

曰(왈): "冠素(관소)."

曰(왈): "自織之與(자직지여)?"

曰(왈): "否(부), 以粟易之(이속역지)."

曰(왈): "許子奚爲不自織(허자해위부자직)?"

曰(왈): "害於耕(해어경)."

曰(왈): "許子以釜甑爨(허자이부증찬), 以鐵耕乎(이철경호)?"

曰(왈): "然(연)."

"自爲之與(자위지여)?"

曰(왈): "否(부), 以粟易之(이속역지)."

"以粟易械器者(이속역계기자), 不爲厲陶冶(불위려도야), 陶冶亦以

其械器易粟者(도야역이기계기역속자), 豈爲厲農夫哉(기위려농부재)!
且許子何不爲陶冶(차허자하불위도야), 舍皆取諸其宮中而用之(사개
취저기궁중이용지), 何爲紛紛然與百工交易(하위분분연여백공교역), 何
許子之不憚煩(하허자지불탄번)!"

曰(왈): "百工之事(백공지사), 固不可耕且爲也(고불가경차위야)."

"然則治天下獨可耕且爲與(연즉치천하독가경차위여)? 有大人之事
(유대인지사), 有小人之事(유소인지사). 且一人之身(차일인지신), 而百
工之所爲備(이백공지소위비). 如必自爲而後用之(여필자위이후용지),
是率天下而路也(시솔천하이로야)! 故曰(고왈): '或勞心(혹노심), 或勞
力(혹노력).' 勞心者治人(노심자치인), 勞力者治於人(노력자치어인),
治於人者食人(치어인자식인), 治人者食於人(치인자식어인), 天下之
通義也(천하지통의야)."

요임금 시대에는 천하가 아직 안정되지 않았지. 홍수가 나면 제
멋대로 흘러 천하가 범람했고, 초목이 매우 무성하여 날짐승과 길
짐승이 번식하여 오곡백과가 잘 여물지도 못했지. 금수들이 사람
들을 괴롭혀 짐승의 발자국과 새 발자국들이 나라 안에 흩어져 있
었다네. 그래서 요임금은 홀로 이를 걱정하다 순임금을 시켜 다스
리게 했었지. 순임금은 익에게 불을 관장케 하니, 익이 산이나 늪
지대를 불태우자 금수들이 달아나 숨어 버렸다네.

우임금은 아홉 강물의 막힌 곳을 뚫어 제수와 탑수의 물줄기가
바다로 흐르게 했으며, 여수와 한수의 수로를 만들고, 회수와 사수
를 터서 양자강으로 흐르게 한 후에야 나라 안 사람들이 곡식을 먹

을 수가 있었다네. 그때 우임금은 객지에서 8년이나 살았는데, 자기 집 앞을 세 번이나 지나가면서도 집에 들르지를 않았지. 비록 농사를 지으려 했던들 그렇게 할 수 있었겠나?

농경의 신 후직은 백성들에게 농사짓는 법을 가르쳐 오곡을 심어 가꾸게 하자 곡식들이 잘 여물어 백성들이 잘살게 되었지. 사람에게는 도리란 게 있는데, 배부르게 먹고 따뜻하게 입어서 편안하게 살기만 하고 가르치는 교육이 없다면 금수에 가까워질 것이야. 성인은 이러한 점을 우려하시어 설을 교육을 담당하는 사도로 임명해 인륜을 가르치게 했지. 그것은 곧 부자 간에는 친밀함이 있어야 하고, 왕과 신하 사이에는 의리가 있어야 하며, 부부 간에는 분별이 있어야 하고, 어른과 아이 사이에는 차례가 있어야 하며, 친구 사이에는 신의가 있어야 한다는 가르침이라네.

"當堯之時(당요지시), 天下猶未平(천하유미평), 洪水橫流(홍수횡류), 氾濫於天下(범람어천하), 草木暢茂(초목창무), 禽獸繁殖(금수번식), 五穀不登(오곡부등), 禽獸偪人(금수핍인), 獸蹄鳥跡之道(수제조적지도), 交於中國(교어중국). 堯獨憂之(요독우지), 擧舜而敷治焉(거순이부치언). 舜使益掌火(순사익장화), 益烈山澤而焚之(익열산택이분지), 禽獸逃匿(금수도닉).

禹疏九河(우소구하), 瀹濟漯(약제탑), 而注諸海(이주저해), 決汝漢(결여한), 排淮泗(배회사), 而注之江(이주지강). 然後中國可得而食也(연후중국가득이식야). 當是時也(당시시야), 禹八年於外(우팔년어외), 三過其門而不入(삼과기문이불입), 雖欲耕(수욕경), 得乎(득호)?

后稷教民稼穡(후직교민가색), 樹藝五穀(수예오곡), 五穀熟而民人

育(오곡숙이민인육). 人之有道也(인지유도야). 飽食煖衣(포식난의), 逸
居而無敎(일거이무교), 則近於禽獸(즉근어금수), 聖人有憂之(성인유
우지), 使契爲司徒(사계위사도), 敎以人倫(교이인륜), 父子有親(부자유
친), 君臣有義(군신유의), 夫婦有別(부부유별), 長幼有序(장유유서), 朋
友有信(붕우유신).

방훈(요임금의 이름)이 이르길 '백성들을 위로하고 따라오게 하라.
그들을 바로잡아 주고 곧게 해주어라. 그들을 도와주고 붙잡아주
어 자각케 하고, 상황에 따라서 덕을 베풀어 주라'고 하였다네. 성
인의 백성에 대한 걱정이 이와 같았으니, 어느 겨를에 농사짓기를
할 수 있었겠나? 요임금은 순임금을 얻지 못할까 걱정했고, 순임금
은 우임금과 고요(皐陶)를 얻지 못할까 걱정했지. 백 묘의 땅이 잘
다스려지지 못함을 자기의 걱정거리로 삼은 농부라네.

남에게 자기의 재산을 나누어주는 것을 혜(惠)라 하고, 남에게 선
을 가르쳐 주는 것을 충(忠)이라 하며, 천하를 위해 인재를 얻는 것
을 인(仁)이라 한다네. 이렇기 때문에 천하를 남에게 주기는 쉬워
도, 천하 백성을 위해 인재를 얻는 것은 어려운 게지. 공자께서 이
르시길 '위대하도다, 요임금의 군자의 덕이! 오직 하늘만이 위대하
다고 하지만 요임금만이 그것을 본받으셨으니, 그의 덕이 넓고도
커서 백성들이 무어라 이름붙이지 못했구나. 군자답구나, 순임금
이시여! 덕이 높아서 천하를 차지하고서도 관여하지 않으셨구나'
라고 했다네. 요임금과 순임금이 천하를 다스리는 데 어찌 마음 쓰
신 바가 없었겠는가만, 농사짓는 일에는 마음을 쓸 수 없었다네.

나는 중화의 것으로 오랑캐를 변화시켰어도 오랑캐의 것으로는 중화를 변화시켰다는 말은 듣지 못했다네. 진량은 초나라에서 태어났지만 주공과 중니(공자)의 도를 좋아해 북쪽의 중화에 와서 배웠지. 북방의 학자들 중 그보다 앞선 자가 없었으니, 그는 호걸의 선비라 불릴 만했다네. 당신네 형제들은 수십 년 동안이나 그를 섬기다가 스승이 죽자 마침내는 배반했지. 그 옛날 공자께서 돌아가시자 제자들은 3년이 지난 후에야 문인들이 짐을 꾸려 집으로 돌아갈 때에도, 자공의 집에 들러 읍을 하고 서로를 향해 통곡을 하고 목이 쉰 뒤에야 집으로 돌아갔다네. 자공은 무덤 곁에 움막을 짓고 혼자 3년 동안 시묘살이를 한 다음에야 집으로 돌아갔지. 훗날 제자인 자하·자장·자유가 유약이 성인이신 공자와 비슷하다고 하며, 공자를 섬기던 것처럼 그를 섬기고 증자에게 강력하게 요청했으나, 증자가 말하길 '그렇게 할 수는 없소. 스승님의 큰 덕은 옷감을 양자강이나 한수의 물로 씻은 듯하고 가을 햇볕으로 쬐는 것과 같이 희고도 희니, 그 누구도 스승님에게 미칠 수는 없소이다'라고 했다네.

放勳曰(방훈왈): '勞之來之(노지래지), 匡之直之(광지직지), 輔之翼之(보지익지), 使自得之(사자득지), 又從而振德之(우종이진덕지).' 聖人之憂民如此(성인지우민여차), 而暇耕乎(이가경호)? 堯以不得舜爲己憂(요이부득순위기우), 舜以不得禹(순이부득우), 皋陶爲己憂(고도위기우). 夫以百畝之不易爲己憂者(부이백묘지불이위기우자), 農夫也(농부야).

分人以財謂之惠(분인이재위지혜), 敎人以善謂之忠(교인이선위지

충), 爲天下得人者謂之仁(위천하득인자위지인). 是故(시고), 以天下
與人易(이천하여인이), 爲天下得人難(위천하득인난). 孔子曰(공자왈):
'大哉堯之爲君(대재요지위군), 唯天爲大(유천위대), 唯堯則之(유요즉
지), 蕩蕩乎民無能名焉(탕탕호민무능명언). 君哉舜也(군재순야), 巍巍
乎有天下而不與焉(외외호유천하이불여언).' 堯舜之治天下(요순지치천
하), 豈無所用其心哉(기무소용기심재), 亦不用於耕耳(역불용어경이).

  吾聞用夏變夷者(오문용하변이자), 未聞變於夷者也(미문변어이자
야). 陳良(진량), 楚產也(초산야), 悅周公(열주공), 仲尼之道(중니지도),
北學於中國(북학어중국), 北方之學者(북방지학자), 未能或之先也(미
능혹지선야), 彼所謂豪傑之士也(피소위호걸지사야). 子之兄弟(자지형
제), 事之數十年(사지수십년), 師死(사사), 而遂倍之(이수배지). 昔者
孔子沒(석자공자몰), 三年之外(삼년지외), 門人治任將歸(문인치임장
귀), 入揖於子貢(입읍어자공), 相嚮而哭(상향이곡), 皆失聲(개실성), 然
後歸(연후귀). 子貢反(자공반), 築室於場(축실어장), 獨居三年(독거삼
년), 然後歸(연후귀). 他日(타일), 子夏(자하), 子張(자장), 子游(자유),
以有若似聖人(이유약사성인), 欲以所事孔子事之(욕이소사공자사지),
彊曾子(강증자). 曾子曰(증자왈): '不可(불가). 江漢以濯之(강한이탁
지), 秋陽以暴之(추양이폭지), 皜皜乎不可尚已(호호호불가상이)!'

  지금 남쪽 오랑캐로서 때까치처럼 떠벌리는 사람들이 선왕의 도
를 비난하고 있는데, 당신은 그대의 스승을 배반하고 그 사람한테
서 배우고 있으니, 또한 증자와는 다르다네. 나는 날아다니는 새도
깊은 골짜기에서 나와서 높은 나무로 옮겨간다는 소리는 들었으

나, 높은 나무에서 내려와 그윽한 골짜기로 들어간다는 말은 듣지 못했지. 『시경(詩經)』「노송(魯頌)」에 이르길 '융과 적이라는 오랑캐를 응징하니, 형과 서가 징계되었다'고 했다네. 주공도 또한 이들을 응징했거늘, 그대는 그걸 배우려 하니 옳게 변화된 것이라 할 순 없다네."

진상이 말했습니다.

"허행의 도를 따르면 시장의 물건 값은 모두 같아지고 나라 안에는 거짓이 없게 되어, 비록 오 척의 어린아이가 시장에 물건을 사러 가더라도 속이는 자는 없을 겁니다. 베와 비단은 길이가 같으면 그 값도 같고, 삼실과 명주실의 무게가 같으면 값이 같으며, 오곡의 분량이 같다면 가격이 같고, 신발의 크기가 같으면 그 가격도 서로 같답니다."

맹자께서 말씀하셨습니다.

"대체로 사물이 똑같지 않은 것은 만물의 실정이라네. 물건에 따라서 2배 혹은 10배가 되고 백 배가 되며, 혹은 천 배가 되고 만 배의 차이가 나는데 양만을 비교해 값을 모두 같게 하니, 이는 천하를 혼란케 하는 것이지. 만일 큰 신발과 작은 신발이 같은 값이라면 사람들이 어찌하여 큰 신발을 만들겠나? 허행의 도를 따른다면 서로 이끌고서 거짓말을 할 것이니, 어떻게 나라를 다스릴 수 있겠는가?"

今也南蠻鴃舌之人(금야남만격설지인), 非先王之道(비선왕지도), 子倍子之師而學之(자배자지사이학지), 亦異於曾子矣(역이어증자의). 吾聞出於幽谷(오문출어유곡), 遷於喬木者(천어교목자), 未聞下喬木而

入於幽谷者(미문하교목이입어유곡자). 魯頌曰(노송왈): '戎狄是膺(융적시응), 荊舒是懲(형서시징).' 周公方且膺之(주공방차응지), 子是之學(자시지학), 亦爲不善變矣(역위불선변의)."

"從許子之道(종허자지도), 則市賈不貳(즉시가불이), 國中無偽(국중무위), 雖使五尺之童適市(수사오척지동적시), 莫之或欺(막지혹기), 布帛長短同(포백장단동), 則賈相若(즉가상약), 麻縷絲絮輕重同(마루사서경중동), 則賈相若(즉가상약), 五穀多寡同(오곡다과동), 則賈相若(즉가상약), 屨大小同(구대소동), 則賈相若(즉가상약)."

曰(왈): "夫物之不齊(부물지부제), 物之情也(물지정야). 或相倍蓰(혹상배사), 或相什伯(혹상십백), 或相千萬(혹상천만). 子比而同之(자비이동지). 是亂天下也(시란천하야). 巨屨小屨同賈(거구소구동가), 人豈爲之哉(인기위지재)? 從許子之道(종허자지도), 相率而爲偽者也(상솔이위위자야), 惡能治國家(오능치국가)?"

5-5 내 이제 만나볼 수 있겠구나

묵자의 제자 이지가 맹자의 제자인 서벽을 통해 맹자를 뵙기를 청했더니, 맹자께서 말씀하셨습니다.

"나도 진정 만나보기를 원했지만, 지금은 내가 병석에 누워 있단다. 병이 낫거든 내가 찾아가서 만나겠으니, 이지를 오지 말게 하여라."

다른 날, 또 이지가 맹자를 만나뵈려 했더니, 맹자께서 말씀하셨습니다.

"내 이제 만나볼 수 있겠구나. 그러나 자신이 곧지 않으면 도가 나타나지 않는단다. 나는 그를 바로 잡아주겠다. 내 듣기론 이지는 묵가의 제자라 했지. 묵가에서는 상례를 치르는데, 검소하게 하는 것이 그들의 도리라 했다. 이지는 그렇게 하는 도로써 천하를 바꾸려고 한다. 그가 어찌 이것을 옳지 않다거나 존귀하게 여기지 않겠느냐? 그러나 이지는 자기의 부친을 후하게 장사지냈으니, 이는 자기가 천하게 여기는 것으로써 부친을 섬기는 꼴이 되었지."

서벽이 이 말을 이지에게 전했더니, 이지가 말했습니다.

"유가의 도에는 '옛날 사람은 어린아이를 보호하듯이 백성을 사랑했다'고 했으니, 이 말은 무엇을 말하고 있습니까? 그 말은 사랑에는 차등이 없고, 사랑을 베풀기는 친족부터 시작한다는 것입니다."

서벽이 이 말을 맹자께 전했더니, 맹자께서 말씀하셨습니다.

"이지는 사람들이 그의 조카를 사랑하기를 이웃집 아이들을 사랑하듯이 한다고 생각하는가? 그 사람은 다른 연유(『서경』에서 취한 약보적자若保赤子)가 있어서 그런 것이라네. 아기가 기어서 우물 속에 빠지려는 것은 아기의 죄는 아니란다. 하늘이 만물을 낼 때는 근본을 하나로 하였는데, 이지는 둘이라고 생각하고 있는 것 같네. 상고시대에는 부모가 죽어도 장사지내지는 않았지. 부모가 죽으면 그 시체를 들어다가 골짜기에 내다버렸다네. 한참이 지난 다른 날에 그곳을 지나다 보니 여우와 이리가 시체를 뜯어먹고 파리와 다른 곤충들이 기승을 부리니, 이를 보고선 이마에 식은땀이 흘러내리고 차마 곁눈질로도 볼 수가 없었지. 식은땀이 흘러내린 것은 남 때문이 아니라 자기 속마음이 얼굴에 나타난 것이란다. 그래서 집으로 돌아와 삼태기와 삽을 가지고 가서 그 시체를 흙으로 덮었지. 흙으로 덮는 것이 진실로 옳은 것이라면, 효자나 어진 사람이 그 부모를 후하게 장사지내는 것도 또한 반드시 도리가 있는 것이지."

서벽이 이 말을 이지에게 전했더니, 이지는 한참 동안 멍하니 있다가 말했습니다.

"나를 가르쳐주셨구나."

墨者夷之(묵자이지), 因徐辟而求見孟子(인서벽이구견맹자).

孟子曰(맹자왈): "吾固願見(오고원견), 今吾尙病(금오상병), 病癒(병유), 我且往見(아차왕견), 夷子不來(이자불래)."

他日(타일), 又求見孟子(우구견맹자).

孟子曰(맹자왈): "吾今則可以見矣(오금즉가이견의). 不直(부직), 則道不見(즉도불견), 我且直之(아차직지). 吾聞夷子墨者(오문이자묵자), 墨之治喪也(묵지치상야). 以薄爲其道也(이박위기도야), 夷子思以易天下(이자사이역천하), 豈以爲非是而不貴也(기이위비시이불귀야)? 然而夷子葬其親厚(연이이자장기친후), 則是以所賤事親喪也(즉시이소천사친상야)."

徐子以告夷子(서자이고이자).

夷子曰(이자왈): "儒者之道(유자지도), 古之人若保赤子(고지인약보적자), 此言何謂也(차언하위야)? 之則以爲愛無差等(지즉이위애무차등), 施由親始(시유친시)."

徐子以告孟子(서자이고맹자).

孟子曰(맹자왈): "夫夷子信以爲人之親其兄之子(부이자신이위인지친기형지자), 爲若親其鄰之赤子乎(위약친기린지적자호)? 彼有取爾也

(피유취이야). 赤子匍匐將入井(적자포복장입정), 非赤子之罪也(비적자지죄야). 且天之生物也(차천지생물야), 使之一本(사지일본), 而夷子二本故也(이이자이본고야). 蓋上世嘗有不葬其親者(개상세상유부장기친자), 其親死(기친사), 則舉而委之於壑(즉거이위지어학). 他日過之(타일과지), 狐狸食之(호리식지), 蠅蚋姑嘬之(승예고최지). 其顙有泚(기상유차), 睨而不視(예이불시). 夫泚也(부차야), 非爲人泚(비위인차), 中心達於面目(중심달어면목). 蓋歸(개귀), 反虆梩而掩之(반류리이엄지). 掩之誠是也(엄지성시야), 則孝子仁人之掩其親(즉효자인인지엄기친), 亦必有道矣(역필유도의)."

徐子以告夷子(서자이고이자). 夷子憮然爲間(이자무연위간).

曰(왈): "命之矣(명지의)!"

등문공장구하
滕文公章句下

· · ·

6-1 천하에 훌륭한 말몰이꾼입니다

맹자의 제자 진대가 말했습니다.

"스승님은 제후를 만나보지 않으시니 도량이 좁으신 것 같습니다. 지금 제후를 한 번 만나보신다면, 크게는 그를 왕 노릇하게 할 수도 있고, 적어도 그를 패자가 되게 할 수도 있습니다. 또 옛 기록에 '한 자를 굽혀서 여덟 자를 바르게 한다'고 했으니, 스승님께서도 해보시면 좋을 것 같습니다."

맹자께서 말씀하셨습니다.

"옛날에 제나라 경공이 사냥하러 갔었는데, 깃발을 흔들어 사냥터 관리자인 우인을 불렀으나 오지 않자, 화가 나서 그를 죽이려 했단다. 공자께서는 이 말을 듣고선 '뜻있는 지사는 구렁텅이에 굴러 떨어져 죽을 수 있음을 잊지 않고, 용감한 용사는 자기의 머리를 잃을 수 있음을 잊지 않는다'고 말했단다. 공자께서는 어찌하여 이 사냥지기를 언급하셨는가? 자기 신분에 맞지 않는 부름이라면 가지 않았던 것이니, 만일 부름을 기다리지 않고 갔더라면 어쩌했겠느냐? 또 한 자를 굽혀서 여덟 자를 바르게 한다는 것은 이익을 위해 한 말이지. 만약 이익을 위한 것이라면 한 자를 굽혀서 여덟 자를 바르게 펴서 이로움이 있다면 또한 하겠느냐?"

陳代曰(진대왈): "不見諸侯(불견제후), 宜若小然(의약소연). 今一見之(금일견지), 大則以王(대즉이왕), 小則以霸(소즉이패). 且志曰(차지왈): '枉尺而直尋(왕척이직심),' 宜若可爲也(의약가위야)."

孟子曰(맹자왈): "昔齊景公田(석제경공전), 招虞人以旌(초우인이정), 不至(부지), 將殺之(장살지). '志士不忘在溝壑(지사불망재구학), 勇士不忘喪其元(용사불망상기원).' 孔子奚取焉(공자해취언)? 取非其招不往也(취비기초불왕야). 如不待其招而往(여부대기초이왕), 何哉(하재)? 且夫枉尺而直尋者(차부왕척이직심자), 以利言也(이리언야). 如以利(여이리), 則枉尋直尺而利(즉왕심직척이리), 亦可爲與(역가위여)?"

"옛날에 조간자는 왕량에게 왕의 총애를 받던 신하 폐해와 함께 수레를 타고 사냥하도록 했는데, 하루 종일 한 마리의 새도 잡지 못했다. 폐해가 돌아와 조간자에게 보고했다.
'천하에 별 볼일 없는 말몰이꾼이었습니다.'
어떤 사람이 이 사실을 왕량에게 알렸더니, 왕량이 '청컨대 다시 한 번 수레를 몰게 해주십시오'라며 강력하게 요청한 끝에 허락을 받아냈단다. 이번에는 아침나절에 열 마리를 잡았단다. 폐해가 조간자에게 보고했다.

'천하에 훌륭한 말몰이꾼입니다.'

이에 조간자가 말했단다.

'내가 왕량에게 너의 수레를 몰게 하겠다.'

이를 왕량에게 말하자, 왕량은 이를 사양하며 말했다.

'제가 폐해를 위해 규범대로 달렸더니 종일토록 한 마리도 잡지 못했습니다. 그러나 폐해를 위해 규범에서 어긋나게 달렸더니 아침나절에 열 마리나 잡았습니다. 『시경(詩經)』에 이르길 '그 달리는 규범을 잃지 않으니, 화살을 쏘아 목표물을 깨뜨리듯 맞추는구나'라고 했습니다. 저는 소인의 수레를 모는 데는 익숙하지 않으므로 이를 사양하겠습니다.'

수레꾼조차도 활 쏘는 사람을 위해 아첨하는 것을 부끄럽게 여겨, 새와 짐승 잡기를 산더미같이 할 수 있을지라도 하지는 않는단다. 도리를 굽혀서까지 제후를 따른다면 어찌 되겠느냐? 너는 잘못 생각하고 있다. 자기를 굽혀서 남을 바르게 할 수는 없다."

"昔者趙簡子(석자조간자), 使王良與嬖奚乘(사왕량여폐해승), 終日而不獲一禽(종일이불획일금). 嬖奚反命曰(폐해반명왈): '天下之賤工也(천하지천공야).' 或以告王良良曰(혹이고왕량량왈): '請復之(청복지).' 彊而後可(강이후가). 一朝而獲十禽(일조이획십금). 嬖奚反命曰(폐해반명왈): '天下之良工也(천하지량공야).' 簡子曰(간자왈): '我使掌與女乘(아사장여여승).' 謂王良(위왕량), 良不可(량불가), 曰(왈): '吾爲之範我馳驅(오위지범아치구), 終日不獲一(종일불획일), 爲之詭遇(위지궤우), 一朝而獲十(일조이획십). 詩云시운: '不失其馳(불실기치), 舍矢如破(사시여파).' 我不貫與小人乘(아불관여소인승), 請辭(청사).'

禦者且羞與射者比(어자차수여사자비), 比而得禽獸(비이득금수), 雖若丘陵(수약구릉), 弗爲也(불위야). 如枉道而從彼(여왕도이종피), 何也(하야)? 且子過矣(차자과의), 枉己者未有能直人者也(왕기자미유능직인자야)."

6-2 이것을 대장부라고 한다오

경춘이 말했습니다.

"위나라의 공손연과 장의야말로 진정한 대장부가 아니겠습니까? 그들이 한 번 화를 내면 제후들이 두려워하고, 집 안에 조용히 있으면 천하가 평온해지니 말입니다."

맹자께서 말씀하셨습니다.

"그들이 어찌하여 대장부라 할 수 있겠소! 그대는 예를 배우지 못했소? 장부가 관례를 치를 때는 아버지가 훈계를 하고, 여자가 시집갈 때는 어머니가 훈계를 하며, 딸을 대문 밖까지 배웅하면서 이르기를 '네가 시집가거든 반드시 공경하고 조심하여 남편의 뜻을 어김이 없도록 해야 한단다'라고 말한다오. 순종함을 올바르다고 하는 것이 부녀자의 도리라오. 천하의 넓은 집에서 살고 천하의 바른 자리에 서서 천하의 큰 도를 행하여 뜻을 이루면 백성들과 함께 해나가고, 뜻을 이루지 못하면 홀로 그 도를 행하오. 부귀해져도 그 마음을 흔들리지 않고, 빈천해져도 마음이 변하지 않고 무서운 무력에도 굴복하지 않으니, 이것을 대장부라고 한다오."

景春曰(경춘왈): "公孫衍(공손연), 張儀(장의), 豈不誠大丈夫哉(기불성대장부재)? 一怒而諸侯懼(일노이제후구), 安居而天下熄(안거이천하식)."

孟子曰(맹자왈): "是焉得爲大丈夫乎(시언득위대장부호)! 子未學禮乎(자미학예호)? 丈夫之冠也(장부지관야), 父命之(부명지), 女子之嫁也(여자지가야), 母命之(모명지). 往送之門(왕송지문), 戒之曰(계지왈): '往之女家(왕지여가), 必敬必戒(필경필계), 無違夫子(무위부자).' 以順爲正者(이순위정자), 妾婦之道也(첩부지도야). 居天下之廣居(거천하지광거), 立天下之正位(입천하지정위), 行天下之大道(행천하지대도). 得志(득지), 與民由之(여민유지), 不得志(부득지), 獨行其道(독행기도). 富貴不能淫(부귀불능음), 貧賤不能移(빈천불능이), 威武不能屈(위무불능굴), 此之謂大丈夫(차지위대장부)."

6-3 선비와 제후가 잃는 것

주소가 물었습니다.

"옛날의 군자는 벼슬을 했습니까?"

맹자께서 말씀하셨습니다.

"벼슬살이를 했다오. 전해 오는 말에 따르면 '공자께서는 석 달 동안 섬길 왕이 없으면 초조해하여, 국경을 나갈 때는 반드시 예물을 싣고 갔다'고 했고, 공명의는 '옛사람들은 석 달 동안 섬길 군주가 없는 사람에겐 위로하러 갔다'고 했소."

주소가 물었습니다.

"석 달 동안 섬길 군주가 없다고 해서 위로하러 가는 것은 너무

성급한 것 아닙니까?"

맹자께서 말씀하셨습니다.

"선비가 벼슬자리를 잃어버리는 것은 제후가 나라를 잃는 것과 같은 것이라오.『예기(禮記)』에 이르길 '제후는 친히 밭갈이에 참여해 술과 제물을 성대하게 제사상에 바치고, 부인은 누에를 쳐서 의복을 만든다'고 했소. 제사에 쓸 소나 양 등의 가축도 살찌지 않았고, 제사에 쓸 제물도 깨끗하지 못하며, 의복도 갖추어지지 않았다면, 감히 제사를 지낼 수 없을 것이오. '선비도 밭이 없다면 또한 제사를 지낼 수 없을 것이오.' 제사에 쓸 짐승이나 제기, 의복 등이 갖추어지지 않으면 감히 조상의 제사를 지낼 수 없고, 또 제사 뒤에 연회도 열 수 없으면 위로할 만하지 않겠소?"

周霄問曰(주소문왈): "古之君子仕乎(고지군자사호)?"

孟子曰(맹자왈): "仕(사). 傳曰(전왈): '孔子三月無君則皇皇如也 (공자삼월무군즉황황여야), 出疆必載質(출강필재질).' 公明儀曰(공명의왈): '古之人三月無君則弔(고지인삼월무군즉조).'"

"三月無君則弔(삼월무군즉조), 不以急乎(불이급호)?"

曰(왈): "士之失位也(사지실위야), 猶諸侯之失國家也(유제후지실국가야), 禮曰(예왈): '諸侯耕助(제후경조), 以供粢盛(이공자성), 夫人蠶繅(부인잠소), 以爲衣服(이위의복).' 犧牲不成(희생불성), 粢盛不潔 (자성불결), 衣服不備(의복불비), 不敢以祭(불감이제). '惟士無田(유사무전), 則亦不祭(즉역부제).' 牲殺器血(생살기혈), 衣服不備(의복불비), 不敢以祭(불감이제), 則不敢以宴(즉불감이연), 亦不足弔乎(역부족조호)?"

주소가 다시 물었습니다.

"국경을 나갈 때에는 반드시 예물을 싣고 가는 건 무엇 때문입니까?"

맹자께서 말씀하셨습니다.

"선비가 벼슬하는 것은 농부가 농사짓는 것과 같으니, 농부가 국경을 벗어날 때 어찌 그 괭이나 쟁기를 버릴 수 있겠소?"

주소가 물었습니다.

"진나라도 또한 벼슬살이할 만한 나라입니다. 그러나 벼슬살이하는 것이 그렇게 급한 줄은 일찍이 듣질 못했습니다. 벼슬살이하는 것이 그렇게 급한 일이라면, 군자가 벼슬하기 어려운 것은 무엇 때문입니까?"

맹자께서 말씀하셨습니다.

"남자가 태어나면 그를 위해 아내를 얻어주고자 하며, 여자가 태어나게 되면 그를 위해 남편을 얻어주고자 하는 부모의 마음은 사람들 모두가 갖추고 있다오. 그러나 부모의 명령이나 중매쟁이의 말을 듣지도 않고 담에 구멍을 뚫어서 서로 바라보고 울타리를 넘어서 서로 만난다면 부모나 남들은 모두가 천박하게 여길 것이오. 옛날 사람들도 벼슬살이를 원하지 않은 것이 아니었으나, 나쁜 방법으로 벼슬하는 것을 싫어했다오. 그러므로 나쁜 방법으로 벼슬길에 나가려고 하는 것은 벽에 구멍을 뚫고 엿보는 것과 같은 것이라오."

"出疆必載質(출강필재질), 何也(하야)?"

曰(왈): "士之仕也(사지사야), 猶農夫之耕也(유농부지경야). 農夫豈

爲出疆舍其未耜哉(농부기위출강사기뢰사재)?"

曰(왈): "晉國亦仕國也(진국역사국야), 未嘗聞仕如此其急(미상문
사여차기급). 仕如此其急也(사여차기급야), 君子之難仕(군자지난사),
何也(하야)?"

曰(왈): "丈夫生而願爲之有室(장부생이원위지유실), 女子生而願
爲之有家(여자생이원위지유가), 父母之心(부모지심), 人皆有之(인개유
지), 不待父母之命(부대부모지명), 媒妁之言(매작지언), 鑽穴隙相窺
(찬혈극상규), 踰牆相從(유장상종), 則父母國人皆賤之(즉부모국인개
천지). 古之人未嘗不欲仕也(고지인미상불욕사야), 又惡不由其道(우오
불유기도). 不由其道而往者(불유기도이왕자), 與鑽穴隙之類也(여찬혈
극지류야)."

6-4 목수와 수레 만드는 사람

팽경이 여쭈었습니다.

"뒤따르는 수레 수십 대와 추종자 수백 명을 거느리고 제후들을
찾아다니면서 밥을 얻어먹는 것은 너무 지나친 것 아닙니까?"

맹자께서 말씀하셨습니다.

"올바른 도가 아니라면 한 그릇의 밥일지라도 남에게 얻어먹으
면 안 되고, 올바른 도라면 순임금처럼 요임금으로부터 천하를 받
을지라도 지나친 것은 아니라네. 그대는 그것이 지나치다고 생각
하는가?"

팽경이 말했습니다.

"아닙니다. 선비가 하는 일 없이 녹을 먹는 것은 옳지 않다는 겁

니다."

맹자께서 말씀하셨습니다.

"그대가 만일 공력이 통용되고 일을 교역시켜 부족한 것을 보태지 않는다면 농부에게는 곡식이 남고 여자들에게는 베가 남을 것이야. 그대가 그것을 잘 융통시켜준다면 목공이나 수레 만드는 사람까지도 모두가 그대의 덕으로 먹고살 수 있을 것이라네. 여기에 한 사람이 있는데, 집에 들어가서는 효도하고, 밖에 나가서는 어른을 공경하며, 선왕의 도를 지킨 후에 배울 이들에게 전하더라도 그대에게 밥을 얻어먹진 못할 것이야. 그대는 어찌하여 목수와 수레 만드는 사람은 존경하면서 인의를 실천하는 사람은 가벼이 여기는 것인가?"

팽경이 물었습니다.

"목수와 수레 만드는 사람은 그 목적이 장차 식량을 구하는 겁니다. 군자가 도를 실천하는 것도 장차 식량을 구하는 겁니까?"

彭更問曰(팽경문왈): "後車數十乘(후거수십승), 從者數百人(종자수백인), 以傳食於諸侯(이전식어제후), 不以泰乎(불이태호)?"

孟子曰(맹자왈): "非其道(비기도), 則一簞食不可受於人(즉일단식불가수어인), 如其道(여기도), 則舜受堯之天下(즉순수요지천하), 不以爲泰(불이위태). 子以爲泰乎(자이위태호)?"

曰(왈): "否(부), 士無事而食(사무사이식), 不可也(불가야)."

曰(왈): "子不通功易事(자불통공역사), 以羨補不足(이선보부족), 則農有餘粟(즉농유여속), 女有餘布(여유여포), 子如通之(자여통지), 則梓匠輪輿(즉재장륜여), 皆得食於子(개득식어자). 於此有人焉(어차유인언), 入則孝(입즉효), 出則弟(출즉제), 守先王之道(수선왕지도), 以待後之學者(이대후지학자), 而不得食於子(이부득식어자). 子何尊梓匠輪輿(자하존재장륜여), 而輕爲仁義者哉(이경위인의자재)?”

曰(왈): “梓匠輪輿(재장륜여), 其志將以求食也(기지장이구식야). 君子之爲道也(군자지위도야), 其志亦將以求食與(기지역장이구식여)?”

맹자께서 말씀하셨습니다.

“그대는 어째서 목적만을 일삼는가? 어떤 사람에게 공로가 있어서 먹일 만하면 먹여주는 것이야. 그 사람의 목적에 따라 먹여주겠는가? 공로에 따라 먹여주겠는가?”

팽경이 말했습니다.

“목적에 따라 먹여줍니다.”

맹자께서 말씀하셨습니다.

“일솜씨가 서투른 사람이 있다고 치세. 기와를 올려 이으라고 하면 기왓장을 깨뜨리고 흙손으로 담장에 무언가를 그리는데도 그의 목적이 먹는 데 있다면 그대는 먹여줄 것인가?”

팽경이 말했습니다.

“아닙니다.”

맹자께서 말씀하셨습니다.

“그렇다면 그대는 목적에 따라 먹이는 게 아니라 공로에 따라 먹이는 것이라네.”

曰(왈): “子何以其志爲哉(자하이기지위재)? 其有功於子(기유공어자), 可食而食之矣(가식이식지의). 且子食志乎(차자식지호)? 食功乎

(식공호)?"

曰(왈): "食志(식지)."

曰(왈): "有人於此(유인어차), 毁瓦畫墁(훼와화만), 其志將以求食
也(기지장이구식야), 則子食之乎(즉자식지호)?"

曰(왈): "否(부)."

曰(왈): "然則子非食志也(연즉자비식지야), 食功也(식공야)."

6-5 탕왕과 갈백

만장이 여쭈었습니다.

"송나라는 작은 나라이지만 지금 왕도정치를 시행하려고 합니
다. 제나라와 초나라가 그것을 싫어해 정벌한다면 어찌해야 합니
까?"

맹자께서 말씀하셨습니다.

"탕왕이 박 땅에 거주할 때 갈나라와는 이웃이었지. 갈백(갈나라
의 군주)은 방탕하여 제사를 지내지 않았단다. 탕왕이 사람을 시켜
'어찌 제사를 지내지 않습니까?'라고 묻자 갈백이 대답하기를 '제
사에 바칠 희생물인 짐승이 없기 때문입니다'라고 했지. 그래서 탕
왕이 소와 양을 보내주었지. 갈백은 이것들을 잡아먹고는 제사를
지내지 않았단다. 탕왕이 또 사람을 보내 '어찌 제사를 지내지 않
습니까?'라고 묻자, '술과 제물을 제사상에 바칠 게 없기 때문이랍
니다'라고 했지. 그래서 탕왕이 박의 백성들로 하여금 갈백을 위해
그곳에 가서 농사를 짓게 했고, 노약자들에게는 밥을 나르게 했지.
갈백은 자기 백성들을 거느리고 술과 밥과 곡식을 나르는 사람들

을 위협해 그것을 빼앗고 순순히 내주지 않는 자들은 죽였단다. 어떤 아이가 기장과 고기를 배급받았는데, 그 아이를 죽이고 가진 것을 빼앗았지. 『서경(書經)』에 이르길 '갈백은 먹을 것을 빼앗긴 사람들의 원수가 되었다'고 했으니, 그것은 이를 두고 한 말이란다.

萬章問曰(만장문왈): "宋(송), 小國也(소국야), 今將行王政(금장행왕정), 齊楚惡而伐之(제초악이벌지), 則如之何(즉여지하)?"

孟子曰(맹자왈): "湯居亳(탕거박), 與葛爲鄰(여갈위린). 葛伯放而不祀(갈백방이불사), 湯使人問之曰(탕사인문지왈): '何爲不祀(하위불사)?' 曰(왈): '無以供犧牲也(무이공희생야).' 湯使遺之牛羊(탕사유지우양), 葛伯食之(갈백식지), 又不以祀(우불이사). 湯又使人問之曰(탕우사인문지왈): '何爲不祀(하위불사)?' 曰(왈): '無以供粢盛也(무이공자성야).' 湯使亳衆(탕사박중), 往爲之耕(왕위지경), 老弱饋食(노약궤식), 葛伯率其民(갈백솔기민), 要其有酒食黍稻者奪之(요기유주식서도자탈지), 不授者殺之(불수자살지), 有童子以黍肉餉(유동자이서육향), 殺而奪之(살이탈지). 書曰(서왈): '葛伯仇餉(갈백구향).' 此之謂也(차지위야)."

갈백이 어린아이까지 죽였기 때문에 탕왕은 갈나라를 정벌했지. 그러자 온 세상 사람들이 말하길 '천하의 부를 차지하려는 게 아니라 백성들의 원수를 갚아준 것이다'고 했단다. 탕왕이 갈나라부터 시작해 11회를 정벌했는데 천하에는 적이 없었지. 그가 동쪽을 정벌하면 서쪽 오랑캐 땅의 백성들이 원망했고, 남쪽을 정벌하면 북쪽 오랑캐 땅의 백성들이 말하길 '어찌하여 우리 땅을 뒤로 미루는가?'라고 했단다. 백성들이 그에게 바라기를 큰 가뭄에 단비를 바라는 것같이 했지. 전쟁 중에도 장사를 하러 가는 사람은 장사를 멈추지 않았고, 농사짓는 사람들도 일을 변함없이 했지. 그 나라의 못된 군주를 처벌해 그 나라 백성들을 위로해 주는 것이, 때맞추어 내리는 단비와 같아 백성들이 크게 기뻐했지. 『서경(書經)』에 이르길 '우리 왕을 기다리노니, 왕이 오시면 형벌도 없어질 거야'라고 했단다.

또 '주나라에 복종하기를 거절하는 나라가 있어 무왕이 동쪽을 정벌해 그곳의 선비와 아낙네들을 편안하게 해주자, 그곳 사람들은 광주리에 검정색과 노란색의 비단을 담아 와서 주나라 무왕을 뵈옵고 신하가 되어 큰 도읍인 주나라에 복종했지.' 그곳 관리들은 광주리에 검정색과 노란색의 비단을 담아 와서 주나라의 관리들을 맞이했고, 그곳의 백성들은 광주리에 밥을 담고 항아리에 마실 것을 담아 주나라의 백성들을 환영했단다. 물불과도 같은 재난 속에서 백성들을 구제하고, 잔악무도한 무리를 다스렸을 뿐이었기 때문이지.

『태서(太誓)』에 이르길 '우리 무왕께서 위세를 떨치어 이 땅을 쳐서 잔악한 왕을 죽이고, 살벌의 공을 크게 펼치시니 탕왕보다 빛나도다'라고 했지. 왕도정치를 실행하지 않아서 그런 것이지, 진실로 왕도정치를 실행하면 사해 안의 모든 사람들이 고개를 들어 우러러보면서 임금으로 삼고자 할 것이다. 제나라와 초나라가 비록 강대하다고 하나 무엇이 두렵겠는가!"

"爲其殺是童子而征之(위기살시동자이정지), 四海之內皆曰(사해지내개왈): '非富天下也(비부천하야), 爲匹夫匹婦復讎也(위필부필부복수야).' 湯始征(탕시정), 自葛載(자갈재), 十一征而無敵於天下(십일정이무적어천하). 東面而征(동면이정), 西夷怨(서이원), 南面而征(남면이정), 北狄怨(북적원), 曰(왈): '奚爲後我(해위후아)?' 民之望之若大旱之望雨也(민지망지약대한지망우야). 歸市者不止(귀시자부지), 芸者不變(운자불변). 誅其君(주기군), 而弔其民(이조기민), 如時雨降(여시우강), 民大悅(민대열). 書曰(서왈): '徯我后(혜아후), 后來其無罰(후래기무벌).'

'有攸不爲臣(유유불위신), 東征(동정), 綏厥士女(수궐사녀), 篚厥玄黃(비궐현황), 紹我周王見休(소아주왕견휴), 惟臣附於大邑周(유신부어대읍주).' 其君子實玄黃於匪(기군자실현황어비), 以迎其君子(이영기군자), 其小人簞食壺漿(기소인단식호장), 以迎其小人(이영기소인). 救民於水火之中(구민어수화지중), 取其殘而已矣(취기잔이이의).

太誓曰(태서왈): '我武惟揚(아무유양), 侵于之疆(침우지강), 則取于殘(즉취우잔), 殺伐用張(살벌용장), 于湯有光(우탕유광).' 不行王政云爾(불행왕정운이), 苟行王政(구행왕정), 四海之內(사해지내), 皆擧首而望之(개거수이망지), 欲以爲君(욕이위군), 齊楚雖大(제초수대), 何畏焉(하외언)."

6-6 누구와 더불어 선한 일을 하겠소?

맹자께서 대불승에게 말씀하셨습니다.

"그대는 그대의 왕이 선해지기를 바라고 있는가? 나는 그대에게 분명히 말해 두겠소. 여기에 초나라의 대부가 있다고 칩시다. 만일 자기 아들이 제나라 말을 하기를 바란다면 제나라 사람에게 그를 가르치게 하겠소? 아니면 초나라 사람을 시켜서 그를 가르치겠소?"

대불승이 대답했습니다.

"제나라 사람이 가르치게 할 겁니다."

맹자께서 말씀하셨습니다.

"제나라의 어떤 한 사람이 가르쳐주는데, 여러 초나라 사람들이 떠들어 댄다면, 비록 날마다 매질을 하면서 제나라 말을 하기를 바랄지라도 안 될 것이오. 또한 그를 이끌고 가서 제나라 수도의 번화한 거리인 장악에 몇 해 동안 놓아두고 비록 매일 매질을 해가면서 초나라 말을 하라고 해도 되지 않을 것이오. 그대는 설거주가 선한 선비라 해서 왕이 계신 곳에 머물게 했소. 왕과 함께 있는 어른이든 아이이든 지위가 낮은 사람이든 높은 사람이든 모두가 설거주와 같은 사람이라면 왕이 누구와 더불어 선하지 않은 일을 하겠소? 왕과 함께 있는 어른이나 아이와 낮은 자나 높은 사람이나 모두가 설거주와 같지 않다면 왕이 누구와 더불어 선한 일을 하겠소? 한 사람의 설거주가 혼자서 송나라의 왕을 어떻게 할 수 있겠소?"

孟子謂戴不勝曰(맹자위대불승왈): "子欲子之王之善與(자욕자지왕지선여)? 我明告子(아명고자). 有楚大夫於此(유초대부어차), 欲其子之齊語也(욕기자지제어야), 則使齊人傳諸(즉사제인전저)? 使楚人傳諸(사초인전저)?"

曰(왈): "使齊人傳之(사제인전지)."

曰(왈): "一齊人傳之(일제인전지), 眾楚人咻之(중초인휴지), 雖日

撻而求其齊也(수일달이구기제야), 不可得矣(불가득의). 引而置之莊
嶽之間(인이치지장악지간), 數年(수년), 雖日撻而求其楚(수일달이구기
초), 亦不可得矣(역불가득의). 子謂薛居州(자위설거주), 善士也(선사
야), 使之居於王所(사지거어왕소). 在於王所者(재어왕소자), 長幼卑尊
(장유비존), 皆薛居州也(개설거주야), 王誰與爲不善(왕수여위불선)? 在
王所者(재왕소자), 長幼卑尊(장유비존), 皆非薛居州也(개비설거주야),
王誰與爲善(왕수여위선)? 一薛居州(일설거주), 獨如宋王何(독여송왕
하)?"

6-7 군자가 수양한 바를 알 수 있을 게야

공손추가 여쭈었습니다.

"스승님께서 제후들을 만나지 않는 것은 어떤 이유 때문입니
까?"

맹자께서 말씀하셨습니다.

"옛날에는 왕의 신하가 되지 않으면 찾아뵙지 않았단다. 위나라
의 은자인 단간목은 위나라의 문후가 만나러 왔으나 담을 넘어 피
했고, 노나라의 선비 설류는 노나라의 목공이 만나러 왔으나 문을
달아걸고 들어오지 못하게 했는데, 이런 것은 너무 심한 일이고 가
까이 온다면 만나볼 수 있는 일이란다. 노나라 대부 양화가 공자
를 만나보고 싶어 했으나, 공자께서는 그의 무례함을 싫어했지. 그
런데 대부가 선물을 보냈을 때 자기 집에서 받지 못했을 경우에는,
대부의 집 문에까지 가서 답례를 해야 했단다. 그래서 양화는 공자
께서 집에 없는 사이에 찾아가 삶은 돼지 한 마리를 보냈지. 공자

께서도 그가 없는 사이에 답례를 하러 갔단다. 이때에 양화가 먼저
예의를 갖췄더라면 어찌 뵙지 못했겠느냐? 증자가 이르길 '어깨를
치켜 올려 가면서 아첨의 웃음을 짓는 것이 여름날 밭일을 하는 것
보다 피로하다'고 했고, 자로는 '뜻이 같지 않으면서 말을 앞세우
는 사람은 그 얼굴빛을 살펴보면 빨개져 있는데 그러한 자는 내가
알 바가 아니다'라고 했단다. 이 말들을 헤아린다면 군자가 수양한
바를 알 수 있을 게야."

公孫丑問曰(공손추문왈): "不見諸侯(불견제후), 何義(하의)?"

孟子曰(맹자왈): "古者不爲臣不見(고자불위신불견). 段幹木踰垣而
避之(단간목유원이피지), 泄柳閉門而不內(설류폐문이불내), 是皆已甚
(시개이심): 迫(박), 斯可以見矣(사가이견의). 陽貨欲見孔子(양화욕견
공자), 而惡無禮(이오무례), 大夫有賜於士(대부유사어사), 不得受於其
家(부득수어기가), 則往拜其門(즉왕배기문), 陽貨矙孔子之亡也(양화
감공자지망야), 而饋孔子蒸豚(이궤공자증돈), 孔子亦矙其亡也(공자역
감기망야), 而往拜之(이왕배지). 當是時(당시시), 陽貨先(양화선), 豈得
不見(기득불견)? 曾子曰(증자왈): '脅肩諂笑(협견첨소), 病于夏畦(병
우하휴).' 子路曰(자로왈): '未同而言(미동이언), 觀其色赧赧然(관기색
난난연), 非由之所知也(비유지소지야).' 由是觀之(유시관지), 則君子
之所養(즉군자지소양), 可知已矣(가지이의)."

6-8 어찌하여 내년까지 기다린단 말이오?

송나라의 대부 대영지가 말했습니다.

"10분의 1로 징수하는 세법만을 시행하시고, 관세와 시장세를 징

수하는 것을 폐지하는 것은 지금 당장 할 수 없으니 조금 가볍게 세금을 거두다가 내년까지 기다렸다가 폐지하는 게 어떻겠습니까?"

맹자께서 말씀하셨습니다.

"날마다 이웃집의 닭을 잡아먹는 자가 있었는데, 어떤 사람이 그에게 일러 말하길 '그러한 짓은 군자의 도리가 아니다'라고 하자, 그가 말하길 '그러면 줄여서 한 달에 한 마리의 닭만을 잡아먹다가 내년이 되면 그만두려고 한다네'라고 했다오. 만일 그것이 옳지 않음을 알았다면 당장 그만둘 일이지, 어찌하여 내년까지 기다린단 말이오?"

戴盈之曰(대영지왈): "什一(십일), 去關市之征(거관시지정), 今玆未能(금자미능), 請輕之(청경지), 以待來年然後已(이대내년연후이), 何如(하여)?"

孟子曰(맹자왈): "今有人日攘其鄰之雞者(금유인일양기린지계자), 或告之曰(혹고지왈): '是非君子之道(시비군자지도).' 曰(왈): '請損之(청손지), 月攘一雞(월양일계), 以待來年(이대내년), 然後已(연후이).' 如知其非義(여지기비의), 斯速已矣(사속이의), 何待來年(하대내년)?"

6-9 정원과 연못과 늪지가 많아지니

공도자가 여쭈었습니다.

"외부 사람들은 모두가 스승님께서 변론을 좋아한다고 말하는데, 감히 여쭙자면 무엇 때문입니까?"

맹자께서 말씀하셨습니다.

"내가 어찌 변론을 좋아하겠느냐? 나는 어쩔 수 없이 그러는 것이란다. 천하에 사람이 살아온 지가 오래되었으나 한 번은 잘 다스려지기도 했고 한 번은 혼란해지기도 했지. 요임금 때에는 물길이 강을 거슬러 온 나라 안에 넘쳐흘렀고, 뱀과 용들이 우글거려서 백성들이 정착해 살 곳이 없었단다. 그러니 저지대에서는 나무 위에 새처럼 집을 지어 살았고, 고지대에서는 땅굴을 파서 살았지.『서경(書經)』에 이르길 '하늘에서 물이 쏟아져 우리를 일깨워 주었다'고 했는데, 여기서 홍수(洚水)란 오늘날의 홍수(洪水)를 말한단다.

그래서 요임금은 우임금에게 이 홍수를 다스리게 했지. 우임금은 땅을 파서 물길을 내 바다로 흐르게 했고, 뱀과 용들을 늪지대로 몰아냈단다. 물은 물길을 따라 흘렀으니, 양자강 · 회수 · 황하 · 한수 등이 바로 그것이란다. 그래서 험난하고 막힌 곳이 멀어졌으니 새나 짐승들이 사람들을 해치는 일도 없어졌지. 이렇게 된 후에 사람들은 평평하고 안락한 땅에서 살게 되었단다. 그러나 요임금과 순임금이 돌아가시자 선인의 도는 쇠퇴하고 폭군이 대신 등장하게 되었지. 집을 헐어 연못을 만드니 백성들은 편안하게 쉴 곳이 없었고, 논밭을 무너뜨리고 정원을 만들어 백성들은 먹고 입지도 못하게 되었단다. 그러자 사악한 말들과 포악한 행동이 성행하게 되었지. 정원과 연못과 늪지가 많아지니 새와 짐승들이 몰려오게 되었고, 폭군 주임금 시대에 이르러선 천하가 또다시 큰 혼란에 빠졌단다.

주공이 무왕을 도와 주임금을 죽이고 또 엄나라를 정벌한 지 3년 만에 그 군주를 토벌했으며, 주임금의 신하인 비렴을 바닷가까지 축출해 죽이고 50개의 나라를 멸망시켰지. 또 호랑이 · 표범 · 코뿔

소·코끼리 같은 짐승을 몰아내니, 천하의 백성들이 크게 기뻐했단다. 『서경(書經)』에 이르길 '크게 밝은 문왕의 계획, 크게 계승된 무왕의 위엄, 우리 후세의 주나라 자손들을 도와 모두가 정도를 행하게 하여 아무런 결점도 없네'라고 했단다.

公都子曰(공도자왈): "外人皆稱夫子好辯(외인개칭부자호변), 敢問何也(감문하야)?"

孟子曰(맹자왈): "予豈好辯哉(여기호변재)? 予不得已也(여부득이야). 天下之生久矣(천하지생구의), 一治一亂(일치일란). 當堯之時(당요지시), 水逆行(수역행), 氾濫於中國(범람어중국), 蛇龍居之(사룡거지), 民無所定(민무소정), 下者爲巢(하자위소), 上者爲營窟(상자위영굴). 書曰(서왈): '洚水警余(홍수경여).' 洚水者(홍수자), 洪水也(홍수야). 使禹治之(사우치지). 禹掘地而注之海(우굴지이주지해), 驅蛇龍而放之菹(구사룡이방지저), 水由地中行(수유지중행), 江(강), 淮(회), 河(하), 漢是也(한시야). 險阻旣遠(험조기원), 鳥獸之害人者消(조수지해인자소), 然後人得平土而居之(연후인득평토이거지). 堯(요), 舜旣沒(순기몰), 聖人之道衰(성인지도쇠), 暴君代作(폭군대작), 壞宮室以爲汙池(괴궁실이위오지), 民無所安息(민무소안식). 棄田以爲園囿(기전이위원유), 使民不得衣食(사민부득의식), 邪說暴行又作(사설폭행우작). 園囿汙池沛澤多而禽獸至(원유오지패택다이금수지). 及紂之身(급주지신), 天下又大亂(천하우대란).

周公相武王(주공상무왕), 誅紂伐奄(주주벌엄), 三年討其君(삼년토기군), 驅飛廉於海隅而戮之(구비렴어해우이륙지), 滅國者五十(멸국자오십), 驅虎豹犀象而遠之(구호표서상이원지), 天下大悅(천하대열). 書

曰(서왈): '不顯哉(비현재), 文王謨(문왕모), 不承哉(비승재), 武王烈
(무왕열), 佑啟我後人(우계아후인), 咸以正無缺(함이정무결).'

그러나 세상의 왕권이 쇠약해지고 성인의 도가 미약해져서 사
악한 말과 포악한 행동이 일어났지. 또 신하가 자기 임금을 죽이는
일도 있었고 자식이 자기 아버지를 죽이는 일도 있었단다. 공자께
서는 이를 걱정해 『춘추(春秋)』를 지었는데, 『춘추』는 천자의 일에
관한 것이란다. 그러기 때문에 공자께서는 이르시길 '나를 알아주
는 것도 오직 『춘추』이고, 나를 죄인으로 만든 것도 오직 『춘추』이
다'라고 하셨지.
　어진 임금이 나타나지 않으니, 제후들은 방자해지고 사림의 선
비들은 제멋대로 학설을 주장하게 되었지. 그중에서도 양주와 묵
적의 말이 천하에 가득 퍼졌단다. 천하의 말들은 양주가 아니면 묵
적에게 돌아갔지. 양주는 극단적으로 자기만을 위하니 이는 왕을
무시하는 것이 되고, 묵적은 극단적으로 이타적인 사랑을 내세우
니 이는 자기의 부모를 무시하는 처사란다. 왕과 아비를 무시하는
것은 금수와 같은 짓이지. 공명의가 이르길 '왕의 푸줏간에는 살찐
고기가 있고 마구간에는 살찐 말이 있는데, 백성들에게 굶주린 기
색이 보이고 들판에 굶주려 죽은 시체가 있다면 그것은 짐승을 이
끌어 사람을 잡아먹게 하는 짓이다'라고 했단다. 양주와 묵적의 학
설이 멈추지 않는 한 공자의 도는 드러나지 않게 되지. 이러한 사
악한 학설이 백성들을 속여서 인의의 도를 막기 때문이란다. 인
의의 도를 막는다면 짐승을 끌어다가 사람을 잡아먹게 하는 것이

니, 마침내는 사람들끼리 서로 잡아먹게 하는 꼴이 되지. 나는 이렇게 되는 것이 걱정되어 앞선 성인들의 도를 지키고 양주와 묵적의 학설을 멀리하여 음란한 말들을 몰아내고, 그릇된 학설들이 나타나지 못하게 하려는 게야. 그릇된 학설이 그 마음에 나타나게 되면 일을 해치게 되고, 그릇된 학설이 그 일에 나타나게 되면 정치를 해치게 되지. 성인이 다시 나타날지라도 내 말을 바꿀 수는 없을 것이야.

옛날 우임금은 홍수를 잘 다스려 천하를 태평스럽게 했고, 주공은 오랑캐들을 합병하고 맹수들을 몰아내 백성들을 편안하게 했단다. 공자께서는 『춘추』를 지으시니 난신이나 적자들이 두려워했지. 『시경(詩經)』에 이르기를 '서쪽과 북쪽의 오랑캐를 격퇴하고, 남쪽 오랑캐를 징계하니 우리를 감히 막을 자가 없었다'고 했단다. 아비와 왕을 업신여기는 자는 주공이 쳐부수었지. 나 역시 사람들의 마음을 바로잡고 그릇된 학설을 배격하고, 편벽된 행동을 물리쳤으며, 음란한 말을 추방해 앞서 말한 세 성인을 계승하고자 한단다. 그러니 어찌 변론을 좋아해서 그런 것이겠느냐? 부득이하게 그런 것이지. 그러니 양주와 묵적을 물리치는 말을 할 수 있는 사람은 성인을 따르는 것이니라."

世衰道微(세쇠도미), 邪說暴行有作(사설폭행유작), 臣弑其君者有之(신시기군자유지), 子弑其父者有之(자시기부자유지). 孔子懼(공자구), 作春秋(작춘추). 春秋(춘추), 天子之事也(천자지사야). 是故(시고), 孔子曰(공자왈): '知我者(지아자), 其惟春秋乎(기유춘추호)! 罪我者(죄아자), 其惟春秋乎(기유춘추호)!'

聖王不作(성왕부작), 諸侯放恣(제후방자). 處士橫議(처사횡의), 楊朱(양주), 墨翟之言盈天下(묵적지언영천하). 天下之言(천하지언), 不歸楊(불귀양), 則歸墨(즉귀묵). 楊氏爲我(양씨위아), 是無君也(시무군야), 墨氏兼愛(묵씨겸애), 是無父也(시무부야). 無父無君(무부무군), 是禽獸也(시금수야). 公明儀曰(공명의왈): '庖有肥肉(포유비육), 廏有肥馬(구유비마), 民有飢色(민유기색), 野有餓莩(야유아부), 此率獸而食人也(차솔수이식인야).' 楊(양), 墨之道不息(묵지도불식), 孔子之道不著(공자지도부저), 是邪說誣民(시사설무민), 充塞仁義也(충색인의야). 仁義充塞(인의충색), 則率獸食人(즉솔수식인), 人將相食(인장상식). 吾爲此懼(오위차구), 閑先聖之道(한선성지도), 距楊(거양), 墨(묵), 放淫辭(방음사), 邪說者不得作(사설자부득작). 作於其心(작어기심), 害於其事(해어기사), 作於其事(작어기사), 害於其政(해어기정). 聖人復起(성인부기), 不易吾言矣(불역오언의).

昔者禹抑洪水(석자우억홍수), 而天下平(이천하평), 周公兼夷狄(주공겸이적), 驅猛獸(구맹수), 而百姓寧(이백성녕), 孔子成春秋(공자성춘추), 而亂臣賊子懼(이란신적자구). 詩云(시운): '戎狄是膺(융적시응), 荊舒是懲(형서시징), 則莫我敢承(즉막아감승).' 無父無君(무부무군), 是周公所膺也(시주공소응야). 我亦欲正人心(아역욕정인심), 息邪說(식사설), 距詖行(거피행), 放淫辭(방음사), 以承三聖者(이승삼성자). 豈好辯哉(기호변재)? 予不得已也(여부득이야). 能言距楊(능언거양), 墨者(묵자), 聖人之徒也(성인지도야)."

6-10 이것이 꽥꽥 소리 내는 것의 고기란다

제나라 사람 광장이 말했습니다.

"제나라의 진중자야말로 진정 청렴한 선비가 아니겠습니까? 오릉에 살고 있을 때 사흘 동안 먹지 못해서 귀가 들리지 않고 눈도 보이지 않았지요. 우물가에 자두나무가 있었는데 땅에 떨어진 자두들은 굼벵이가 반쯤 파먹은 것들이었습니다. 엉금엉금 기어가서 그것을 먹었는데, 세 번을 삼킨 뒤에야 귀가 들리고 눈이 보이게 되었답니다."

맹자께서 말씀하셨습니다.

"제나라 선비들 가운데, 나는 반드시 중자를 엄지손가락으로 치오. 비록 그렇긴 하지만 중자가 어찌 청렴하다고 할 수 있겠소? 중자가 지조를 철저하게 지키려면 지렁이가 된 후에야 가능할 것이오. 지렁이는 위로는 마른 흙을 먹고 아래로는 누런 흙탕물을 마시니 말이오. 중자가 사는 집은 청렴한 사람으로 알려진 백이가 지어준 것인가요? 아니면 악인으로 알려진 도척이 지어준 것인가요? 그가 먹는 곡식은 백이가 심은 것인가요? 아니면 도척이 심은 것인가요? 이는 알 수 없는 것이라오."

광장이 말했습니다.

"그것이 어찌 그의 청렴에 해를 끼치겠습니까? 그는 자기의 신발을 짜 만들어 신고, 그의 아내는 길쌈을 해서 이것을 생필품으로 바꾸어 먹고살고 있답니다."

맹자께서 말씀하셨습니다.

"중자는 제나라에서 대대로 벼슬을 한 세도가 집안의 사람이었소. 그의 형인 진대는 합 땅에서 받는 녹이 만 종이나 되었소. 그러나 그는 형이 받은 녹이 정의롭지 못한 대가라고 해서 얻어먹지 않았고, 형의 집이 의롭지 않다 해서 살지 않았고, 형을 피하고 어머니와 떨어져서 오릉에서 살았다오. 훗날 형의 집으로 돌아가 보았더니 자기 형에게 살아 있는 거위를 선물한 사람이 있었소. 중자는 이맛살을 찌푸리면서 '이 꽥꽥 소리 내는 것은 무엇에 쓰려는 것인가?'라고 했소. 그런데 뒷날 어머니가 그 거위를 잡아 중자에게 먹게 했다오. 그의 형이 밖에서 돌아와 말하길 '이것이 꽥꽥 소리 내는 것의 고기란다'라고 하자, 중자는 밖으로 나가 토해 버렸소. 그의 어머니가 주면 먹지 않고 아내가 주면 먹고, 형의 집에서는 살지 않으면서 오릉에서는 살았다오. 이러고서도 자기의 지조를 지켰다고 할 수 있겠소? 중자 같은 사람은 지렁이가 된 후에야 자기의 지조를 충실히 지킬 수 있는 사람이오!"

匡章曰(광장왈): "陳仲子(진중자), 豈不誠廉士哉(기불성렴사재)? 居於陵(거어릉), 三日不食(삼일불식), 耳無聞(이무문), 目無見也(목무견야). 井上有李(정상유리), 螬食實者過半矣(조식실자과반의), 匍匐往將食之(포복왕장식지), 三咽(삼인), 然後耳有聞(연후이유문), 目有見(목유견)."

孟子曰(맹자왈): "於齊國之士(어제국지사), 吾必以仲子爲巨擘焉(오필이중자위거벽언). 雖然(수연), 仲子惡能廉(중자오능렴). 充仲子之操(충중자지조), 則蚓而後可者也(즉인이후가자야). 夫蚓(부인), 上食槁壤(상식고양), 下飲黃泉(하음황천). 仲子所居之室(중자소거지실), 伯夷之所築與(백이지소축여)? 抑亦盜跖之所築與(억역도척지소축여)? 所

食之粟(소식지속), 伯夷之所樹與(백이지소수여)? 抑亦盜跖之所樹與(억역도척지소수여)? 是未可知也(시미가지야)."

曰(왈): "是何傷哉(시하상재)? 彼身織屨(피신직구), 妻辟纑(처벽로), 以易之也(이역지야)."

曰(왈): "仲子(중자), 齊之世家也(제지세가야). 兄戴(형대), 蓋祿萬鍾(개록만종), 以兄之祿爲不義之祿而不食也(이형지녹위불의지녹이불식야), 以兄之室爲不義之室而不居也(이형지실위불의지실이불거야). 辟兄離母(피형이모), 處於於陵(처어어릉). 他日歸(타일귀), 則有饋其兄生鵝者(즉유궤기형생아자). 己頻顣曰(이빈축왈): '惡用是鶃鶃者爲哉(오용시역역자위재)?' 他日(타일), 其母殺是鵝也(기모살시아야), 與之(여지), 食之(식지), 其兄自外至(기형자외지), 曰(왈): '是鶃鶃之肉也(시역역지육야)!' 出而哇之(출이왜지). 以母則不食(이모즉불식), 以妻則食之(이처즉식지), 以兄之室則弗居(이형지실즉불거), 以於陵則居之(이어릉즉거지). 是尚爲能充其類也乎(시상위능충기류야호)? 若仲子者(약중자자), 蚓而後充其操者也(인이후충기조자야)!"

이루장구상
離婁章句上

• • •

7-1 이루의 눈과 공수자의 기술

맹자께서 말씀하셨습니다.

"이루의 밝은 눈, 공수자의 교묘한 기술도 그림쇠(컴퍼스)와 곱자('ㄱ' 모양의 자)가 없으면 사각형과 원형을 그릴 수 없습니다. 또 제나라의 유명한 악사인 사광의 밝은 귀로도 육률(12률 중 양성에 속하는 여섯 가지 음계)을 사용하지 않으면 오음(궁상각치우)을 바로 낼 수 없답니다. 요·순의 도로도 어진 정치를 베풀지 않으면 천하를 태평하게 다스릴 수 없습니다. 지금 어진 마음이 있고 어질다는 소문이 들려도 백성들이 그 혜택을 입지 못하고 후세의 법도로 삼을 수 없는 것은 선왕의 도를 행하지 않기 때문입니다. 그러므로 '선한 것만으로는 정치를 하기엔 부족하고, 법만 가지고 있다고 저절로 실행되는 것은 아니다'라고 했습니다.

『시경(詩經)』에 이르길 '잘못하지도 말고 잊지도 말며 옛 법도를 그대로 따르라'고 했는데, 선왕의 법도를 따르고서 잘못을 저지른 사람은 아직 없었답니다. 성인이 이미 시력을 다하여 컴퍼스·곱자·수준기·먹줄로써 네모나 원과 평평하고 곧은 것을 만들었으므로 그것을 다 쓸 수 없을 정도로 넉넉했다오. 또 이미 청력을 다하여 육률로써 오음을 바로 잡았으니 그것을 다 쓸 수도 없을 정도로 넉넉했다오. 여기에 마음을 다 쏟아 남에게 차마 하지 못하는 정치를 행하여 인정이 천하를 덮었던 것이라오. 그러므로 사람들이 말하길 '높이 되려면 반드시 언덕을 이용해야 하고, 낮게 되려면 반드시 하천이나 연못으로 내려가야 한다'라고 했습니다. 그러니 정치를 하려는 이가 선왕의 도를 이용하지 않는다면 지혜롭다 할 수 있겠소?

孟子曰(맹자왈): "離婁之明(이루지명), 公輸子之巧(공수자지교), 不以規矩(불이규구), 不能成方員(불능성방원). 師曠之聰(사광지총), 不以六律(불이육률), 不能正五音(불능정오음). 堯舜之道(요순지도), 不以仁政(불이인정), 不能平治天下(불능평치천하). 今有仁心仁聞(금유인심인문), 而民不被其澤(이민불피기택), 不可法於後世者(불가법어후세자), 不行先王之道也(불행선왕지도야). 故曰(고왈): '徒善不足以爲政(도선부족이위정). 徒法不能以自行(도법불능이자행).'

詩云(시운): '不愆不忘(불건불망), 率由舊章(솔유구장).' 遵先王之法而過者(준선왕지법이과자), 未之有也(미지유야). 聖人旣竭目力焉(성인기갈목력언), 繼之以規矩準繩(계지이규구준승), 以爲方員平直(이

위방원평직), 不可勝用也(불가승용야). 旣竭耳力焉(기갈이력언), 繼之
以六律(계지이육률), 正五音(정오음), 不可勝用也(불가승용야). 旣竭
心思焉(기갈심사언), 繼之以不忍人之政(계지이불인인지정), 而仁覆天
下矣(이인복천하의). 故曰(고왈): '爲高必因丘陵(위고필인구릉), 爲下
必因川澤(위하필인천택).' 爲政不因先王之道(위정불인선왕지도), 可謂
智乎(가위지호)?

이 때문에 오직 어진 사람만이 높은 지위에 있는 것이 마땅합니
다. 어질지 못하면서 높은 자리에 있게 되면 이는 그 나쁜 것을 뭇
사람들에게 전파하는 겁니다. 위에서 도로써 아랫사람을 헤아리지
않고, 아래에서는 위에서 만든 법규를 준수하지 않으며, 조정에서
는 법도를 믿지 않고, 장인은 도량형을 믿지 않으며, 군자는 의리
를 어기고, 서민은 형법을 어기는데도 나라가 존속된다는 것은 요
행일 뿐입니다.

그래서 사람들이 '성곽이 완전하지 않고 병력이 많지 않은 것이
나라의 재앙은 아니며, 논밭을 개간하지 못하고 재물이 모이지 않
는 것도 나라의 해로움이 되진 않지만, 윗사람이 예의가 없고 아랫
사람이 배우지 않으면 나라를 해치는 백성들이 생겨나서 머지않
아 나라가 망하게 될 것이다'라고 했답니다. 『시경』에 이르길 '하늘
이 바야흐로 주나라를 뒤엎으려 하니 그렇게 시끄럽게 굴지 말라'
고 했습니다. 여기서 설설(泄泄)은 시끄럽게 군다는 뜻입니다. 왕을
섬기는 데 의리가 없고, 왕에게 나아가고 물러남에 예절이 없으며,
말마다 선왕의 도를 비난하는 것이 곧 시끄럽게 구는 짓이지요. 그

래서 사람들은 말하길 '임금에게 함부로 하기 어려운 말로 질책하는 것을 공손이라 하고, 선한 이를 나오게 하고 사특한 이를 막는 것을 공경이라 하며, 우리 임금은 아무것도 할 수 없다고 말하는 것을 역적'이라고 한답니다."

是以惟仁者(시이유인자), 宜在高位(의재고위), 不仁而在高位(불인이재고위), 是播其惡於眾也(시파기악어중야). 上無道揆也(상무도규야), 下無法守也(하무법수야). 朝不信道(조불신도), 工不信度(공불신도), 君子犯義(군자범의), 小人犯刑(소인범형), 國之所存者(국지소존자), 幸也(행야).

故曰(고왈): '城郭不完(성곽불완), 兵甲不多(병갑부다), 非國之災也(비국지재야). 田野不辟(전야불벽), 貨財不聚(화재불취), 非國之害也(비국지해야). 上無禮(상무례), 下無學(하무학), 賊民興(적민흥), 喪無日矣(상무일의).' 詩曰(시왈): '天之方蹶(천지방궐), 無然泄泄(무연설설).' 泄泄(설설), 猶沓沓也(유답답야). 事君無義(사군무의), 進退無禮(진퇴무례), 言則非先王之道者(언즉비선왕지도자), 猶沓沓也(유답답야). 故曰(고왈): '責難於君謂之恭(책난어군위지공), 陳善閉邪謂之敬(진선폐사위지경), 吾君不能謂之賊(오군불능위지적).'"

7-2 두 가지의 도

맹자께서 말씀하셨습니다.

"컴퍼스와 곱자는 원과 네모를 그리는 기준이고, 성인은 사람이 지켜야 할 윤리의 기준입니다. 군주가 되려면 군주의 도리를 다해야 하고, 신하가 되려면 신하의 도리를 다해야 합니다. 이 두 가지는 모두 요임금과 순임금을 본받으면 될 뿐이랍니다. 순임금이 요임금을 섬기듯이 군주를 섬기지 않으면 그 군주를 공경하는 것이 아니랍니다. 요임금이 백성을 다스리듯이 백성을 다스리지 않으면 백성들에게 해롭습니다. 공자께서는 '도는 두 가지가 있는데, 어짊과 어질지 않음이 있을 뿐이다'라고 하셨습니다. 백성에게 포악하게 구는 것이 심해지면 그 자신은 살해당하고 나라는 망하게 되며, 심하지는 않을 경우에도 그 자신은 위태롭고 나라는 국력이 약화됩니다. 이러한 왕을 일러 '유려(유완, 여왕)'라고 한답니다. 이렇게 되면 비록 효자나 자애로운 손자라도 백 세대가 지나도록 고칠 수가 없을 겁니다. 『시경』에 이르길 '은나라가 거울삼을 것은 멀리 있지 않으니, 바로 앞 시대인 하나라의 걸왕에게 있다'고 했는데, 이러한 점을 두고 한 말이랍니다."

孟子曰(맹자왈): "規矩(규구), 方員之至也(방원지지야), 聖人(성인), 人倫之至也(인륜지지야). 欲爲君(욕위군), 盡君道(진군도), 欲爲臣(욕위신), 盡臣道(진신도). 二者皆法堯舜而已矣(이자개법요순이이의). 不以舜之所以事堯事君(불이순지소이사요사군), 不敬其君者也(불경기군자야). 不以堯之所以治民治民(불이요지소이치민치민), 賊其民者也(적기민자야). 孔子曰(공자왈): '道二(도이), 仁與不仁而已矣(인여불인이이의).' 暴其民甚(폭기민심), 則身弑國亡(즉신시국망), 不甚(불심), 則身危國削(즉신위국삭). 名之曰(명지왈): '幽厲(유려).' 雖孝子慈孫(수효자자손), 百世不能改也(백세불능개야). 詩云(시운): '殷鑒不遠(은감불원), 在夏后之世(재하후지세).' 此之謂也(차지위야)."

7-3 나라의 흥망존폐는 인에 달려 있다

맹자께서 말씀하셨습니다.

"하·은·주 3대의 왕조가 천하를 얻은 것은 어질기(仁) 때문이고, 그들이 천하를 잃은 것도 어질지 못했기 때문입니다. 나라의 흥망이나 존폐 또한 그렇습니다. 천자가 어질지 못하면 사해의 천하를 보존할 수 없고, 제후가 어질지 못하면 사직을 보존할 수 없으며, 경대부가 어질지 못하면 종묘를 보존할 수 없고, 백성이나 서민이 어질지 못하면 몸을 보존할 수 없습니다. 지금 죽음을 싫어하면서 어질지 못함을 즐기는 것은 마치 취하는 것을 싫어하면서도 술을 억지로 마시는 것과 같습니다."

孟子曰(맹자왈): "三代之得天下也以仁(삼대지득천하야이인), 其失天下也以不仁(기실천하야이불인). 國之所以廢興存亡者亦然(국지소이폐흥존망자역연). 天子不仁(천자불인), 不保四海(불보사해), 諸侯不仁(제후불인), 不保社稷(불보사직), 卿大夫不仁(경대부불인), 不保宗廟(불보종묘), 士庶人不仁(사서인불인), 不保四體(불보사체). 今惡死亡(금오사망), 而樂不仁(이락불인), 是猶惡醉而強酒(시유오취이강주)."

7-4 자기 자신부터 올바르면

맹자께서 말씀하셨습니다.

"남을 사랑하는데도 친해지지 않으면 자기가 행한 인에 대해 반성하고, 남을 다스리는데도 다스려지지 않으면 자기의 지혜가 부족한지 반성하며, 예절로 남을 대하는데도 반응이 없으면 자신이 공경을 다했는지 살펴야 합니다. 실행을 했는데도 기대한 것을 얻지 못하면 모든 것을 돌이켜보아 자신에게서 그 원인을 찾아야 합니다. 자기 자신이 바르면 천하 사람들이 돌아올 겁니다. 『시경』에 이르길 '길이길이 천명을 받들어 스스로 많은 복을 구하라'고 했습니다."

孟子曰(맹자왈): "愛人不親反其仁(애인불친반기인), 治人不治反其智(치인불치반기지), 禮人不答反其敬(예인부답반기경). 行有不得者(행유부득자), 皆反求諸己(개반구저기), 其身正(기신정), 而天下歸之(이천하귀지). 詩云(시운): '永言配命(영언배명), 自求多福(자구다복).'"

7-5 천하의 근본

맹자께서 말씀하셨습니다.

"사람들이 입버릇처럼 하는 말이 있는데, 모두가 '천하국가'라고 말합니다. 천하의 근본은 나라에 있고, 나라의 근본은 집안에 있으며, 집안의 근본은 자기 몸에 있는 겁니다."

孟子曰(맹자왈): "人有恒言(인유항언), 皆曰(개왈): '天下國家(천하국가). 天下之本在國(천하지본재국), 國之本在家(국지본재가), 家之本在身(가지본재신)."

7-6 정치를 하는 것은 어려운 게 아니다

맹자께서 말씀하셨습니다.

"정치를 하는 것은 어려운 게 아닙니다. 경대부와 같은 큰 가문의 신뢰를 잃지 않으면 됩니다. 그들이 흠모하게 되면 한 나라가 흠모하게 되고, 한 나라가 흠모하면 천하가 흠모하게 됩니다. 그렇게 되면 도도하게 흐르는 교화가 온 천하에 넘치게 됩니다."

孟子曰(맹자왈): "爲政不難(위정불난), 不得罪於巨室(부득죄어거실), 巨室之所慕(거실지소모), 一國慕之(일국모지), 一國之所慕(일국지소모), 天下慕之(천하모지). 故沛然德教溢乎四海(고패연덕교일호사해)."

7-7 천리를 따르는 것과 거역하는 것

맹자께서 말씀하셨습니다.

"천하에 도가 있으면 덕이 적은 사람은 덕이 큰 사람에게 부림을 받고, 어짊이 적은 사람은 어짊이 큰 사람에게 부림을 당합니다. 그러나 천하에 도가 없으면 작은 나라는 큰 나라의 부림을 받고 약한 나라는 강한 나라에게 부림을 당합니다. 이 두 가지는 하늘의 이치인 천리입니다. 그러므로 천리에 순응하는 자는 존속할 수 있지만 천리를 거역하는 자는 망합니다. 제나라 경공이 '이미 명령할 수도 없고 또 명령을 받지도 않는다면 이는 남과의 관계를 끊는 것이다'라며 눈물을 흘리면서 자기의 딸을 오나라에 시집보냈답니다. 오늘날은 작은 나라가 큰 나라를 스승으로 받들면서도 명령받기를 부끄럽게 여기는데, 이는 마치 제자가 스승에게 명령받는 것을 부끄럽게 여기는 것과 같습니다. 그러한 것을 부끄럽게 여긴다면 주나라 문왕을 스승으로 삼는 것이 좋습니다. 문왕을 스승으로 받든다면 큰 나라는 5년, 작은 나라는 7년이면 반드시 천하에 인정을 베풀 수 있을 겁니다.

『시경』에 이르길 '상나라의 자손은 그 수가 10만이 넘지만, 하느님이 이미 명령해 오직 주나라에 복종케 했네. 오직 주나라에 복종케 된 것은 하늘의 명령인 천명이 무상한 것이로다. 은나라의 선비들 중에 훤칠하고 영민한 자들은 주나라의 서울에 와서 제사를 돕는구나'라고 했답니다. 공자께서는 '인정이란 많다고 되는 것이 아니다'라고 했습니다. 나라의 군주가 인을 좋아한다면 천하에 대적할 자가 없답니다. 오늘날에는 천하에 대적할 자가 없기를 바라면서도 인정을 베풀지 않으니, 이는 마치 뜨거운 것을 잡고서 물에 담그지 않는 것과 같습니다. 『시경』에 이르길 '누가 뜨거운 것을 잡고서 물에 씻어 식히지 않을 수 있을까?'라고 했답니다."

孟子曰(맹자왈): "天下有道(천하유도), 小德役大德(소덕역대덕), 小賢役大賢(소현역대현), 天下無道(천하무도), 小役大(소역대), 弱役强(약역강). 斯二者(사이자), 天也(천야). 順天者存(순천자존), 逆天者亡(역천자망). 齊景公曰(제경공왈): '旣不能令(기불능령), 又不受命(우불수명), 是絶物也(시절물야).' 涕出而女於吳(체출이녀어오). 今也小國師大國(금야소국사대국), 而恥受命焉(이치수명언), 是猶弟子而恥受命於先師也(시유제자이치수명어선사야). 如恥之(여치지), 莫若師文王(막약사문왕), 師文王(사문왕), 大國五年(대국오년), 小國七年(소국칠년), 必爲政於天下矣(필위정어천하의).

詩云(시운): '商之孫子(상지손자), 其麗不億(기려불억), 上帝旣命(상제기명), 侯于周服(후우주복), 侯服于周(후복우주), 天命靡常(천명미상), 殷士膚敏(은사부민), 裸將于京(나장우경).' 孔子曰(공자왈): '仁不可爲衆也(인불가위중야).' 夫國君(부국군), 好仁天下無敵(호인천하무적). 今也欲無敵於天下而不以仁(금야욕무적어천하이불이인), 是猶執

熱而不以濯也(시유집열이불이탁야). 詩云(시운): '誰能執熱(수능집열), 逝不以濯(서불이탁)?'"

7-8 자기에게 일어난 일은 자기가 만든 것

맹자께서 말씀하셨습니다.

"어질지 않은 자와 더불어 이야기할 수 있겠습니까? 그는 위태로움을 편안한 것으로 여기고, 재앙을 이로운 것으로 여기고, 그의 몸을 망치게 하는 것을 즐거움으로 여깁니다. 어질지 않아도 더불어 말할 수 있다면 어찌 나라가 망하고 집안이 무망하겠습니까? 어린이들이 '창랑의 물이 맑으면 내 갓끈을 씻을 수 있고, 창랑의 물이 흐리면 내 발을 씻을 수 있다'고 노래했습니다. 공자께서 '너희는 저 노래를 잘 들어라. 맑으면 갓끈을 씻고 흐리면 발을 씻는다고 하는데, 이는 그것을 스스로 만들어 취한 것이다'라고 했습니다. 대체적으로 사람들은 반드시 스스로를 업신여긴 뒤에야 남들이 업신여기고, 집안도 반드시 스스로 망친 뒤에야 남이 망치며, 나라도 반드시 스스로 공격한 뒤에야 남이 공격해 옵니다. 『서경(書經)』 「태갑편(太甲篇)」에 이르길 '하늘이 만들어준 재앙은 오히려 피할 수 있으나, 스스로 만든 재앙에서는 빠져나갈 길이 없다'고 했는데, 이를 두고 한 말입니다."

孟子曰(맹자왈): "不仁者可與言哉(불인자가여언재)? 安其危而利其菑(안기위이리기치), 樂其所以亡者(낙기소이망자). 不仁而可與言(불인이가여언), 則何亡國敗家之有(즉하망국패가지유)? 有孺子歌曰(유유자가왈): '滄浪之水淸兮(창랑지수청혜), 可以濯我纓(가이탁아영),

滄浪之水濁兮(창랑지수탁혜), 可以濯我足(가이탁아족).' 孔子曰(공자왈): '小子聽之(소자청지), 淸斯濯纓(청사탁영), 濁斯濯足矣(탁사탁족의). 自取之也(자취지야).' 夫人必自侮(부인필자모), 然後人侮之(연후인모지), 家必自毀(가필자훼), 而後人毀之(이후인훼지), 國必自伐(국필자벌), 而後人伐之(이후인벌지). 太甲曰(태갑왈): '天作孽(천작얼), 猶可違(유가위), 自作孽(자작얼), 不可活(불가활).' 此之謂也(차지위야)."

7-9 백성들의 신임을 얻는 방법

맹자께서 말씀하셨습니다.

"걸왕과 주왕이 천하를 잃은 것은 그들의 백성을 잃었기 때문입니다. 백성을 잃은 것은 그 백성들의 마음을 잃었기 때문입니다. 천하를 얻는 데는 방법이 있는데, 백성들을 얻는다면 천하를 얻을 수 있습니다. 백성들의 마음을 얻는 데는 방법이 있는데, 그들이 바라는 것을 주면 모여들고 싫어하는 것은 행하지 않으면 됩니다. 백성들이 어진 사람을 따르는 것은 물이 낮은 곳으로 흘러가고, 짐승들이 넓은 곳으로 달려가는 것과 같습니다. 그러므로 물고기를 연못으로 몰고 가는 것은 수달이고, 참새들을 숲으로 몰고 가는 것은 송골매이며, 탕왕과 무왕을 위해 백성들을 몰아다 준 것은 폭군 걸왕과 주왕입니다.

오늘날 천하의 제후들 가운데서 인정을 좋아하는 이가 있다면 제후들이 모두 그를 위해 백성들을 몰아다 줄 겁니다. 그렇게만 된다면 비록 왕 노릇에 욕심이 없을지라도 그냥 내버려둘 수 없을 겁니다. 그러나 지금 왕 노릇을 하려는 자는 7년 된 병에 3년 묵은 쑥을 구하려는 것과 같습니다. 진실로 쑥을 구해 묵혀 두지 않으면 평생토록 구한다 해도 얻을 수가 없을 겁니다. 진실로 어짊에 뜻을 두지 않는다면 평생토록 남에게 치욕당하는 것을 걱정하다가 죽음의 구렁텅이에 빠지게 될 겁니다. 『시경』에 이르길 '누가 잘될 수 있으리오? 곧 서로가 깊은 못에 빠지리라'라고 한 것은 이것을 두고 한 말이랍니다."

孟子曰(맹자왈): "桀紂之失天下也(걸주지실천하야), 失其民也(실기민야), 失其民者(실기민자), 失其心也(실기심야). 得天下有道(득천하유도), 得其民(득기민), 斯得天下矣(사득천하의). 得其民有道(득기민유도), 得其心(득기심), 斯得民矣(사득민의). 得其心有道(득기심유도), 所欲與之聚之(소욕여지취지), 所惡勿施爾也(소오물시이야). 民之歸仁也(민지귀인야), 猶水之就下(유수지취하), 獸之走壙也(수지주광야). 故爲淵敺魚者(고위연구어자), 獺也(달야), 爲叢敺爵者(위총구작자), 鸇也(전야), 爲湯武敺民者(위탕무구민자), 桀與紂也(걸여주야).

今天下之君有好仁者(금천하지군유호인자), 則諸侯皆爲之敺矣(즉제후개위지구의). 雖欲無王(수욕무왕), 不可得已(불가득이). 今之欲王者(금지욕왕자), 猶七年之病求三年之艾也(유칠년지병구삼년지애야). 苟爲不畜(구위불축), 終身不得(종신부득), 苟不志於仁(구부지어인), 終身憂辱(종신우욕), 以陷於死亡(이함어사망). 詩云(시운): '其何能淑(기하능숙)? 載胥及溺(재서급익).' 此之謂也(차지위야)."

7-10 자포자기를 하는 사람
맹자께서 말씀하셨습니다.

"자기 스스로를 해치는 자와는 더불어 말할 수 없고, 자기 스스로를 포기하는 자와는 함께 일할 수 없습니다. 말끝마다 예와 의를 비난하는 것을 스스로를 해친다(自暴)고 하고, 내 몸이 인에 머물지 못하고 의를 행하지 못한다고 생각하면 스스로를 버린다(自棄)라고 합니다. 인은 사람이 편안히 살 수 있는 집이고, 의는 사람이 걸어갈 수 있는 바른 길입니다. 편안한 집을 비워두고 살지 않으며, 바른 길을 버려두고 따라가지도 않으니, 참 슬픈 일입니다!"

孟子曰(맹자왈): "自暴者(자포자), 不可與有言也(불가여유언야), 自棄者(자기자), 不可與有爲也(불가여유위야). 言非禮義(언비예의), 謂之自暴也(위지자포야), 吾身不能居仁由義(오신불능거인유의), 謂之自棄也(위지자기야). 仁(인), 人之安宅也(인지안택야), 義(의), 人之正路也(인지정로야). 曠安宅而弗居(광안택이불거), 舍正路而不由(사정로이불유), 哀哉(애재)!"

7-11 도는 가까운 곳에 있는데 먼 데서 구하려 하고

맹자께서 말씀하셨습니다.

"도는 가까운 곳에 있는데 먼 데서 구하려 하고, 일은 쉬운 곳에 있는데도 어려운 데서 찾습니다. 사람마다 그 부모를 부모로 섬기고 어른을 어른으로 공경한다면 천하는 태평해질 겁니다."

孟子曰(맹자왈): "道在爾而求諸遠(도재이이구저원), 事在易而求諸難(사재역이구저난). 人人親其親(인인친기친), 長其長(장기장), 而天下平(이천하평)."

7-12 지성이면 감천

맹자께서 말씀하셨습니다.

"낮은 자리에 있으면서 윗사람의 신임을 얻지 못한다면 백성들을 다스릴 수 없습니다. 윗사람의 신임을 얻는 데는 방법이 있으니, 벗에게 신임을 얻지 못하면 윗사람에게도 신임을 얻지 못한답니다. 벗에게 신임을 얻는 데도 방법이 있으니, 부모를 모셔서 기쁘게 하지 못한다면 벗에게도 신임을 얻지 못합니다. 부모를 기쁘게 하는 데도 방법이 있으니, 자신을 돌이켜보아 참되지 못하면 부모를 기쁘게 하지 못할 겁니다. 자신을 참되게 하는 데도 방법이 있으니, 선(善)에 밝지 못하면 자신을 참되게 할 수 없을 겁니다. 이 때문에 참된 것은 하늘의 도요, 참되려는 것은 사람의 도랍니다. 지극히 참되고도 남을 감동시키지 못한 경우는 없었답니다. 참되지 않으면 남을 감동시킬 수 없답니다."

孟子曰(맹자왈): "居下位而不獲於上(거하위이불획어상), 民不可得而治也(민불가득이치야). 獲於上有道(획어상유도), 不信於友(불신어우), 弗獲於上矣(불획어상의). 信於友有道(신어우유도), 事親弗悅(사친불열), 弗信於友矣(불신어우의). 悅親有道(열친유도), 反身不誠(반신불성), 不悅於親矣(불열어친의). 誠身有道(성신유도), 不明乎善(불명호선), 不誠其身矣(불성기신의). 是故(시고), 誠者(성자), 天之道也(천지도야), 思誠者(사성자), 人之道也(인지도야). 至誠而不動者(지성이부동자), 未之有也(미지유야), 不誠(불성), 未有能動者也(미유능동자야)."

7-13 문왕의 어진 정치

맹자께서 말씀하셨습니다.

"백이는 은나라의 폭군 주왕을 피해 북해의 인근에 살고 있다가 문왕이 인정을 베풀어 백성들의 사기를 진작시켰다는 소식을 듣고는 '내가 어찌 그에게로 가지 않겠는가? 나는 서백(문왕)이 늙은 이를 잘 봉양한다고 들었다'고 했습니다. 강태공 또한 주왕의 폭정을 피해 북해 인근에서 은거하고 있었는데, 문왕이 백성의 사기를 진작시켰다는 소식을 듣고는 '내가 어찌 그에게로 가지 않겠는가? 나는 서백(문왕)이 늙은이를 잘 봉양한다고 들었다'고 했습니다. 이 두 노인은 천하의 위대한 노인들이었는데 문왕에게 돌아갔습니다. 천하의 모든 어버이들 또한 문왕에게 돌아갔으니 그 자식들은 어디로 가겠습니까? 제후들 가운데 문왕의 정치를 실행하는 사람이 있다면, 7년 내에 반드시 천하를 다스리게 될 겁니다."

孟子曰(맹자왈): "伯夷辟紂(백이피주), 居北海之濱(거북해지빈), 聞文王作興(문문왕작흥), 曰(왈): '盍歸乎來(합귀호래)? 吾聞西伯善養老者(오문서백선양노자).' 太公辟紂(태공피주), 居東海之濱(거동해지빈), 聞文王作興(문문왕작흥), 曰(왈): '盍歸乎來(합귀호래)? 吾聞西伯善養老者(오문서백선양노자).' 二老者(이노자), 天下之大老也(천하지대노야), 而歸之(이귀지), 是天下之父歸之也(시천하지부귀지야). 天下之父歸之(천하지부귀지), 其子焉往(기자언왕)? 諸侯有行文王之政者(제후유행문왕지정자), 七年之內(칠년지내), 必爲政於天下矣(필위정어천하의)."

7-14 공자에게 버림받는 이유

맹자께서 말씀하셨습니다.

"염구는 계씨의 재상이 되어서 계씨의 악덕을 개선하기는커녕 세곡을 이전의 두 배로 부과했습니다. 이에 공자께서는 '염구는 내 제자가 아니다. 너희는 북을 울려 그를 성토해도 좋다'고 하셨답니다. 이로 미루어볼 때, 나라의 왕이 인정을 베풀지 않는데도 그를 부유하게 해준다면, 모두가 공자께 버림받게 됩니다. 하물며 무리한 전쟁을 일으켜 땅을 빼앗으려고 싸우면서 사람들을 죽여 들판에 가득 차게 하고, 성을 빼앗으려고 싸우면서 죽인 사람들이 성에 가득 차게 한다면 어떻겠습니까! 이것은 이른바 땅을 핑계 삼아 인육을 먹게 하는 것이니, 그 죄는 죽여도 모자랄 겁니다. 그러므로 전쟁하기를 좋아하는 자는 극형에 처해야 할 것이고, 제후들을 연합하는 자들은 그 다음가는 형을 받게 해야 할 것이며, 황폐한 땅을 개간해 그 토지를 백성에게 맡기려는 자들은 또 그 다음가는 형벌로 다스려야 할 겁니다."

孟子曰(맹자왈): "求也爲季氏宰(구야위계씨재), 無能改於其德(무능개어기덕), 而賦粟倍他日(이부속배타일). 孔子曰(공자왈): '求(구), 非我徒也(비아도야), 小子鳴鼓而攻之(소자명고이공지), 可也(가야).' 由此觀之(유차관지), 君不行仁政而富之(군불행인정이부지), 皆棄於孔子者也(개기어공자자야). 況於爲之強戰(황어위지강전), 爭地以戰(쟁지이전), 殺人盈野(살인영야), 爭城以戰(쟁성이전), 殺人盈城(살인영성). 此所謂率土地而食人肉(차소위솔토지이식인육), 罪不容於死(죄불용어사)! 故善戰者服上刑(고선전자복상형), 連諸侯者次之(연제후자차지),

辟草萊任土地者次之(벽초래임토지자차지)."

7-15 눈동자에 선악이 담겨 있다

맹자께서 말씀하셨습니다.

"사람의 마음을 살피는 데는 눈동자보다 좋은 것이 없습니다. 눈동자는 그 마음속의 죄악을 숨길 수가 없습니다. 마음속이 올바르면 눈동자가 밝고, 마음속이 올바르지 못하면 눈동자가 어둡답니다. 그 사람의 말을 듣고 그 눈동자를 보는데, 사람이 어찌 마음을 숨길 수 있겠습니까?"

孟子曰(맹자왈): "存乎人者(존호인자), 莫良於眸子(막량어모자). 眸子不能掩其惡(모자불능엄기악). 胸中正(흉중정), 則眸子瞭焉(즉모자료언), 胸中不正(흉중부정), 則眸子眊焉(즉모자모언). 聽其言也(청기언야), 觀其眸子(관기모자), 人焉廋哉(인언수재)?"

7-16 공손한 사람과 검소한 사람

맹자께서 말씀하셨습니다.

"공손한 사람은 남을 업신여기지 않고, 검소한 사람은 남의 것을 빼앗지 않습니다. 남을 업신여기고 빼앗는 군주는 오로지 백성들이 순순히 따르지 않을까 두려워하는데, 어찌 공손하고 검소할 수 있겠습니까! 공손하고 검소함을 어찌 말소리나 웃는 얼굴로 꾸밀 수 있겠습니까!"

孟子曰(맹자왈): "恭者不侮人(공자불모인), 儉者不奪人(검자불탈인). 侮奪人之君(모탈인지군), 惟恐不順焉(유공불순언), 惡得爲恭儉

(오득위공검)! 恭儉豈可以聲音笑貌爲哉(공검기가이성음소모위재)!"

7-17 예도 임기응변으로

제나라의 재담꾼인 순우곤이 맹자께 물었습니다.

"남녀가 직접 손을 맞대지 않는 것이 예입니까?"

맹자께서 대답하셨습니다.

"예랍니다."

순우곤이 다시 물었습니다.

"형수가 물에 빠지면 손으로 끌어당겨 구해 주어야 합니까?"

맹자께서 대답하셨습니다.

"형수가 물에 빠졌는데도 구하지 않는 것은 승냥이나 이리와 같은 짐승이지요. 남녀가 직접 손을 맞대지 않는 것은 예이고, 형수가 물에 빠졌을 때 구해 주는 것은 임기응변으로 일을 처리하는 권도(權道)랍니다."

순우곤이 다시 물었습니다.

"지금 천하 사람들이 물에 빠졌는데도 선생께서 구하지 않는 것은 무엇 때문입니까?"

맹자께서 말씀하셨습니다.

"천하 사람들이 물에 빠졌다면 도로써 구해 주고 형수가 물에 빠졌다면 손으로써 구해 주는 것인데, 그대는 손으로써 천하를 구하고자 하는 것이오?"

淳于髡曰(순우곤왈): "男女授受不親(남녀수수불친), 禮與(예여)?"

孟子曰(맹자왈): "禮也(예야)."

曰(왈): "嫂溺則援之以手乎(수익즉원지이수호)?"

曰(왈): "嫂溺不援(수익불원), 是豺狼也(시시랑야). 男女授受不親(남녀수수불친), 禮也(예야), 嫂溺援之以手者(수익원지이수자), 權也(권야)."

曰(왈): "今天下溺矣(금천하익의), 夫子之不援(부자지불원), 何也(하야)?"

曰(왈): "天下溺(천하익), 援之以道(원자이도), 嫂溺(수익), 援之以手(원지이수). 子欲手援天下乎(자욕수원천하호)?"

7-18 군자가 직접 자기 자식을 가르치지 않는 이유

공손추가 여쭈었습니다.

"군자가 직접 자기 자식을 가르치지 않는 것은 무엇 때문입니까?"

맹자께서 대답하셨습니다.

"형세가 그렇게 할 수 없기 때문이란다. 가르치는 사람은 반드시 올바른 도리로써 하는데, 자식이 올바른 것을 행하지 않으면 계속해서 화가 치밀어 오르게 되지. 계속해서 화가 치밀어 오르게 되면 도리어 가르침을 손상시키기 때문이란다. 그러면 자식은, 아버지는 나더러 올바른 일을 하라 하시면서 아버지 자신은 올바른 일을 행하지 않는다고 생각하기 때문에 이는 곧 부자간의 관계를 해치게 되지. 부자간에 서로 해치는 것은 악습이란다. 그렇기 때문에 옛날에는 자식을 서로 바꾸어 가르쳤지. 부자간에는 선을 행하라고 책망하지도 않았단다. 선하게 되라고 책망하면 사이가 벌어지고, 사이가 벌어지게 되면 그보다 상서롭지 못한 것도 없단다."

公孫丑曰(공손추왈): "君子之不教子(군자지불교자), 何也(하야)?"

孟子曰(맹자왈): "勢不行也(세불행야). 教者必以正(교자필이정), 以正不行(이정불행), 繼之以怒(계지이노). 繼之以怒(계시이노), 則反夷矣(즉반이의). 夫子教我以正(부자교아이정), 夫子未出於正也(부자미출어정야), 則是父子相夷也(즉시부자상이야). 父子相夷(부자상이), 則惡矣(즉악의). 古者易子而教之(고자역자이교지), 父子之間不責善(부자지간불책선), 責善則離(책선즉리), 離則不祥莫大焉(이즉불상막대언)."

7-19 부모를 섬기는 방법

맹자께서 말씀하셨습니다.

"섬기는 일 중에 무엇이 가장 중대한가요? 부모를 섬기는 것이 가장 중대합니다. 지키는 것 중에 무엇이 가장 중대한가요? 자기 몸을 지키는 것이 가장 중대합니다. 자기 몸을 잃지 않고서 부모를 잘 섬겼다는 말은 들었어도, 자기 몸을 잃고서 부모를 잘 섬겼다는 말은 아직 듣지 못했답니다. 무엇인들 섬기지 않겠습니까만 부모를 섬기는 것이 섬김의 근본입니다. 무엇인들 지키지 않겠습니까만 자기 몸을 지키는 것이 지킴의 근본입니다. 증자가 아버지 증석을 봉양할 때는 반드시 술과 고기를 차려냈습니다. 밥상을 내올 때 남은 음식이 있으면 반드시 '이것은 누구에게 줄까요?'라고 물었고, 아버지가 남은 것이 있느냐고 물으면 남은 것이 없더라도 반드시 '있습니다'라고 대답했습니다. 아버지 증석이 죽고 아들인 증원이 증자를 봉양하게 되었을 때도 반드시 술과 고기를 차려냈습니다. 그러나 증원은 밥상을 물릴 때 '남은 것은 누구에게 줄까요?'라고 묻지 않았고, 또 남은 것이 있느냐고 물으면 '없습니다'라고 대답했습니다. 이것은 남은 것을 다시 드리려 했기 때문이랍니다. 그것은 이른바 입과 몸을 만족시키려는 봉양입니다. 증자가 봉양한 방법은 부모의 마음까지도 헤아린 것이라 할 수 있답니다. 부모 섬기기를 증자처럼 하는 것이 좋을 겁니다."

孟子曰(맹자왈): "事孰爲大(사숙위대)? 事親爲大(사친위대). 守孰爲大(수숙위대)? 守身爲大(수신위대). 不失其身而能事其親者(불실기신이능사기친자), 吾聞之矣(오문지의). 失其身而能事其親者(실기신이능사기친자), 吾未之聞也(오미지문야). 孰不爲事(숙불위사)? 事親(사친), 事之本也(사지본야). 孰不爲守(숙불위수)? 守身(수신), 守之本也(수지본야). 曾子養曾晳(증자양증석), 必有酒肉(필유주육), 將徹(장철), 必請所與(필청소여), 問有餘(문유여), 必曰有(필왈유). 曾晳死(증석사), 曾元養曾子(증원양증자), 必有酒肉(필유주육), 將徹(장철), 不請所與(불청소여), 問有餘(문유여), 曰亡矣(왈망의). 將以復進也(장이부진야). 此所謂養口體者也(차소위양구체자야). 若曾子(약증자), 則可謂養志也(즉가위양지야). 事親若曾子者(사친약증자자), 可也(가야)."

7-20 군주의 어짊과 의로움, 올바름

맹자께서 말씀하셨습니다.

"잘못된 인사(人事)를 책망할 것도 없고, 잘못된 정사(政事)를 비난할 것도 없습니다. 오직 큰 덕을 지닌 대인만이 군주의 그릇됨을 바로잡을 수 있답니다. 군주가 어질면 어질지 않음이 없을 것이며,

군주가 의로우면 의롭지 않음이 없고, 군주가 올바르면 올바르지 않음이 없을 겁니다. 한 번 군주를 올바르게 하면 나라가 안정될 것입니다."

孟子曰(맹자왈): "人不足與適也(인부족여적야), 政不足間也(정부족간야). 惟大人爲能格君心之非(유대인위능격군심지비), 君仁莫不仁(군인막불인), 君義莫不義(군의막불의), 君正莫不正(군정막부정), 一正君(일정군), 而國定矣(이국정의)."

7-21 칭찬과 비난

맹자께서 말씀하셨습니다.

"생각 밖의 칭찬을 받을 수도 있고, 온전함을 바라다가 비난받을 수도 있습니다."

孟子曰(맹자왈): "有不虞之譽(유불우지예), 有求全之毁(유구전지훼)."

7-22 말에 대한 책임감

맹자께서 말씀하셨습니다.

"사람이 자기 말을 쉽게 해버리는 것은 그 말에 대한 책임감이 없기 때문입니다."

孟子曰(맹자왈): "人之易其言也(인지이기언야), 無責耳矣(무책이의)."

7-23 남의 스승노릇하기

맹자께서 말씀하셨습니다.

"사람의 공통된 폐단은 남의 스승노릇하기를 좋아하는 데 있습니다."

孟子曰(맹자왈): "人之患(인지환), 在好爲人師(재호위인사)."

7-24 악정자의 뉘우침

노나라에서 벼슬하던 맹자의 제자 악정자가 자오를 따라 제나라로 가서 맹자를 뵈었더니, 맹자께서 말씀하셨습니다.

"자네도 나를 보러 왔는가?"

악정자가 대답했습니다.

"스승님께서는 어찌 그리 말씀을 하십니까?"

맹자께서 말씀하셨습니다.

"자네가 여기 온 지는 며칠이 되었는가?"

악정자가 대답했습니다.

"어제 왔습니다."

맹자께서 말씀하셨습니다.

"어제 왔다면, 내가 이리 말하는 것도 당연하지 않은가?"

악정자가 말했습니다.

"숙소를 아직 정하지 못했기 때문입니다."

맹자께서 말씀하셨습니다.

"자네는 숙소를 정한 뒤에야 어른을 찾아뵙는다고 들었단 말인가?"

악정자가 말했습니다.

"제가 잘못했습니다."

樂正子從於子敖之齊(악정자종어자오지제). 樂正子見孟子(악정자견맹자).

孟子曰(맹자왈): "子亦來見我乎(자역래견아호)?"

曰(왈): "先生何爲出此言也(선생하위출차언야)?"

曰(왈): "子來幾日矣(자래기일의)?"

曰(왈): "昔者(석자)."

曰(왈): "昔者(석자), 則我出此言也(즉아출차언야), 不亦宜乎(불역의호)?"

曰(왈): "舍館未定(사관미정)."

曰(왈): "子聞之也(자문지야), 舍館定(사관정), 然後求見長者乎(연후구견장자호)?"

曰(왈): "克有罪(극유죄)."

7-25 음식의 유혹

맹자께서 악정자에게 말씀하셨습니다.

"자네가 자오를 따라서 온 것은 다만 먹고 마시기 위해서였네. 나는 자네가 옛날의 도를 배워서 음식 때문에 그럴 줄은 미처 몰랐다네."

孟子謂樂正子曰(맹자위악정자왈): "子之從於子敖來(자지종어자오래), 徒餔啜也(도포철야). 我不意子學古之道(아불의자학고지도), 而以餔啜也(이이포철야)."

7-26 가장 큰 불효란

맹자께서 말씀하셨습니다.

"불효에는 세 가지가 있는데, 후손이 없는 것이 가장 큽니다. 순임금이 부모에게 알리지도 않고 장가간 것은 후손이 없었기 때문입니다. 군자는 이것을 부모에게 알린 것과 같다고 여겼습니다."

孟子曰(맹자왈): "不孝有三(불효유삼), 無後爲大(무후위대). 舜不告而娶(순불고이취), 爲無後也(위무후야). 君子以爲猶告也(군자이위유고야)."

7-27 인의의 마음이 생기면

맹자께서 말씀하셨습니다.

"어짊의 실체는 부모를 섬기는 것이고, 의로움의 실체는 형을 따르는 겁니다. 지혜의 실체는 이 두 가지를 알아서 버리지 않는 것이고, 예절의 실체는 이 두 가지를 적절하게 조절하는 것이며, 음악의 실체는 이 두 가지를 즐기는 겁니다. 음악으로 즐기면 인의의 마음이 생깁니다. 인의의 마음이 생기면 어찌 그만둘 수 있겠습니까? 어찌됐건 그만두지 못하면 자기도 모르게 발로 뛰고 손으로 춤을 출 겁니다."

孟子曰(맹자왈): "仁之實(인지실), 事親是也(사친시야). 義之實(의지실), 從兄是也(종형시야). 智之實(지지실), 知斯二者弗去是也(지사이자불거시야). 禮之實(예지실), 節文斯二者是也(절문사이자시야). 樂之實(악지실), 樂斯二者(악사이자), 樂則生矣(악즉생의). 生則惡可已也(생즉악가이야)? 惡可已(오가이), 則不知足之蹈之(즉부지족지도지), 手之舞之(수지무지)."

7-28 순임금의 효도

맹자께서 말씀하셨습니다.

"천하 사람들이 크게 기뻐하면서 자기에게 돌아오려고 하는데도, 천하 사람들이 기뻐하면서 자기에게 돌아오려는 것을 보잘것없는 초개같이 여긴 사람은 오직 순임금만이 그러했습니다. 부모를 기쁘게 하지 못하면 사람 노릇을 할 수 없습니다. 부모를 기쁘게 하지 못하면 사람 노릇을 할 수 없고, 부모에게 순종하지 않고서는 자식 노릇을 할 수 없답니다. 순임금은 부모 섬기는 도리를 다하여 아버지인 고수의 기쁨을 샀습니다. 아버지 고수가 기뻐하게 되자 온 천하의 부모와 자식 간의 도리가 정해지게 되었습니다. 이러한 것을 일러 큰 효도인 대효라고 말한답니다."

孟子曰(맹자왈): "天下大悅而將歸己(천하대열이장귀기), 視天下悅而歸己(시천하열이귀기), 猶草芥也(유초개야), 惟舜爲然(유순위연). 不得乎親(부득호친), 不可以爲人(불가이위인), 不順乎親(불순호친), 不可以爲子(불가이위자). 舜盡事親之道(순진사친지도), 而瞽瞍底豫(이고수저예). 瞽瞍底豫而天下化(고수저예이천하화), 瞽瞍底豫而天下之爲父子者定(고수저예이천하지위부자자정), 此之謂大孝(차지위대효)."

편

이루장구하
離婁章句下

• • •

8-1 순임금과 문왕의 출생과 죽음

맹자께서 말씀하셨습니다.

"순임금은 저풍에서 태어나 부하 땅으로 옮겨 살다가 명조 땅에서 돌아가신 동이족 사람입니다. 문왕은 기주에서 태어나 필영 땅에서 돌아가신 서이족 사람입니다. 이 두 사람은 그 태어난 땅의 거리가 천 리나 되었고, 살던 시대 또한 천 년이 넘게 떨어져 있었습니다. 그러나 뜻을 얻어 중국에 행한 점은 부절을 맞춘 듯 똑같았습니다. 선대의 성인이나 후대의 성인이 실행한 도를 헤아려보면 똑같이 하나입니다."

孟子曰(맹자왈): "舜生於諸馮(순생어저풍), 遷於負夏(천어부하), 卒於鳴條(졸어명조), 東夷之人也(동이지인야). 文王生於岐周(문왕생어기주), 卒於畢郢(졸어필영), 西夷之人也(서이지인야). 地之相去也(지지상거야), 千有餘里(천유여리), 世之相後也(세지상후야), 千有餘歲(천유여세), 得志行乎中國(득지행호중국), 若合符節(약합부절). 先聖後聖(선성후성), 其揆一也(기규일야)."

8-2 모두를 기쁘게 할 순 없다

정나라의 대부 자산이 정나라의 정사를 맡을 때, 자기의 수레로 사람들을 진수와 유수에서 건너게 해준 일이 있었습니다.

맹자께서 말씀하셨습니다.

"지혜롭기는 했지만 정치를 할 줄은 몰랐습니다. 11월에 사람이 다닐 수 있는 인도교를 완성하고 12월에 수레가 다니는 큰 다리를 완성했다면 백성들은 물 건너는 것을 걱정하지 않아도 되었을 겁니다. 군자가 정치를 공평하게 하면 사람들을 좌우로 물리치고 행차해도 괜찮을 겁니다. 그런데 어떻게 모든 사람을 자기의 수레로 건너게 해줄 수가 있겠습니까? 그러므로 정치하는 사람이 한 사람 한 사람을 기쁘게 하려 한다면 날마다 그렇게 해도 부족할 겁니다."

子産聽鄭國之政(자산청정국지정), 以其乘輿濟人於溱洧(이기승여제인어진유).

孟子曰(맹자왈): "惠而不知爲政(혜이부지위정). 歲十一月徒杠成(세십일월도강성), 十二月輿梁成(십이월여량성), 民未病涉也(민미병섭야). 君子平其政(군자평기정), 行辟人可也(행벽인가야), 焉得人人而濟之(언득인인이제지)? 故爲政者(고위정자), 每人而悅之(매인이열지), 日亦不足矣(일역부족의)."

8-3 군주와 신하의 관점

맹자께서 제나라 선왕에게 아뢰었습니다.

"군주가 신하를 손발같이 여긴다면 신하는 군주를 배와 심장같이 여길 겁니다. 그러나 군주가 신하를 개나 말같이 여긴다면 신하는 군주를 그 나라의 보통 사람으로 여길 것이고, 군주가 신하를 흙이나 티끌처럼 하찮게 여긴다면 신하는 군주를 도둑이나 원수같이 여길 겁니다."

선왕이 물었습니다.

"예법에는 전에 섬기던 군주를 위해 상복을 입는다고 했는데, 어찌하면 그와 같이 상복을 입게 되겠습니까?"

맹자께서 말씀하셨습니다.

"신하가 간언하는 것을 실행하고 그 말을 들어 혜택이 백성들에게 미치게 해야 합니다. 신하가 사정이 있어 떠나게 되면 군주는 사람을 시켜 국경까지 인도해 주고, 또 그가 가는 곳에 먼저 사람을 보내 안내해야 하며, 떠난 지 3년이 되어도 돌아오지 않으면 그에게 내렸던 땅과 집을 회수해야 합니다. 이것을 세 가지 예라고 합니다. 이렇게 한다면 군주를 위해 상복을 입게 됩니다. 지금 세상은 신하가 간언해도 실행하지 않고, 말을 해도 듣지도 않아 혜택이 백성들에게까지 미치지도 않습니다. 사정이 있어 떠나게 되면 군주는 찾아서 체포하려 하고, 또 그가 가는 곳에 험담을 퍼뜨려 박해를 받게 합니다. 또 떠나가는 날에는 그에게 내렸던 땅과 집을 몰수해 버립니다. 이것을 도둑이나 원수라고 이릅니다. 도둑이나 원수를 위해 무슨 상복을 입겠습니까?"

孟子告齊宣王曰(맹자고제선왕왈): "君之視臣如手足(군지시신여수족), 則臣視君如腹心(즉신시군여복심), 君之視臣如犬馬(군지시신여견마), 則臣視君如國人(즉신시군여국인), 君之視臣如土芥(군지시신여토개), 則臣視君如寇讎(즉신시군여구수)."

王曰(왕왈): "禮爲舊君有服(예위구군유복), 何如斯可爲服矣(하여사가위복의)?"

曰(왈): "諫行言聽(간행언청), 膏澤下於民(고택하어민), 有故而去(유고이거), 則君使人導之出疆(즉군사인도지출강). 又先於其所往(우선어기소왕), 去三年不反(거삼년불반), 然後收其田里(연후수기전리), 此之謂三有禮焉(차지위삼유례언), 如此則爲之服矣(여차즉위지복의). 今也爲臣(금야위신), 諫則不行(간즉불행), 言則不聽(언즉불청), 膏澤不下於民(고택불하어민), 有故而去(유고이거), 則君搏執之(즉군박집지), 又極之於其所往(우극지어기소왕). 去之日(거지일), 遂收其田里(수수기전리), 此之謂寇讎(차지위구수), 寇讎何服之有(구수하복지유)?"

8-4 대부와 선비가 떠나는 이유

맹자께서 말씀하셨습니다.

"죄가 없는 선비를 죽인다면 대부가 그 나라를 떠날 것이고, 죄가 없는 백성을 죽인다면 선비가 그 나라를 떠날 겁니다."

孟子曰(맹자왈): "無罪而殺士(무죄이살사), 則大夫可以去(즉대부가이거), 無罪而戮民(무죄이륙민), 則士可以徒(즉사가이도)."

8-5 군주가 어질고 의로우면

맹자께서 말씀하셨습니다.

"군주가 어질면 어질지 않은 사람이 없고, 군주가 의로우면 의롭지 않은 사람이 없습니다."

孟子曰(맹자왈): "君仁莫不仁(군인막불인), 君義莫不義(군의막불의)."

8-6 대인이 행하지 않는 것

맹자께서 말씀하셨습니다.

"예가 아닌 예와 의롭지 않은 의를 대인은 행하지 않습니다."

孟子曰(맹자왈): "非禮之禮(비례지례), 非義之義(비의지의), 大人弗爲(대인불위)."

8-7 중용과 재주

맹자께서 말씀하셨습니다.

"중용의 덕을 가진 사람은 중용의 덕을 갖지 못한 사람을 길러주고, 재주가 있는 사람은 재주가 없는 사람을 길러줍니다. 그러므로 사람들은 현명한 아버지와 형이 있음을 좋아하는 겁니다. 만약 중용의 덕을 지닌 사람이 중용의 덕을 갖지 못한 사람을 버리고, 재주가 있는 사람이 재주가 없는 사람을 포기한다면 현명한 사람과 어리석은 사람의 차이는 한 치도 안 될 겁니다."

孟子曰(맹자왈): "中也養不中(중야양부중), 才也養不才(재야양부재), 故人樂有賢父兄也(고인낙유현부형야). 如中也棄不中(여중야기부

중), 才也棄不才(재야기부재), 則賢不肖之相去(즉현불초지상거), 其間
不能以寸(기간불능이촌)."

8-8 해서는 안 될 일

맹자께서 말씀하셨습니다.

"사람은 해서는 안 될 일을 경험한 후에야 해야 할 일이 있게 되
는 겁니다."

孟子曰(맹자왈): "人有不爲也(인유불위야), 而後可以有爲(이후가이
유위)."

8-9 후환을 어찌하랴

맹자께서 말씀하셨습니다.

"남의 나쁜 점을 말했다가 그 후에 오는 후환을 어떻게 감당할
것인가!"

孟子曰(맹자왈): "言人之不善(언인지불선), 當如後患何(당여후환
하)!"

8-10 공자의 행동

맹자께서 말씀하셨습니다.

"공자께서는 지나치게 행동하지 않으셨습니다."

孟子曰(맹자왈): "仲尼不爲已甚者(중니불위이심자)."

8-11 대인의 언행

맹자께서 말씀하셨습니다.

"대인은 자신의 말을 반드시 남들이 믿어주기를 바라지 않으며, 자신의 행동에 반드시 상응하는 결과를 바라지 않습니다. 오직 의로움에 따라 행동할 뿐입니다."

孟子曰(맹자왈): "大人者(대인자), 言不必信(언불필신), 行不必果(행불필과), 惟義所在(유의소재)."

8-12 순수한 동심을 간직한 대인

맹자께서 말씀하셨습니다.

"대인은 어린아이 때의 순수한 마음을 잃어버리지 않는 사람입니다."

孟子曰(맹자왈): "大人者(대인자), 不失其赤子之心者也(부실기적자지심자야)."

8-13 효도는 돌아가신 뒤에도 이어져야

맹자께서 말씀하셨습니다.

"부모가 살아계실 때 봉양하는 일은 큰일이라고는 할 수 없습니다. 오직 돌아가신 후에도 정성껏 장례 치르는 일이야말로 큰일이라고 할 수 있답니다."

孟子曰(맹자왈): "養生者不足以當大事(양생자부족이당대사), 惟送死可以當大事(유송사가이당대사)."

8-14 스스로 체득하는 것

맹자께서 말씀하셨습니다.

"군자가 올바른 도로써 깊게 파고들어가는 것은 스스로 깨달아 체득하려 하기 때문입니다. 스스로 깨달아 체득하게 되면 편안히 살 수 있게 됩니다. 편안히 살 수 있게 되면 자질이 깊어지게 됩니다. 자질이 깊어지면 일상생활의 주변에서도 탐구해 그 근원을 알게 됩니다. 그러므로 군자는 스스로 깨달아 체득하기를 바란답니다."

孟子曰(맹자왈): "君子深造之以道(군자심조지이도), 欲其自得之也(욕기자득지야). 自得之(자득지), 則居之安(즉거지안). 居之安(거지안), 則資之深(즉자지심). 資之深(자지심), 則取之左右逢其原(즉취지좌우봉기원). 故君子欲其自得之也(고군자욕기자득지야)."

8-15 요점을 말하려는 것

맹자께서 말씀하셨습니다.

"넓게 배우고 자세하게 설명하는 이유는 도리어 그 요점을 말하고자 하는 겁니다."

孟子曰(맹자왈): "博學而詳說之(박학이상설지), 將以反說約也(장이반설약야)."

8-16 마음으로 우러난 복종

맹자께서 말씀하셨습니다.

"선으로써 남을 복종케 하려는 사람 중 아직 남을 굴복케 한 사람은 없습니다. 선으로써 남을 양성한 뒤에야 천하를 복종케 할 수 있답니다. 천하 사람들이 마음으로 복종케 하지 않고서 왕 노릇을 한 자는 아직까지 없었습니다."

孟子曰(맹자왈): "以善服人者(이선복인자), 未有能服人者也(미유능복인자야). 以善養人(이선양인), 然後能服天下(연후능복천하). 天下不心服而王者(천하불심복이왕자), 未之有也(미지유야)."

8-17 현자를 은폐하는 것

맹자께서 말씀하셨습니다.

"말에 실상이 없는 것은 상서롭지 못하니, 상서롭지 못한 것의 실상은 현자를 은폐하는 것이랍니다."

孟子曰(맹자왈): "言無實不祥(언무실불상). 不祥之實(불상지실), 蔽賢者當之(폐현자당지)."

8-18 샘물은 물의 근원

맹자의 제자 서자(徐辟)가 여쭈었습니다.

"공자께서는 자주 물을 찬양해 '물이여! 물이여!'라고 하셨는데, 물에서 무엇을 취하신 겁니까?"

맹자께서 말씀하셨습니다.

"근원의 샘물은 졸졸 흘러내려 밤낮을 쉬지 않고 흘려내려 웅덩이를 채운 뒤에야 앞으로 나아가 바다에 이른단다. 근본이 있는 것은 이와 같으니, 이를 취한 것이지. 진정 근본이 없다면 말이지, 7·8월경에 비가 집중적으로 내릴 땐 크고 작은 개울을 모두 가득 차게 할 수 있지만, 비가 그치게 되면 그 메마름은 잠시만 기다려도 금방 볼 수 있을 정도란다. 그러므로 명성과 소문이 실제보다 지나치게 부풀려진 것을 군자는 부끄러워하는 것이지."

徐子曰(서자왈): "仲尼亟稱於水曰(중니극칭어수왈): '水哉(수재)! 水哉(수재)!' 何取於水也(하취어수야)?"

孟子曰(맹자왈): "原泉混混(원천혼혼), 不舍晝夜(불사주야), 盈科而後進(영과이후진), 放乎四海(방호사해), 有本者如是(유본자여시), 是之取爾(시지취이). 苟爲無本(구위무본), 七八月之間雨集(칠팔월지간우집), 溝澮皆盈(구회개영), 其涸也(기학야), 可立而待也(가립이대야). 故聲聞過情(고성문과정), 君子恥之(군자치지)."

8-19 순임금의 인의

맹자께서 말씀하셨습니다.

"사람이 금수와 다른 점은 얼마 되지 않습니다. 보통사람인 서민은 인의의 마음을 내버리지만 군자는 그것을 보존합니다. 순임금은 모든 사물의 이치에 밝고 사람의 윤리를 잘 살피셨습니다. 그의 행동은 인의에서 우러난 것이지 억지로 인의를 행한 것은 아닙니다."

孟子曰(맹자왈): "人之所以異于禽獸者幾希(인지소이이우금수자기희), 庶民去之(서민거지), 君子存之(군자존지). 舜明于庶物(순명우서물), 察于人倫(찰우인륜), 由仁義行(유인의행), 非行仁義也(비행인의야)."

8-20 세 임금과 주공

맹자께서 말씀하셨습니다.

"우임금은 맛있는 술을 싫어하고 선한 말을 좋아했습니다. 탕왕은 중용의 덕을 굳게 지키고 현자를 등용함에 있어 그 출신을 가리지 않았답니다. 문왕은 백성을 상처 입은 사람 돌보듯 했고, 도를 바라보고서도 아직 보지 못한 듯이 했습니다. 무왕은 가까운 사람을 함부로 대하지 않았고, 멀리 있는 사람을 잊지도 않았습니다. 주공은 앞에서 말한 세 임금이 한 일과 아울러 네 가지 일을 행하려 했습니다. 만약 그것이 상황에 맞지 않을 경우에는 하늘을 우러러보며 생각하면서 밤샘했고, 다행이 그 이치를 체득하게 되면 이를 실천하기 위해 앉은 채로 아침이 되기를 기다렸습니다."

孟子曰(맹자왈): "禹惡旨酒而好善言(우오지주이호선언). 湯執中(탕집중), 立賢無方(입현무방). 文王視民如傷(문왕시민여상), 望道而未之見(망도이미지견). 武王不洩邇(무왕불설이), 不忘遠(불망원). 周公思兼三王(주공사겸삼왕), 以施四事(이시사사), 其有不合者(기유불합자), 仰而思之(앙이사지), 夜以繼日(야이계일), 幸而得之(행이득지), 坐以待旦(좌이대단)."

8-21 고대의 기록들

맹자께서 말씀하셨습니다.

"평왕의 사적이 없어지자 『시경(詩經)』도 없어졌습니다. 『시경』이 없어진 뒤에 『춘추(春秋)』가 지어졌습니다. 진나라의 『승(乘)』과 초나라의 『도올(檮杌)』과 노나라의 『춘추(春秋)』는 모두 한가지입니다. 『춘추』에서 다룬 것은 제나라의 환공과 진나라의 문공에 관한 것이고, 그 글은 사관이 썼습니다. 공자께서는 '『춘추』 속의 의로움은 내가 외람되게 취해서 쓴 것이다'라고 하셨답니다."

孟子曰(맹자왈): "王者之迹熄而詩亡(왕자지적식이시망), 詩亡然後
春秋作(시망연후춘추작). 晉之乘(진지승), 楚之檮杌(초지도올), 魯之
春秋(노지춘추), 一也(일야). 其事則齊桓(기사즉제환), 晉文(진문), 其
文則史(기문즉사). 孔子曰(공자왈): '其義則丘竊取之矣(기의즉구절취
지의).'"

8-22 공자를 사숙하다

맹자께서 말씀하셨습니다.

"군자의 은혜는 5대가 지나면 끊어지고, 소인의 은택도 5대가 지
나면 끊어집니다. 나는 직접 공자의 제자가 되진 못했으나 여러 사
람을 통해 사숙하게 되었습니다."

孟子曰(맹자왈): "君子之澤五世而斬(군자지택오세이참), 小人之澤
五世而斬(소인지택오세이참). 予未得爲孔子徒也(여미득위공자도야),
予私淑諸人也(여사숙제인야)."

8-23 청렴을 손상시키기 때문

맹자께서 말씀하셨습니다.

"받아도 될 것 같지만 받아서는 안 될 때에는 받지 않는 것이 좋
은데, 받으면 청렴을 손상시키기 때문이랍니다. 주어도 될 것 같지
만 주어서는 안 될 것 같을 때에는 주지 않는 것이 좋은데, 준다면
은혜를 손상시키기 때문입니다. 죽어도 될 것 같지만 죽어서는 안
될 때에는 죽지 않는 것이 좋은데, 죽으면 용기를 손상시키기 때문

이랍니다."

孟子曰(맹자왈): "可以取(가이취), 可以無取(가이무취), 取傷廉(취상렴), 可以與(가이여), 可以無與(가이무여), 與傷惠(여상혜), 可以死(가이사), 可以無死(가이무사), 死傷勇(사상용)."

8-24 스승을 위한 일과 국가를 위한 일

봉몽이 활쏘기의 명인 예에게 활쏘기를 배워 예의 기예를 모두 알았습니다. 그는 천하에서 자기보다 나은 자는 오직 예뿐이라고 생각해서, 예를 죽여 버렸답니다.

그래서 맹자께서 말씀하셨습니다.

"이는 또한 예에게도 죄가 있는 겁니다."

노나라의 현자이자 자장의 제자이기도 한 공명의가 말했습니다.

"마땅히 죄가 없는 듯합니다."

맹자께서 말씀하셨습니다.

"죄가 가볍다고 말할 수 있을 뿐 어찌 죄가 없다고 할 수 있겠습니까? 정나라 사람이 자탁유자를 시켜 위나라를 침공케 하자, 위나라에서는 유공지사로 하여금 그를 추격케 하였습니다. 이에 자탁유자는 '오늘 나는 병이 나서 활을 잡을 수 없으니, 나는 죽겠구나'라고 말하고, 그의 노복에게 '나를 추격하는 자는 누구냐?'고 물었습니다. 노복이 '유공지사랍니다'라고 하자 자탁유자는 '그렇다면 나는 살겠구나'라고 말했답니다. 노복이 '유공지사는 위나라의 활쏘기 명인인데, 주인님께서 살았다고 하시니 무슨 말씀이십니까?'라고 물으니, 자탁유자는 '유공지사는 윤공지타에게 활쏘기를 배웠고 윤공지타는 나에게 배웠지. 윤공지타는 단정한 사람이니, 그가 선택한 벗도 반드시 단정한 사람일 것이야'라고 말했습니다.

그러자 유공지사가 찾아와서는 '선생께서는 어째서 활을 잡지 않으십니까?'라고 묻자, 자탁유자는 '나는 오늘 병이 나서 활을 잡을 수가 없다네'라고 말했습니다. 이에 유공지사는 '소인은 윤공지타에게 활쏘기를 배웠고, 윤공지타는 선생께 활쏘기를 배웠습니다. 저는 차마 스승님의 활 쏘는 기예로써 도리어 선생을 해치지는 못하겠습니다. 비록 그렇기는 하지만, 오늘의 일은 군주의 일이기 때문에 저는 감히 그만둘 수는 없답니다'라고 말하고선, 화살을 뽑아 수레바퀴에 두들겨 쇠붙이로 된 화살촉을 뺀 다음 화살 네 개를 발사한 뒤 돌아갔습니다."

逢蒙學射于羿(봉몽학사우예), 盡羿之道(진예지도), 思天下惟羿爲愈己(사천하유예위유기), 于是殺羿(우시살예).

孟子曰(맹자왈): "是亦羿有罪焉(시역예유죄언)."

公明儀曰(공명의왈): "宜若無罪焉(의약무죄언)."

曰(왈): "薄乎雲爾(박호운이), 惡得無罪(오득무죄)? 鄭人使子濯孺子侵衛(정인사자탁유자침위), 衛使庾公之斯追之(위사유공지사추지). 子濯孺子曰(자탁유자왈): '今日我疾作(금일아질작), 不可以執弓(불가이집궁), 吾死矣夫(오사의부)!' 問其僕曰(문기복왈): '追我者誰也(추아자수야)?' 其僕曰(기복왈): '庾公之斯也(유공지사야).' 曰(왈): '吾生矣(오생의).' 其僕曰(기복왈): '庾公之斯(유공지사), 衛之善射者也(위지선사자야), 夫子曰吾生(부자왈오생), 何謂也(하위야)?' 曰(왈): '庾公之斯學射于尹公之他(유공지사학사우윤공지타), 尹公之他學射于我

(윤공지타학사우아). 夫尹公之他(부윤공지타), 端人也(단인야), 其取友必端矣(기취우필단의).'

庚公之斯至(유공지사지), 曰(왈): '夫子何不爲執弓(부자하불위집궁)?' 曰(왈): '今日我疾作(금일아질작), 不可以執弓(불가이집궁).' 曰(왈): '小人學射于尹公之他(소인학사우윤공지타), 尹公之他學射于夫子(윤공지타학사우부자). 我不忍以夫子之道反害夫子(아불인이부자지도반해부자). 雖然(수연), 今日之事(금일지사), 君事也(군사야), 我不敢廢(아불감폐).' 抽矢(추시), 扣輪(구륜), 去其金(거기금), 發乘矢而後反(발승시이후반)."

8-25 미모보다 마음이 중요
맹자께서 말씀하셨습니다.

"춘추시대 월나라의 미인 서시(西施)처럼 미인이라도 오물을 얼굴에 뒤집어쓰게 되면 사람들은 모두 코를 막고 지나쳐 버릴 것이고, 비록 얼굴이 추악한 사람일지라도 목욕재계를 하면 상제에게 제사를 지낼 수 있을 겁니다."

孟子曰(맹자왈): "西子蒙不潔(서자몽불결), 則人皆掩鼻而過之(즉인개엄비이과지), 雖有惡人(수유악인), 齊戒齋浴(제계재욕), 則可以祀上帝(즉가이사상제)."

8-26 사물의 원리를 찾는 게 중요
맹자께서 말씀하셨습니다.

"천하의 사람들이 성(性)을 말하는 것은 연고를 추구하는 것일 뿐입니다. 연고라는 것은 순리(順利)를 근본으로 삼습니다. 지혜를 싫어하는 것은 그것에 천착하기 때문입니다. 만약 지혜로운 자가 우왕이 치수를 하듯이 순리대로 한다면 지혜를 싫어하지 않을 겁니다. 우왕의 치수는 순조롭게 물이 흘러가게 한 겁니다. 만약 지혜로운 사람이 지혜를 순조롭게 나아가게 한다면 지혜는 또한 훨씬 커질 겁니다. 하늘은 높고 별들은 멀리 떨어져 있지만, 진정으로 그 원리를 찾는다면 천 년 전의 동짓날이라도 앉아서 알아낼 수 있을 겁니다."

孟子曰(맹자왈): "天下之言性也(천하지언성야), 則故而已矣(즉고이이의). 故者以利爲本(고자이리위본). 所惡于智者(소오우지자), 爲其鑿也(위기착야). 如智者若禹之行水也(여지자약우지행수야), 則無惡于智矣(즉무오우지의). 禹之行水也(우지행수야), 行其所無事也(행기소무사야). 如智者亦行其所無事(여지자역행기소무사), 則智亦大矣(즉지역대의). 天之高也(천지고야), 星辰之遠也(성진지원야), 苟求其故(구구기고), 千歲之日至(천세지일지), 可坐而緻也(가좌이치야)."

8-27 예를 행한 맹자

제나라의 대부 공행자가 그 아들의 상을 당하게 되자, 우사(제나라의 충신 왕환王驩)가 조문을 갔습니다. 우사가 문으로 들어서자 그에게 달려가 말을 거는 사람도 있었고, 우사가 자리에 앉자 그에게로 다가가 이야기를 나누는 사람도 있었답니다. 그런데 맹자만은 우사와 더불어 이야기를 하지 않았습니다. 그러자 우사는 불쾌하게 여기면서 말했습니다.

"여기 여러 군자들께선 나와 이야기를 하는데 유독 맹자만은 나와 이야기를 하지 않으니, 이는 나를 업신여기는 겁니다."

맹자께서 이 이야기를 듣고 말씀하셨습니다.

"예에 따르면 조정에서는 남의 자리를 넘어가서 서로 이야기하지 않으며, 계급서열을 넘어서 인사하지 않는 법이라 했거늘 나는 예를 행하려 하는데, 자오(왕환)는 내가 자기를 업신여긴다고 하니 이 또한 이상하지 않소?"

公行子有子之喪(공행자유자지상), 右師往弔(우사왕조). 入門(입문), 有進而與右師言者(유진이여우사언자), 有就右師之位而與右師言者(유취우사지위이여우사언자). 孟子不與右師言(맹자불여우사언).

右師不悅曰(우사불열왈): "諸君子皆與驩言(제군자개여환언), 孟子獨不與驩言(맹자독불여환언), 是簡驩也(시간환야)."

孟子聞之(맹자문지), 曰(왈): "禮(예), 朝廷不曆位而相與言(조정불력위이상여언), 不逾階而相揖也(불유계이상읍야). 我欲行禮(아욕행례), 子敖以我爲簡(자오이아위간), 不亦異乎(불역이호)?"

8-28 군자는 근심하지 않는다

맹자께서 말씀하셨습니다.

"군자가 보통사람과 다른 이유는 그 마음을 잃지 않고 가슴에 새겨두기 때문입니다. 군자는 인을 마음에 새기며, 예를 항상 마음에 새겨둡니다. 어진 사람은 남을 사랑하고, 예를 갖춘 사람은 남을 공경합니다. 남을 사랑하는 사람은 항상 남의 사랑을 받고, 남을 공경하는 사람은 항상 남에게 공경을 받습니다. 어떤 사람이 자기에게 무례하게 대하면 군자는 반드시 스스로를 반성합니다. '내가 반드시 어질지 못하고, 내가 반드시 예가 없는 것이로구나. 이러한 일이 어찌 내게 일어나겠는가?' 하고 말이지요. 스스로를 반성해 인과 예가 있는데도 어떤 사람이 여전히 무례하게 대하면, 군자는 스스로를 반성해 자기가 충성스럽지 못하다고 생각합니다. 스스로를 반성해도 충성스럽다면 군자는 '이자는 몹쓸 사람이로구나. 만약 이와 같다면 금수와 무엇이 다를까? 금수에게 또 무엇을 비난할까?'라고 생각할 것입니다.

그렇기 때문에 군자는 평생토록 근심을 하되 일시적으로 근심하지 않는 겁니다. 이내 근심할 것이 있다면 다음과 같은 겁니다. '순임금도 사람이고 나 또한 사람입니다. 순임금은 천하에 모범이 되어 후세에까지 전해지는데, 나는 시골뜨기를 면치 못하고 있습니다.' 이것이 곧 근심거리입니다. 이를 근심한다면 어떻게 해야 할까요? 순임금처럼 해야 할 뿐이랍니다. 그것 말고 군자에겐 근심거리가 없답니다. 인이 아니면 하지 않고 예가 아니면 행하지도 않습니다. 만약 갑자기 근심거리가 생겨도 군자는 근심하지 않는답니다."

孟子曰(맹자왈): "君子所以異于人者(군자소이이우인자), 以其存心也(이기존심야). 君子以仁存心(군자이인존심), 以禮存心(이례존심). 仁者愛人(인자애인), 有禮者敬人(유례자경인). 愛人者(애인자), 人恒愛之(인항애지), 敬人者(경인자), 人恒敬之(인항경지). 有人于此(유인우차), 其待我以橫逆(기대아이횡역), 則君子必自反也(즉군자필자반야), '我必不仁也(아필불인야), 必無禮也(필무례야), 此物奚宜至哉(차물해의지재)?' 其自反而仁矣(기자반이인의), 自反而有禮矣(자반이유례의),

其橫逆由是也(기횡역유시야), 君子必自反也(군자필자반야), '我必不忠(아필불충).' 自反而忠矣(자반이충의), 其橫逆由是也(기횡역유시야), 君子曰(군자왈): '此亦妄人也已矣(차역망인야이의). 如此(여차), 則與禽獸奚擇哉(즉여금수해택재)? 于禽獸又何難焉(우금수우하난언)?'

是故君子有終身之憂(시고군자유종신지우), 無一朝之患也(무일조지환야). 乃若所憂則有之(내약소우즉유지), '舜(순), 人也(인야), 我(아), 亦人也(역인야). 舜爲法于天下(순위법우천하), 可傳于後世(가전우후세), 我由未免爲鄕人也(아유미면위향인야).' 是則可憂也(시즉가우야). 憂之如何(우지여하)? 如舜而已矣(여순이이의). 若夫君子所患則亡矣(약부군자소환즉망의). 非仁無爲也(비인무위야), 非禮無行也(비례무행야). 如有一朝之患(여유일조지환), 則君子不患矣(즉군자불환의)."

8-29 안빈낙도의 삶

우임금과 후직은 태평한 세상을 만났으면서도 자기 집 문 앞을 세 번이나 지나면서도 집 안으로 들어가지 않았으니, 공자께서는 이들이 어질다고 여겼습니다. 안자(안회)는 혼란한 세상을 만나 누추한 거리에 살면서 한 소쿠리의 밥과 한 표주박의 물로 연명했으니, 남들 같으면 그러한 가난을 감당하지 못했을 겁니다. 그러나 안자는 늘 즐거워했습니다. 공자는 그를 현량하다고 여겼습니다.

맹자께서 말씀하셨습니다.

"우임금과 후직과 안회는 행하는 도가 같았습니다. 우임금은 천하에 물에 빠진 사람이 있으면 자기로 인해 빠진 것으로 생각했으며, 후직은 천하에 굶주린 사람이 있으면 자기로 인해 굶주린 것으로 여겼기 때문에 그렇게 급하게 다녔던 것이죠. 우임금과 후직과 안자는 그 처지가 서로 바뀌더라도 모두가 그렇게 했을 겁니다. 같은 집안사람끼리 싸울 때는 비록 머리를 산발한 채 갓끈만 겨우 매고 달려가 싸움을 말리는 것은 옳은 일입니다. 그러나 마을의 이웃 사람끼리 싸울 때는 머리를 산발한 채 갓끈만 매고 달려가 말리려 한다면 그건 잘못된 일입니다. 그럴 때는 출입문을 닫고 있는 게 옳은 일이랍니다."

禹(우), 稷當平世(직당평세), 三過其門而不入(삼과기문이불입), 孔子賢之(공자현지). 顔子當亂世(안자당난세), 居于陋巷(거우루항), 一簞食(일단식), 一瓢飮(일표음), 人不堪其憂(인불감기우), 顔子不改其樂(안자불개기락), 孔子賢之(공자현지).

孟子曰(맹자왈):"禹(우), 稷(직), 顔回同道(안회동도). 禹思天下有溺者(우사천하유익자), 由己溺之也(유기익지야), 稷思天下有饑者(직사천하유기자), 由己饑之也(유기기지야), 是以如是其急也(시이여시기급야). 禹(우), 稷(직), 顔子易地則皆然(안자역지칙개연). 今有同室之人鬪者(금유동실지인두자), 救之(구지), 雖被髮纓冠而救之(수피발영관이구지), 可也(가야). 鄕鄰有鬪者(향린유두자), 被髮纓冠而往救之(피발영관이왕구지), 則惑也(즉혹야). 雖閉戶可也(수폐호가야)."

8-30 광장의 깊은 속내

공도자가 맹자께 여쭈었습니다.

"광장에 대해 온 나라 사람들이 모두 불효자라고 말합니다. 그런데 스승님께선 그 사람과 함께 노닐고, 또 그를 따르며 공경하시니 감히 여쭙겠는데 그 까닭은 무엇입니까?"

맹자께서 말씀하셨습니다.

"세속에서 말하는 불효에는 다섯 가지가 있단다. 손발을 게을리 해 부모의 봉양을 돌보지 않는 것이 첫째 불효란다. 장기와 바둑 같은 노름을 하고 술 마시기를 좋아하면서 부모의 봉양을 돌보지 않는 것이 둘째 불효이지. 재물을 좋아하고 처자식에 빠져 부모의 봉양을 돌보지 않는 것이 셋째 불효이고, 눈과 귀의 욕구를 충족시키기 위해 부모를 욕되게 하는 것이 넷째 불효이며, 용맹스러움을 좋아하고 싸움을 일삼아 부모를 위태롭게 하는 것이 다섯째 불효란다. 장자(광장)가 그중의 하나라도 해당되느냐? 장자는 부자간에 자식으로서 아버지에게 옳은 일을 권하다가 서로 뜻이 맞지 않게 된 것이지. 선을 권하는 것은 친구 사이에나 할 일이지, 부자간에 선을 권하는 것은 은혜로움을 크게 해치는 것이란다. 장자라고 해서, 어찌 부부와 모자 같은 가족 관계를 유지하고 싶지 않았겠느냐? 그러나 아버지에게 죄를 지어 가까이 갈 수 없었으므로 아내를 내보내고 자식을 물리쳐서 평생토록 처자의 봉양을 받지 않은 것이란다. 이것은 그가 마음으로 '이렇게 하지 않으면 죄가 아주 큰 것'이라고 여겼기 때문이지. 이것이 바로 장자의 됨됨이란다."

公都子曰(공도자왈): "匡章(광장), 通國皆稱不孝焉(통국개칭불효언), 夫子與之遊(부자여지유), 又從而禮貌之(우종이례모지), 敢問何也(감문하야)?"

孟子曰(맹자왈): "世俗所謂有不孝者五(세속소위유불효자오), 惰其四支(타기사지), 不顧父母之養(불고부모지양), 一不孝也(일불효야). 博

弈好飮酒(박혁호음주), 不顧父母之養(불고부모지양), 二不孝也(이불효야). 好貨財(호화재), 私妻子(사처자), 不顧父母之養(불고부모지양), 三不孝也(삼불효야). 從耳目之欲(종이목지욕), 以爲父母戮(이위부모육), 四不孝也(사불효야). 好勇鬪很(호용투흔), 以危父母(이위부모), 五不孝也(오불효야). 章子有一于是乎(장자유일우시호)? 夫章子(부장자), 子父責善而不相遇也(자부책선이불상우야). 責善(책선), 朋友之道也(붕우지도야). 父子責善(부자책선), 賊恩之大者(적은지대자). 夫章子(부장자), 豈不欲有夫妻子母之屬哉(기불욕유부처자모지속재)? 爲得罪于父(위득죄우부), 不得近(부득근), 出妻屏子(출처병자), 終身不養焉(종신불양언). 其設心以爲不若是(기설심이위불약시), 是則罪之大者(시즉죄지대자), 是則章子而已矣(시즉장자이이의)."

8-31 증자의 제자 사랑

증자가 노나라 무성에 머무르고 있을 때, 월나라가 쳐들어왔습니다. 그때 어떤 사람이 물었습니다.

"적군이 쳐들어왔는데, 어찌 이곳을 피하지 않습니까?"

증자가 말했습니다.

"내 집에 다른 사람을 살게 하되, 땔나무와 나무를 훼손하지 않게 하라."

적군이 물러가자 증자가 말했습니다.

"내 집과 담장을 수리하여라. 내가 곧 돌아갈 것이야."

적군이 물러가자 증자가 돌아왔습니다. 좌우 곁에 있던 사람들이 말했습니다.

"무성 사람들이 선생님을 저렇게 충성스럽고 공경스럽게 대했는데, 적군이 쳐들어오자 먼저 떠나셨으니 백성에게 좋지 않은 본보기를 보이셨는데, 적군이 퇴각하자 되돌아오셨으니 그것은 옳지 않은 듯합니다."

그러자 제자 심유행이 말했습니다.

"그것은 너희가 잘 모르기 때문이다. 전에 스승님이 우리 집에 계실 적에 부추란 자가 쳐들어와 난을 일으킨 일이 있었지. 그때 스승님을 따르는 자가 70명이나 되었는데, 모두 데리고 떠나 아무도 화를 당하지 않았다."

자사가 위나라에 머물 때 제나라가 쳐들어왔습니다. 어떤 사람이 말했습니다.

"적군이 쳐들어왔는데, 어찌 이곳을 떠나지 않습니까?"

자사가 말했습니다.

"만약 내가 떠난다면 군주는 누구와 함께 나라를 지키겠는가?"

맹자께서 이 사례에 대해 이렇게 말씀하셨습니다.

"증자와 자사의 도는 같았습니다. 증자께선 스승이자 부형이셨고, 자사께선 신하이자 그 존재가 미약했답니다. 증자와 자사께선 그 처지를 바꾸었을지라도 모두 그러했을 겁니다."

曾子居武城(증자거무성), 有越寇(유월구).

或曰(혹왈): "寇至(구지), 盍去諸(합거저)?"

曰(왈): "無寓人于我室(무우인우아실), 毀傷其薪木(훼상기신목)."

寇退(구퇴), 則曰(즉왈): "修我牆屋(수아장옥), 我將反(아장반)."

寇退(구퇴), 曾子反(증자반).

左右曰(좌우왈): "待先生如此其忠且敬也(대선생여차기충차경야), 寇至(구지), 則先去以爲民望(즉선거이위민망), 寇退(구퇴), 則反(즉반), 殆于不可(태우불가)."

沈猶行曰(침유행왈): "是非汝所知也(시비여소지야). 昔沈猶有負芻之禍(석침유유부추지화), 從先生者七十人(종선생자칠십인), 未有與焉(미유여언)."

子思居于衛(자사거우위), 有齊寇(유제구).

或曰(혹왈): "寇至(구지), 盍去諸(합거제)?"

子思曰(자사왈): "如伋去(여급거), 君誰與守(군수여수)?"

孟子曰(맹자왈): "曾子(증자), 子思同道(자사동도). 曾子(증자), 師也(사야), 父兄也(부형야), 子思(자사), 臣也(신야), 微也(미야). 曾子(증자), 子思易地則皆然(자사역지즉개연)."

8-32 요순도 다른 사람과 같았을 뿐

제나라 사람인 저자가 물었습니다.

"제나라 선왕께서 사람을 시켜 선생님을 엿보고 오라 했는데, 과연 선생님은 다른 사람과 다른 점이 있습니까?"

맹자께서 말씀하셨습니다.

"어찌 다른 사람과 다르겠소? 요임금과 순임금도 다른 사람들과 같았을 뿐이랍니다."

儲子曰(저자왈): "王使人瞷夫子(왕사인간부자), 果有以異于人乎(과유이이우인호)?"

孟子曰(맹자왈): "何以異于人哉(하이이우인재)? 堯舜與人同耳(요

순여인동이)."

8-33 남편들은 아내의 속내를 모른다

제나라에 아내와 첩을 데리고 한 집에 사는 자가 있었습니다. 그 남편은 외출하면 반드시 술과 고기를 실컷 먹고서야 돌아왔습니다. 그의 아내가 누구와 함께 먹고 마셨냐고 물으면 그는 항상 돈 많고 존귀한 사람들의 이름을 댔습니다. 그 아내가 첩에게 말했습니다.

"남편이 외출하게 되면 반드시 술과 고기를 실컷 먹고 오는데, 누구와 함께 먹고 마셨냐고 물으면 모두가 돈 많고 존귀한 사람들이라고 말한다네. 그런데 아직 우리 집에 존귀한 사람이 찾아온 적이 없으니, 내가 몰래 남편이 가는 곳을 따라가 볼까 한다네."

그리고 아침 일찍 일어나 남편이 가는 곳을 따라가 보았답니다. 남편이 온 거리를 돌아다녀도 누구 하나 서서 이야기를 나누는 자가 없었습니다. 마침내 동쪽 성곽의 무덤가에서 제사 지내는 자에게 가더니, 남은 음식을 구걸해 먹고서 그것도 모자라면 다른 곳으로 찾아가는 것이었습니다. 이것이 남편이 실컷 먹는 방법이었습니다. 아내는 집으로 돌아와서 첩에게 그 사실을 알려 말하길 '남편을 우러러보면서 평생을 살아야 하는데, 지금 이와 같다네'라며, 첩과 함께 남편을 헐뜯으면서 마당 한가운데에서 눈물지었습니다. 남편은 이것도 모르고 만족스러운 듯 밖에서 돌아와 아내와 첩에게 교만을 떨었습니다.

군자의 시각으로 본다면, 부귀와 영달을 구걸해 다니는 자들치

고 그 아내와 첩이 부끄러워하지 않고 서로 눈물짓지 않을 경우가
드물 겁니다.

齊人有一妻一妾而處室者(제인유일처일첩이처실자), 其良人出(기양
인출), 則必饜酒肉而後反(즉필염주육이후반). 其妻問所與飮食者(기
처문소여음식자), 則盡富貴也(즉진부귀야).

其妻告其妾曰(기처고기첩왈): "良人出(양인출), 則必饜酒肉而後
反(즉필염주육이후반), 問其與飮食者(문기여음식자), 盡富貴也(진부귀
야), 而未嘗有顯者來(이미상유현자래), 吾將瞯良人之所之也(오장간
량인지소지야)."

蚤起(조기), 施從良人之所之(시종양인지소지), 遍國中無與立談者
(편국중무여립담자). 卒之東郭墦間(졸지동곽번간), 之祭者(지제자), 乞
其餘(걸기여), 不足(부족), 又顧而之他(우고이지타), 此其爲饜足之道
也(차기위염족지도야). 其妻歸(기처귀), 告其妾(고기첩), 曰(왈): '良人
者(양인자), 所仰望而終身也(앙망이종신야), 今若此(금약차).' 與其妾
訕其良人(여기첩산기양인), 而相泣于中庭(이상읍우중정), 而良人未之
知也(이양인미지지야), 施施從外來(시시종외래), 驕其妻妾(교기처첩).

由君子觀之(유군자관지), 則人之所以求富貴利達者(즉인지소이구
부귀리달자), 其妻妾不羞也(기처첩불수야), 而不相泣者(이불상읍자),
幾希矣(기희의).

만장장구상
萬章章句上

● ● ●

9-1 순임금의 효

맹자의 제자 만장이 여쭈었습니다.

"순임금께서 밭에 나가기 전에 하늘을 올려다보며 소리쳐 울부짖었다 하시니, 어찌하여 울부짖으며 눈물을 흘리셨습니까?"

맹자께서 대답하셨습니다.

"그것은 원망하고 사모했기 때문이란다."

만장이 다시 여쭈었습니다.

"부모님이 사랑하시면 기뻐서 잊지 않으며, 부모님이 미워하시면 괴롭더라도 원망하지는 않는다 했습니다. 그렇다면 순임금은 부모님을 원망하셨습니까?"

맹자께서 말씀하셨습니다.

"장식이 공명고에게 묻기를 '순임금이 밭에 나가 농사지었다는 건 이미 들어서 알고 있습니다만, 하늘과 부모에게 소리쳐 울부짖었다는 것에 대해서는 모르겠습니다'라고 하자, 공명고는 '그건 네가 이해할 수 없단다'라고 했단다. 공명고는 효자의 마음이란 그렇게 근심 없는 것이 아니라고 생각했었지. '나는 힘을 다해 밭을 갈아서 공경스럽게 자식의 도리를 할 뿐이다. 부모가 나를 사랑하지 않음이 내게 무슨 상관이겠는가!'라고 생각한 것이란다.

萬章問曰(만장문왈): "舜往于田(순왕우전), 號泣于旻天(호읍우민천). 何爲其號泣也(하위기호읍야)?"

孟子曰(맹자왈): "怨慕也(원모야)."

萬章曰(만장왈): "父母愛之(부모애지), 喜而不忘(희이불망), 父母惡之(부모오지), 勞而不怨(노이불원). 然則舜怨乎(연즉순원호)?"

曰(왈): "長息問於公明高曰(장식문어공명고왈): '舜往于田(순왕우전), 則吾旣得聞命矣(즉오기득문명의). 號泣于旻天(호읍우민천), 于父母(우부모), 則吾不知也(즉오부지야).' 公明高曰(공명고왈): '是非爾所知也(시비이소지야).' 夫公明高以孝子之心(부공명고이효자지심), 爲不若是恝(위불약시괄), '我竭力耕田(아갈력경전), 共爲子職而已矣(공위자직이이의). 父母之不我愛(부모지불아애), 於我何哉(어아하재)!'

요임금은 9남 2녀의 자식을 시켜 문무백관은 물론 소와 양과 곡식창고를 갖추고서 농사를 지으며 순임금을 섬기게 했단다. 그러자 천하의 선비들도 순임금을 따르려는 자가 많았다. 이에 요임금은 천하의 인심을 살펴서 순임금에게 제위를 물려주려 했으나, 순임금은 부모의 사랑을 받지 못했기 때문에 마치 곤궁한 사람이 돌아갈 곳이 없는 듯했다. 천하의 선비들이 좋아해서 몰려드는 것은 사람이라면 누구나 바라는 것인데도 그것으로는 순임금의 근심을 풀어주지 못했다.

또 미인은 사람이라면 누구나 바라는 것인데도, 요임금의 아름다운 두 딸을 아내로 삼고서도 그의 근심을 풀기에는 부족했단다. 부유함은 사람들 모두가 원하는 것이지만 천하의 부를 차지했는데도 순임금은 근심을 풀지 못했다. 존귀함은 사람이라면 누구나가 바라는 바이지만 천자가 되고서도 그의 근심을 해소하기에는 부족했다. 사람들이 좋아해 주는 것과 미인과 부귀, 그 어느 것도 순임금의 근심을 풀어주지 못했다. 오직 부모의 사랑을 받는 것만이 그의 근심을 풀어줄 수 있었다.

사람은 어렸을 때는 부모를 사모하다가 이성을 알게 되면 아름다운 아가씨를 연모하고, 처자가 있게 되면 처자식만을 사랑하고, 벼슬을 하게 되면 임금을 연모하며, 임금에게 신임을 얻지 못하면 애간장을 태운단다. 그러나 큰 효자는 평생토록 부모를 사모하니, 나이 50이 되어서도 부모님을 사모하는 경우를 나는 위대한 순임금에게서 보았단다."

帝使其子九男二女(제사기자구남이녀), 百官牛羊倉廩備(백관우양창름비), 以事舜於畎畝之中(이사순어견무지중), 天下之士多就之者(천하지사다취지자), 帝將胥天下而遷之焉(제장서천하이천지언), 爲不順於父母(위불순어부모), 如窮人無所歸(여궁인무소귀). 天下之士悅之(천하지사열지), 人之所欲也(인지소욕야), 而不足以解憂(이부족이해우).

好色(호색), 人之所欲(인지소욕), 妻帝之二女(처제지이녀), 而不足以解憂(이부족이해우). 富(부), 人之所欲(인지소욕), 富有天下(부유천하), 而不足以解憂(이부족이해우). 貴(귀), 人之所欲(인지소욕), 貴爲天子(귀위천자), 而不足以解憂(이부족이해우). 人悅之(인열지), 好色富貴(호색부귀), 無足以解憂者(무족이해우자), 惟順於父母(유순어부모), 可以解憂(가이해우).

人少則慕父母(인소즉모부모), 知好色則慕少艾(지호색즉모소애), 有妻子則慕妻子(유처자즉모처자), 仕則慕君(사즉모군), 不得於君則熱中(부득어군즉열중). 大孝終身慕父母(대효종신모부모), 五十而慕者(오십이모자), 予於大舜見之矣(여어대순견지의)."

9-2 순임금의 수난

만장이 여쭈었습니다.

"『시경(詩經)』에 이르기를 '아내를 맞이하려면 어떻게 해야 하나요? 반드시 부모님에게 알려야 합니다'라고 했습니다. 이 말이 옳다면 순임금처럼 해서는 아니 됩니다만, 순임금이 부모님께 알리지도 않고 아내를 얻은 것은 무엇 때문입니까?"

맹자께서 말씀하셨습니다.

"부모님께 알렸다면 아내를 맞이할 수 없었기 때문이란다. 남녀가 같이 사는 것은 인간의 큰 윤리란다. 만일 알렸다면 인간의 크나큰 윤리를 이루지 못하게 되고, 이 때문에 부모를 원망하게 되므로 알리지 않는 것이란다."

만장이 여쭈었습니다.

"순임금이 부모에게 알리지 않고 아내를 얻은 것은 제가 이미 가르침을 들어 알겠습니다만, 요임금이 순임금에게 아내를 얻게 하면서 이를 순임금의 부모에게 알리지 않은 것은 무엇 때문입니까?"

맹자께서 말씀하셨습니다.

"요임금 또한 그 사실을 순임금의 부모에게 알리게 되면 순임금이 아내를 얻지 못하게 될 것을 알았기 때문이란다."

萬章問曰(만장문왈): "詩云(시운): '娶妻如之何(취처여지하)? 必告父母(필고부모).' 信斯言也(신사언야), 宜莫如舜(의막여순), 舜之不告而娶(순지불고이취), 何也(하야)?"

孟子曰(맹자왈): "告則不得娶(고즉부득취), 男女居室(남녀거실), 人之大倫也(인지대륜야). 如告(여고), 則廢人之大倫(즉폐인지대륜), 以懟父母(이대부모), 是以不告也(시이불고야)."

萬章曰(만장왈): "舜之不告而娶(순지불고이취), 則吾旣得聞命矣(즉오기득문명의). 帝之妻舜而不告(제지처순이불고), 何也(하야)?"

曰(왈): "帝亦知告焉(제역지고언), 則不得妻也(즉부득처야)."

만장이 말했습니다.

"순임금의 부모는 순임금에게 곡식창고를 고치게 하고서는 사다리를 치워버렸습니다. 그리고 소경인 아버지 고수는 곡식창고에 불을 질렀습니다. 또 우물을 파게 하고서는 나오려고 하자 묻어버렸습니다. 이복동생인 상이 '형을 우물 속에 묻어버리기로 한 것은 모두 나의 공적이니, 소와 양과 곡식창고는 부모에게 드리고, 창과 방패는 내 것이고 거문고와 활도 내 것이며 두 형수는 내 잠자리를 돌보게 하리라'라고 했습니다. 그러나 동생 상이 순임금의 집에 들어가 보았더니 죽은 줄 알았던 순임금이 평상에 앉아 거문고를 뜯고 있었습니다. 깜작 놀란 상이 '형님 생각으로 마음이 울적하고 답답해서 왔습니다'라며 부끄러워하면서 머뭇거리자, 순임금이 '마침 잘 왔구나. 이제부터는 네가 나를 위해 문무백관은 물론 백성들을 다스려주면 좋겠구나'라고 했다는데, 순임금은 동생 상이 자기를 죽이려 했다는 걸 몰랐단 말입니까?"

맹자께서 말씀하셨습니다.

"어찌 몰랐겠느냐? 동생 상이 근심하면 그 또한 근심하고, 상이 기뻐하면 그 또한 기뻐했지."

만장이 여쭈었습니다.

"그렇다면 순임금은 거짓으로 기뻐한 겁니까?"

맹자께서 말씀하셨습니다.

"아니란다. 옛날에 정나라의 자산에게 살아 있는 물고기를 선물한 사람이 있었단다. 자산은 연못지기에게 그 물고기를 연못에 기르도록 시켰지. 연못지기는 그 물고기를 삶아 먹고는 '처음 연못에 놓아주자 비실비실하더니, 잠시 뒤엔 기운을 차리고는 물속으로 사라져 버렸습니다'라고 하자 자산이 '있어야 할 곳으로 갔구나! 제자리로 돌아갔어!'라고 했지. 그러자 연못지기가 밖으로 나와서 '누가 자산을 지혜롭다고 말했습니까? 내가 이미 삶아 먹었는데도 있어야 할 곳으로 갔구나! 제자리로 돌아갔어!라고 하니 말입니다'라며 쾌재를 불렀지. 그러므로 군자를 정당한 도리를 가지고 속일 수는 있겠지만, 도리에 어긋난 것으로는 속이기가 어렵단다. 동생

상이 형을 사랑하는 도리를 내세워 거짓말하므로 순임금은 진실로 믿고 기뻐한 것이지, 어찌 거짓으로 그랬겠느냐?"

萬章曰(만장왈): "父母使舜完廩(부모사순완름), 捐階(연계), 瞽瞍焚廩(고수분름), 使浚井(사준정), 出(출), 從而揜之(종이엄지). 象曰(상왈): '謨蓋都君(모개도군), 咸我績(함아적), 牛羊父母(우양부모), 倉廩父母(식름부모), 干戈朕(간과짐), 琴朕(금짐), 弤朕(저짐), 二嫂使治朕棲(이수사치짐서).' 象往入舜宮(상왕입순궁), 舜在床琴(순재상금), 象曰(상왈): '鬱陶(울도), 思君爾(사군이)!' 忸怩(유니). 舜曰(순왈): '惟茲臣庶(유자신서), 汝其于予治(여기우여치).' 不識舜不知象之將殺己與(불식순부지상지장살기여)?"

曰(왈): "奚而不知也(해이부지야)? 象憂亦憂(상우역우), 象喜亦喜(상희역희)."

曰(왈): "然則舜僞喜者與(연즉순위희자여)?"

曰(왈): "否(부). 昔者有饋生魚於鄭子産(석자유궤생어어정자산), 子産使校人畜之池(자산사교인축지지), 校人烹之(교인팽지), 反命曰(반명왈): '始舍之(시사지), 圉圉焉(어어언), 少則洋洋焉(소즉양양언), 攸然而逝(유연이서).' 子産曰(자산왈): '得其所哉(득기소재)! 得其所哉(득기소재)!' 校人出(교인출), 曰(왈): '孰謂子産智(숙위자산지)? 予旣烹而食之(여기팽이식지), 曰(왈): 得其所哉(득기소재)! 得其所哉(득기소재)!' 故君子可欺以其方(고군자가기이기방), 難罔以非其道(난망이비기도). 彼以愛兄之道來(피이애형지도래), 故誠信而喜之(고성신이희지), 奚僞焉(해위언)!"

9-3 순임금과 동생 상

제자 만장이 여쭈었습니다.

"동생 상이 매일 순임금을 죽이려고 일삼아 왔는데, 순임금이 천자가 되고서도 동생을 죽이지 않고 단지 추방만 한 것은 무슨 이유입니까?"

맹자께서 말씀하셨습니다.

"사실은 그를 제후로 임명해 주었지. 그런데도 어떤 사람들은 추방했다고 말했단다."

만장이 말했습니다.

"순임금은 공공을 유주로 귀양 보냈고, 환두를 숭산으로 추방했으며, 삼묘를 삼위에서 죽였고, 곤을 우산에서 사형에 처했습니다. 이 네 사람에게 죄를 추궁하니 온 천하 사람이 모두 복종하게 되었는데, 어질지 않은 자를 처벌했기 때문입니다. 동생 상은 지극히 어질지 않은데도 유비 지방의 제후로 임명했으니, 그 유비 사람들이 무슨 죄가 있습니까? 어진 사람은 진실로 이와 같습니까? 다른 사람들은 죽이고, 동생은 제후로 임명했습니다."

맹자께서 말씀하셨습니다.

"어진 사람은 동생에게 노여움을 간직하지 않고, 원망을 묵혀두지도 않으며, 다만 몸소 아낄 뿐이란다. 그를 친밀하게 대하는 것은 그가 존귀하게 되기를 바라는 것이고, 그를 사랑하는 것은 그가 부유해지기를 바라는 것이란다. 그를 유비 지방의 제후로 임명한 것은 그를 부유하고 존귀하게 해준 것이지. 자기는 천자이면서 동생은 필부로 지내게 한다면 친밀하게 대하고 사랑한다고 말할 수 있겠느냐?"

만장이 여쭈었습니다.

"감히 여쭙겠습니다만, 어떤 사람들은 그를 추방했다고 하는데 어찌 그렇습니까?"

맹자께서 말씀하셨습니다.

"동생 상이 그 지역을 잘 다스리지 못하자, 천자가 관원을 시켜서 그 지역을 다스리게 하고 조공과 세금을 받아주게 했지. 그랬더니 사람들이 추방했다고 한 것이란다. 그러니 어찌 상이 그 지역의 백성들을 못 살게 할 수 있겠느냐? 비록 그렇긴 했지만 늘 상을 만나보고 싶었기 때문에 계속해서 찾아오게 했던 것이지. 조공 바칠 시기가 되지 않았는데, 정사를 핑계 삼아 유비 지역의 제후를 만났다는 것은 이를 두고 한 말이란다."

萬章問曰(만장문왈): "象日以殺舜爲事(상일이살순위사), 立爲天子(입위천자), 則放之(즉방지), 何也(하야)?"

孟子曰(맹자왈): "封之也(봉지야). 或曰放焉(혹왈방언)."

萬章曰(만장왈): "舜流共工于幽州(순류공공우유주), 放驩兜于崇山(방환두우숭산), 殺三苗于三危(살삼묘우삼위), 殛鯀于羽山(극곤우우산), 四罪而天下咸服(사죄이천하함복), 誅不仁也(주불인야). 象至不仁(상지불인), 封之有庳(봉지유비), 有庳之人奚罪焉(유비지인해죄언)? 仁人固如是乎(인인고여시호), 在他人則誅之(재타인즉주지), 在弟則封之(재제즉봉지)."

曰(왈): "仁人之於弟也(인인지어제야), 不藏怒焉(부장노언), 不宿怨焉(불숙원언), 親愛之而已矣(친애지이이의). 親之欲其貴也(친지욕기귀야), 愛之欲其富也(애지욕기부야), 封之有庳(봉지유비), 富貴之也(부귀지야), 身爲天子(신위천자), 弟爲匹夫(제위필부), 可謂親愛之乎(가위친애지호)?"

"敢問(감문), 或曰放(혹왈방), 者(자), 何謂也(하위야)?"

曰(왈): "象不得有爲於其國(상부득유위어기국), 天子使吏治其國(천자사리치기국), 而納其貢稅焉(이납기공세언), 故謂之放(고위지방), 豈得暴彼民哉(기득폭피민재)? 雖然(수연), 欲常常而見之(욕상상이견지), 故源源而來(고원원이래). 不及貢(불급공), 以政接于有庳(이정접우유비), 此之謂也(차지위야)."

9-4 천자가 된 아들과 아버지의 관계

제자 함구몽이 맹자께 여쭈었습니다.

"옛말에 이르기를 '덕이 높은 선비는 아무리 왕이라도 그를 신하로 대할 수 없고, 아버지도 그를 아들로 대할 수 없다'고 합니다. 순임금이 대권을 장악해 왕만이 할 수 있는 남쪽을 향해(南面) 서자, 요임금은 제후들을 거느리고 신하의 예로써 북쪽을 향해(北面) 알현했고, 아버지인 고수 또한 북쪽을 향해 예를 갖추었습니다. 순임금이 아버지 고수를 보자 얼굴에 불안한 기색이 있었습니다. 공자께서는 '이때에는 천하가 몹시 위태로웠다'고 하셨는데, 모르겠습니다만 이 말이 진실로 그러하였습니까?"

맹자께서 말씀하셨습니다.

"아니란다. 그것은 군자의 말이 아니라 제나라 동쪽의 벼슬도 없는 일반 백성들의 말이란다. 요임금이 연로하자 순임금이 섭정을 한 것이지. 『상서(尙書)』「요전편(堯典篇)」에는 '28년 만에 방훈(요임금)이 돌아가시자 백성들은 아버지와 어머니가 돌아가신 것처럼 삼년상을 지냈으며, 3년 동안 온 천하에는 팔음의 음악소리가 끊어졌다'고 했고, 공자께서는 '하늘에는 두 개의 해가 없으며, 백성에게는 두 임금이 없다'고 하셨지. 순임금이 이미 천자가 되고서도, 천하의 제후들을 이끌고 요임금을 위해 삼년상을 치른다면, 그것은 천자가 둘이 있게 되는 것이란다."

咸丘蒙問曰(함구몽문왈): "語云(어운): '盛德之士(성덕지사), 君不得而臣(군부득이신), 父不得而子(부부득이자).' 舜南面而立(순남면이립), 堯帥諸侯北面而朝之(요수제후북면이조지), 瞽瞍亦北面而朝之(고수역북면이조지), 舜見瞽瞍(순견고수), 其容有蹙(기용유축). 孔子曰(공자왈): '於斯時也(어사시야), 天下殆哉(천하태재), 岌岌乎(급급호)!' 不識此語(불식차어), 誠然乎哉(성연호재)?"

孟子曰(맹자왈): "否不. 此非君子之言(차비군자지언), 齊東野人之語也(제동야인지어야). 堯老而舜攝也(요노이순섭야). 堯典曰(요전왈): '二十有八載(이십유팔재), 放勳乃徂落(방훈내조락), 百姓如喪考妣(백성여상고비), 三年(삼년), 四海遏密八音(사해알밀팔음).' 孔子曰(공자왈): '天無二日(천무이일), 民無二王(민무이왕).' 舜旣爲天子矣(순기위천자의), 又帥天下諸侯以爲堯三年喪(우수천하제후이위요삼년상), 是二天子矣(시이천자의)!"

함구몽이 여쭈었습니다.

"순임금이 요임금을 신하로 대하지 않았다는 것은 제가 이미 가르침을 받았습니다. 『시경(詩經)』에 이르기를 '널리 하늘 아래 왕의 땅 아닌 곳이 없고, 거느린 땅의 끝까지 왕의 신하 아닌 자가 없다'고 했습니다. 순임금은 이미 천자가 되었는데도, 감히 묻겠습니다만 아버지인 고수가 신하처럼 굴지 않은 것은 무엇 때문입니까?"

맹자께서 말씀하셨습니다.

"그 시경은 그러한 뜻으로 말한 게 아니라 왕의 업무에 지쳐 부모님을 공양할 수 없음을 말한 것으로, '어느 것도 왕의 업무가 아닌 것이 없는데, 나만 유독 어질고 수고로울 뿐이로구나'라고 한 게지. 그러므로 시(시경)를 풀이하는 사람은 글자로써 말의 뜻을 오해해서도 안 되고, 말로써 뜻을 오해해서도 안 된단다. 오직 자기 마음으로써 뜻을 거슬러가야 곧 터득할 수 있을 게야. 만일 말로써만 풀이할 뿐이라면 『시경(詩經)』 「운한(雲漢)」에 '주나라의 남은 백성 살아남은 자 아무도 없다'라고 했는데, 이 말을 그대로 따른다면 주나라에는 남은 백성이 없게 되지. 효성의 지극한 도리로는 어버이를 존경하는 것보다 더 큰 것이 없고, 어버이를 존경하는 것으로는 천하로써 봉양하는 것보다 큰 것이 없단다. 천자의 아버지가 되었으니 존귀함이 지극해진 것이고, 천하를 가지고 봉양했으니 봉양의 극치란다. 『시경』에 '길이 효도하고 사모함을 말하라. 효도하고 사모함이 곧 천하의 법칙이다'라고 했으니, 이를 두고 한 말이란다. 『서경』에 '순임금은 일을 공경히 하여 아버지 고수를 뵙는 것을 조심스럽고 두려운 듯하자, 고수 또한 진실로 이를 따랐다'고 했지. 이것이 아버지라도 자식을 마음대로 할 수 없다는 게야."

咸丘蒙曰(함구몽왈): "舜之不臣堯(순지불신요), 則吾旣得聞命

矣(즉오기득문명의). 詩云(시운):'普天之下(보천지하), 莫非王土(막비왕토), 率土之濱(솔토지빈), 莫非王臣(막비왕신).'而舜旣爲天子矣(이순기위천자의), 敢問瞽瞍之非臣如何(감문고수지비신여하)?"

曰(왈):"是詩也(시시야), 非是之謂也(비시지위야), 勞於王事(노어왕사), 而不得養父母也(이부득양부모야). 曰(왈):'此莫非王事(차막비왕사), 我獨賢勞也(아독현로야).'故說詩者(고설시자), 不以文害辭(불이문해사), 不以辭害志(불이사해지), 以意逆志(이의역지), 是爲得之(시위득지). 如以辭而已矣(여이사이이의), 雲漢之詩曰(운한지시왈):'周餘黎民(주여려민), 靡有孑遺(미유혈유).'信斯言也(신사언야), 是周無遺民也(시주무유민야). 孝子之至(효자지지), 莫大乎尊親(막대호존친), 尊親之至(존친지지), 莫大乎以天下養(막대호이천하양). 爲天子父(위천자부), 尊之至也(존지지야), 以天下養(이천하양), 養之至也(양지지야). 詩曰(시왈):'永言孝思(영언효사), 孝思維則(효사유칙).'此之謂也(차지위야). 書曰(서왈):'祗載見瞽瞍(지재견고수), 夔夔齊栗(기기제률), 瞽瞍亦允若(고수역윤약).'是爲父不得而子也(시위부부득이자야)."

9-5 순을 하늘에 천거하고 백성에게 알리다

만장이 여쭈었습니다.

"요임금이 천하를 순임금에게 주었다는데, 그러한 일이 있었습니까?"

맹자께서 말씀하셨습니다.

"아니란다. 천자라 해도 천하를 남에게 줄 수는 없는 거란다."

"그렇다면 순임금이 천하를 차지한 것은 누가 준 겁니까?"

"하늘이 준 것이지."

"하늘이 주었다는 것은, 하늘이 자세한 말로써 명을 내린 겁니까?"

"아니란다. 하늘은 말하지 않고 행동과 일처리로써 보여줄 뿐이지." 다시 만장이 여쭈었습니다.

"행동과 일처리로 보여준다는 것은 어떻게 하는 겁니까?" 맹자께서 말씀하셨습니다.

"천자는 하늘에 사람을 천거할 수는 있지만 하늘로 하여금 그에게 천하를 주게 할 수는 없단다. 제후가 천자에게 사람을 천거할 수는 있지만 제후로 하여금 그를 제후로 봉하게 할 수는 없지. 대부가 제후에게 사람을 천거할 수는 있지만 제후로 하여금 그를 대부로 삼게 하지는 못한단다. 그 옛날 요임금이 하늘에 순을 천거했더니 하늘이 그를 받아들였고 그 사실을 백성들에게 드러내 알리니 백성이 받아들인 것이지. 그래서 이르길 '하늘은 말을 하지 않고, 행동과 하는 일로써 그 뜻을 보여줄 뿐'이라는 거란다."

萬章曰(만장왈): "堯以天下與舜(요이천하여순), 有諸(유저)?"

孟子曰(맹자왈): "否(부). 天子不能以天下與人(천자불능이천하여인)."

"然則舜有天下也(연즉순유천하야), 孰與之(숙여지)?"

曰(왈): "天與之(천여지)."

"天與之者(천여지자), 諄諄然命之乎(순순연명지호)?"

曰(왈): "否(부). 天不言(천불언), 以行與事示之而已矣(이행여사시지이이의)."

曰(왈): "以行與事示之者(이행여사시지자), 如之何(여지하)?"

曰(왈): "天子能薦人於天(천자능천인어천), 不能使天與之天下(불능사천여지천하), 諸侯能薦人於天子(제후능천인어천자), 不能使天子與之諸侯(불능사천자여지제후), 大夫能薦人於諸侯(대부능천인어제후), 不能使諸侯與之大夫(불능사제후여지대부). 昔者堯薦舜於天而天受之(석자요천순어천이천수지), 暴之於民而民受之(폭지어민이민수지). 故曰(고왈): '天不言(천불언), 以行與事示之而已矣(이행여사시지이이의).'"

만장이 다시 여쭈었습니다.

"감히 다시 여쭙겠습니다. '하늘에 순을 천거하였더니 하늘이 그를 받아들였고 그 사실을 백성들에게 드러내 알리니 백성이 받아들였다'는 것은 어떠한 것이지요?"

맹자께서 말씀하셨습니다.

"그에게 제사를 주관케 했는데, 모든 신들이 제물을 흠향했다는 것이 하늘이 그를 받아들인 것이고, 그에게 정사를 보게 했더니 나라가 잘 다스려지고 백성들이 편안히 살게 되었으니, 이것이 백성들이 받아들인 것이지. 하늘이 그에게 천하를 주었고 백성들이 그에게 천하를 맡겼으니, '천자는 천하를 남에게 줄 수 없다'고 한 거란다. 순임금은 요임금을 28년 동안이나 도왔는데 이는 사람이 할 수 있는 일이 아니지. 하늘의 뜻인 게지. 요임금이 돌아가시자 삼년상을 마치고 순임금은 요임금의 아들인 단주가 그 자리를 차지하도록 남하의 남쪽으로 몸을 피했단다. 그러나 왕을 알현하려는 천하의 제후들은 요임금의 아들한테는 가지 않고 순임금에게 왔으며, 옥사를 소송하는 사람들도 요임금의 아들에게는 가지 않고 순임금에게 왔고, 덕을 찬양해 노래하는 자들도 요임금의 아들을 찬양해 노래하지 않고 순임금을 찬양해 노래했단다. 그래서 순임금이 천자가 된 것을 하늘의 뜻이라고 말한 것이야. 이렇게 된 후에야 순임금은 중원으로 돌아와 천자의 자리에 올랐단다. 만약 요임금의 궁전에 거주하면서 요임금의 아들을 핍박했다면 이는 찬탈이지 하늘이 준 것이 아니지. 『서경』 「태서(泰誓)」에 '하늘은 우리 백성을 통해 보고, 하늘은 우리 백성을 통해서 듣는다'고 한 것은 이를 두고 한 말이란다."

曰(왈): "敢問(감문): '薦之於天而天受之(천지어천이천수지), 暴之於民而民受之(폭지어민이민수지), 如何(여하)?'"

曰(왈): "使之主祭(사지주제), 而百神享之(이백신향지), 是天受之(시천수지), 使之主事而事治(사지주사이사치), 百姓安之(백성안지), 是民受之也(시민수지야). 天與之(천여지), 人與之(인여지). 故曰(고왈): '天子不能以天下與人(천자불능이천하여인).' 舜相堯二十有八載(순상요이십유팔재), 非人之所能爲也(비인지소능위야), 天也(천야). 堯崩(요붕), 三年之喪畢(삼년지상필), 舜避堯之子於南河之南(순피요지자어남하지남). 天下諸侯朝覲者(천하제후조근자), 不之堯之子而之舜(부지요지자이지순), 訟獄者(송옥자), 不之堯之子而之舜(부지요지자이지순), 謳歌者(구가자), 不謳歌堯之子而謳歌舜(불구가요지자이구가순). 故曰天也(고왈천야). 夫然後(부연후), 之中國(지중국), 踐天子位焉(천천자위언). 而居堯之宮(이거요지궁), 逼堯之子(핍요지자), 是簒也(시찬야), 非天與也(비천여야). 泰誓曰(태서왈): '天視自我民視(천시자아민시), 天聽自我民聽(천청자아민청).' 此之謂也(차지위야)."

9-6 왕위의 계승

만장이 여쭈었습니다.

"사람들은 말하길 '우왕 때 이르러 덕이 쇠퇴하게 되어 천자의 자리를 현자에게 넘겨주지 않고 자기 아들에게 넘겨주게 되었다'라고 하는데, 그러한 일이 있었습니까?"

맹자께서 말씀하셨습니다.

"아니, 그런 게 아니란다. 하늘이 왕위를 현자에게 주면 현자에게 전해 주는 것이고, 하늘이 왕위를 아들에게 주면 아들에게 주는 것이지. 옛날에 순임금이 하늘에 우임금을 천거하고 17년 만에 돌아가셨다. 삼년상을 마치고 우임금은 양성으로 피해 순임금의 아들이 왕위에 오르도록 했었지. 그런데 천하의 백성들이 우를 따라 갔단다. 그것은 마치 요임금이 돌아가시자 백성들이 요임금의 아들을 따르지 않고 순임금을 따른 것과 같은 게지. 우임금은 재상 익을 하늘에 천거한 지 7년 만에 돌아가셨지. 익은 삼년상을 마치고 우임금의 아들이 왕위에 오를 수 있도록 기산의 북쪽으로 피신해 갔는데, 조회에 나가는 자와 옥사를 앞두고 소송을 치르는 자들은 익에게 가지 않고 계에게 가서 말하길 '우리 임금의 아드님이시다'라고 했단다.

萬章問曰(만장문왈): "人有言(인유언), 至於禹而德衰(지어우이덕쇠), 不傳於賢而傳於子(부전어현이전어자), 有諸(유저)?"

孟子曰(맹자왈): "否(부), 不然也(불연야). 天與賢則與賢(천여현즉여현), 天與子則與子(천여자즉여자). 昔者舜薦禹於天(석자순천우어천), 十有七年(십유칠년), 舜崩(순붕), 三年之喪畢(삼년지상필), 禹避舜之子於陽城(우피순지자어양성), 天下之民從之(천하지민종지), 若堯崩之後(약요붕지후), 不從堯之子而從舜也(부종요지자이종순야). 禹薦益於天(우천익어천). 七年(칠년), 禹崩(우붕), 三年之喪畢(삼년지상필), 益避禹之子於箕山之陰(익피우지자어기산지음). 朝覲訟獄者(조근송옥자), 不之益而之啟(부지익이지계), 曰(왈): '吾君之子也(오군지자야).'

노래를 불러 찬양하는 사람들도 익을 찬양하지 않고, 계를 찬양하며 노래하길 '우리 왕의 아드님이시다'라고 노래했다. 요임금의 아들 단주는 못났었는데, 순임금의 아들 또한 못났단다. 순임금이 요임금을, 우임금이 순임금을 도운 것은 그 햇수가 길어서 백성들이 오랫동안 그 은택을 입었다. 계는 현명해서 우왕의 도를 공경해 계승할 수 있었단다. 그러나 익이 우임금을 도운 것은 그 햇수가 짧아 백성들에게 은택을 베푼 것도 오래되지 않았단다. 순임금과 우임금과 익이 왕을 도운 햇수의 길고 짧음과 그 아들의 잘나고 못난 것은 모두가 하늘의 뜻이지, 사람이 할 수 있는 일이 아니었다. 하고자 한 것이 아닌데도 되는 것은 하늘의 뜻이요, 부르지 않았는데도 다가오는 것은 천명이다.

한낱 필부로서 천하를 차지하려면 그 덕이 반드시 순임금과 우임금 같아야 하고, 또 그를 천거해 줄 천자가 있어야 한단다. 그랬기 때문에 공자는 천하를 차지하지 못한 것이란다. 대를 이어가며 천하를 차지해 오다가 하늘의 버림을 받은 자는 필시 걸·주와 같은 사람이지. 그런 이유 때문에 익과 이윤과 주공은 천하를 차지하지 못한 것이란다. 이윤은 탕왕의 재상이 되어서 천하의 왕도를 베풀게 했지. 탕왕이 돌아가시자 태정은 왕위에 오르기도 전에 죽었고, 외병은 2년 만에 죽었고, 중임은 4년 만에 죽었지. 태갑은 왕위에 올라서 탕왕의 법전을 자기마음대로 바꾸었단다. 그래서 이윤은 태갑을 동(桐) 땅으로 3년 동안 추방했는데, 태갑은 지난 과거를 후회하고 스스로를 원망하고 스스로를 다스려 동 땅에서 인의를 실행한 지 3년 만에, 이윤의 교훈을 잘 들었기 때문에 박 땅으로 되돌아오게 되었다. 주공이 천하를 차지하지 못하게 된 것은 하나라에서 익이 했던, 은나라에서 이윤이 그러했던 것과 같단다. 그러므로 공자께서는 '요임금과 순임금은 선양했고, 하·은·주는 아들이 계승했으나 그 뜻은 한가지다'라고 말씀했단다."

謳歌者(구가자), 不謳歌益而謳歌啟(불구가익이구가계), 曰(왈): '吾君之子也(오군지자야).' 丹朱之不肖(단주지불초), 舜之子亦不肖(순지자역불초), 舜之相堯(순지상요), 禹之相舜也(우지상순야), 歷年多(역년다), 施澤於民久(시택어민구). 啟賢(계현), 能敬承繼禹之道(능경승계우지도), 益之相禹也(익지상우야), 歷年少(역년소), 施澤於民未久(시택어민미구). 舜(순), 禹(우), 益相去久遠(우상거구원), 其子之賢不肖(기자지현불초), 皆天也(개천야), 非人之所能爲也(비인지소능위야), 莫之爲而爲者(막지위이위자), 天也(천야), 莫之致而至者(막지치이지자), 命也(명야).

匹夫而有天下者(필부이유천하자), 德必若舜禹(덕필약순우), 而又有

天子薦之者(이우유천자천지자). 故仲尼不有天下(고중니불유천하). 繼
世以有天下(계세이유천하), 天之所廢(천지소폐), 必若桀紂者也(필약
걸주자야). 故益(고익), 伊尹(이윤), 周公不有天下(주공불유천하). 伊尹
相湯以王於天下(이윤상탕이왕어천하), 湯崩(탕붕), 太丁未立(태정미
립), 外丙二年(외병이년), 仲壬四年(중임사년), 太甲(태갑), 顚覆湯之
典刑(전복탕지전형), 伊尹放之於桐三年(이윤방지어동삼년), 太甲悔過
(태갑회과), 自怨自艾於桐(자원자애어동), 處仁遷義三年(처인천의삼
년), 以聽伊尹之訓己也(이청이윤지훈기야), 複歸於亳(복귀어박). 周公
之不有天下(주공지불유천하), 猶益之於夏(유익지어하), 伊尹之於殷
也(이윤지어은야). 孔子曰(공자왈): '唐虞禪(당우선), 夏后殷周繼(하후
은주계), 其義一也(기의일야).'"

9-7 이윤의 사람됨

만장이 여쭈었습니다.

"사람들의 말로는, 이윤이 고기를 썰고 끓이는 것으로써 등용되
기를 바랐다는데, 그러한 일이 있었습니까?"

맹자께서 말씀하셨습니다.

"아니란다. 그렇지 않아! 이윤은 유신의 들판에서 농사지으면서
요순의 도를 즐기고 있었단다. 의롭지 않고 도가 아니라면 그에게
천하를 녹으로 준다 해도 돌아보지 않았고, 말 4천 필을 준다 해도
거들떠보지도 않았단다. 의롭지 않고 도리에 어긋난 것이라면 하
나의 지푸라기라도 남에게 주지도 않았고, 하나의 지푸라기라도
남에게 받지도 않았지.

탕왕이 사람을 시켜 폐백을 보내어 그를 초빙하자 태연히 말했단다. '내가 어찌하여 탕의 폐백을 받고서 초빙되어 가겠는가! 어찌 그것이 내가 밭이랑 가운데서 농사지으며 이 요순의 도를 즐기는 것만 하겠는가!'라고 했지. 탕왕이 세 번이나 사람을 보내어 그를 초빙했단다. 그제야 그는 생각을 바꾸어 이렇게 말했지. '내가 밭이랑 가운데서 농사지으며 살면서 이로 말미암아 요순의 도를 즐기는 것이 내 어찌 이러한 임금으로 하여금 요순과 같은 군주를 만드는 것만 하며, 내 어찌 이 백성들로 하여금 요순의 백성이 되게 하는 것과 같을 수야 있겠는가! 내 어찌 몸소 직접 보는 것과 같을 수야 있겠는가! 하늘이 이러한 백성을 내실 때 먼저 아는 사람으로 하여금 뒤에 아는 사람을 깨닫게 하고, 먼저 깨달은 사람으로 하여금 뒤에 깨닫는 사람을 깨우치게 한 거란다. 나는 하늘이 낸 백성 가운데서 먼저 깨달은 사람이지. 나는 이 도로써 이 백성들을 깨닫게 하련다. 내가 깨닫게 하지 않는다면 누가 하겠는가!'

그는 천하의 백성인 필부필부라도 요순의 은택을 입지 못한 사람이 있다면, 마치 자기가 그들을 구렁텅이 밀어 넣은 것처럼 생각했단다. 그가 천하의 중책을 떠맡은 것이 이와 같았지. 나는 지금껏 자기를 굽히면서 남을 바로잡았다는 사람의 이야기를 들어본 적이 없구나. 하물며 자기를 욕되게 하고서 천하를 바로잡을 수는 없겠지. 성인의 행동은 일정치가 않아 멀리 있기도 하고 가까이 있기도 하며, 떠나가기도 하며 떠나가지 않기도 하지만 자기의 몸을 깨끗이 하는 것으로 돌아갈 뿐이란다. 나는 이윤이 요순의 도로써 탕왕에게 그것을 실천하기를 바랐다는 말은 들었어도, 고기를 자르고 삶음으로써 등용되기를 바랐다는 건 이제껏 듣질 못했단다. 『상서』「이훈」에 이르길 '하늘이 벌을 내린 것은 목궁에서 비롯됐지만, 짐은 박 땅에 있을 때부터 벌주는 일을 시작했다.'라고 했단다."

萬章問曰(만장문왈): "人有言(인유언), 伊尹以割烹要湯(이윤이할팽요탕), 有諸(유저)?"

孟子曰(맹자왈): "否(부), 不然(불연). 伊尹耕于有莘之野(이윤경우유신지야), 而樂堯(이악요), 舜之道焉(순지도언). 非其義也(비기의야), 非其道也(비기도야), 祿之以天下(녹지이천하), 弗顧也(불고야). 繫馬千駟(계마천사), 弗視也(불시야). 非其義也(비기의야), 非其道也(비기도야), 一介不以與人(일개불이여인), 一介不以取諸人(일개불이취저인).

湯使人以幣聘之(탕사인이폐빙지), 囂囂然曰(효효연왈): '我何以湯之聘幣爲哉(아하이탕지빙폐위재)! 我豈若處畎畝之中(아기약처견묘지중), 由是以樂堯舜之道哉(유시이락요순지도재)!' 湯三使往聘之(탕삼사왕빙지), 旣而幡然改曰(기이번연개왈): '與我處畎畝之中(여아처견묘지중), 由是以樂堯舜之道(유시이락요순지도), 吾豈若使是君爲堯舜之君哉(오기약사시군위요순지군재)! 吾豈若使是民爲堯舜之民哉(오기약사시민위요순지민재)! 吾豈若於吾身親見之哉(오기약어오신친견지재)! 天之生此民也(천지생차민야), 使先知覺後知(사선지각후지), 使先覺覺後覺也(사선각각후각야). 予(여), 天民之先覺者也(천민지선각자야), 予將以斯道覺斯民也(여장이사도각사민야), 非予覺之而誰也(비여각지이수야)!'

思天下之民(사천하지민), 匹夫匹婦有不被堯舜之澤者(필부필부유불피요순지택자), 若己推而內之溝中(약기추이내지구중), 其自任以天

下之重如此(기자임이천하지중여차)! 故就湯而說之(고취탕이세지), 以伐夏救民(이벌하구민). 吾未聞枉己而正人者也(오미문왕기이정인자야), 況辱己以正天下者乎(황욕기이정천하자호)! 聖人之行不同也(성인지행부동야), 或遠或近(혹원혹근), 或去或不去(혹거혹불거), 歸潔其身而已矣(귀결기신이이의). 吾聞其以堯舜之道要湯(오문기이요순지도요탕), 未聞以割烹也(미문이할팽야). 伊訓曰(이훈왈): '天誅造攻自牧宮(천주조공자목궁), 朕載自亳(짐재자박).'"

9-8 예와 의를 중시한 공자

만장이 여쭈었습니다.

"어떤 사람이 말하길 공자께서는 위나라에서는 의원인 옹저의 집에 머무셨고, 제나라에서는 환관인 척환의 집에 거처를 정하셨다는데, 그것이 사실입니까?"

맹자께서 말씀하셨습니다.

"아니, 그게 아니란다. 호사가들이 꾸민 소리란다. 위나라에서는 안수유의 집에 거처를 정하셨지. 미자의 아내와 자로의 아내는 자매관계였단다. 미자가 자로에게 '공자께서 우리 집에 머무신다면 위나라의 재상자리는 얻을 수 있을 게요'라고 했지. 자로가 이 말을 전했더니 공자께선 '천명에 달린 거란다'라고 말씀하셨단다. 공자께선 나아가신 데는 예로써 하셨고, 물러서는 데는 의로움을 따르셨으며, 벼슬을 얻고 얻지 못함은 '천명에 달려 있다'고 하셨단다. 그런데 옹저의 집과 환관인 척환의 집에 묵으셨다면, 이는 의로움도 없고 천명도 없는 게 되지.

노나라와 위나라에서는 공자를 좋아하지 않았고, 송나라에서는
환사마가 길목에서 공자를 죽이려 했기 때문에 변복하고서야 송나
라를 빠져 나올 수 있었지. 그때 공자께서는 횡액을 당하셔서 진나
라 후주의 신하인 사성정자의 집에서 묵으셨단다.

내가 듣기론 가까운 자기의 신하는 그의 집에 묵고 있는 사람을
보면 알 수 있고, 멀리서 벼슬하러 온 사람은 그가 묵고 있는 집주인
을 보면 알 수 있다고 했지. 만약 공자께서 옹저의 집과 환관인 척
환의 집에 묵으셨다면 어찌 예의에 밝은 공자라 할 수 있겠느냐?"

萬章問曰(만장문왈): "或謂孔子於衛主癰疽(혹위공자어위주옹저),
於齊主侍人瘠環(어제주시인척환), 有諸乎(유저호)?"

孟子曰(맹자왈): "否(부), 不然也(불연야), 好事者爲之也(호사자위지
야). 於衛主顔讎由(어위주안수유). 彌子之妻(미자지처), 與子路之妻
(여자로지처), 兄弟也(형제야). 彌子謂子路曰(미자위자로왈): '孔子主
我(공자주아), 衛卿可得也(위경가득야).' 子路以告(자로이고), 孔子曰
(공사왈): '有命(유명).' 孔子進以禮(공자신이예), 退以義(뇌이의), 得之
不得曰(득지부득왈), 有命(유명). 而主癰疽與侍人瘠環(이주옹저여시
인척환), 是無義無命也(시무의무명야).

孔子不悅於魯衛(공자불열어노위), 遭宋桓司馬(조송환사마), 將要而
殺之(장요이살지), 微服而過宋(미복이과송). 是時孔子當阨(시시공자당
액), 主司城貞子(주사성정자), 爲陳侯周臣(위진후주신).

吾聞(오문), 觀近臣以其所爲主(관근신이기소위주), 觀遠臣以其所
主(관원신이기소주), 若孔子主癰疽與侍人瘠環(약공자주옹저여시인척
환), 何以爲孔子(하이위공자)?"

9-9 백리해의 지혜

만장이 여쭈었습니다.

"어떤 사람이 말하기를 '백리해는 진나라의 제사에 바칠 짐승을 기르는 사람한테 다섯 마리의 양가죽을 받고 자신을 팔아서, 거기서 소먹이는 일을 하며 진나라의 목공에게 벼슬자리를 구했다'고 하는데, 그 말이 사실입니까?"

맹자께서 말씀하셨습니다.

"아니, 그게 아니란다. 호사가가 한 소릴 게야. 백리해는 우나라 사람이었지. 진나라 사람이 수극에서 나오는 구슬과 굴에서 나오는 말을 선물로 보내어, 길을 빌려 괵나라를 정벌하고자 한다며 군사가 우나라를 통과할 수 있도록 요청한 일이 있었단다. 그때 궁지기는 길을 빌려 주지 말자고 간언했지만, 백리해는 간언하지도 않았지.

우공한테 간언해 보았자 통하지 않음을 알았기 때문에 그는 우나라를 떠나 진나라로 갔단다. 그때 그의 나이는 이미 70이었지. 그렇게 피신한 상황에서 소치기가 되어 진나라의 목공에게 벼슬자리를 구하는 것이 추잡한 일인지를 몰랐다면, 그를 지혜로운 사람이라고 할 수 있겠느냐? 간언해 봐야 소용없음을 알고 간언하지 않았으니 지혜롭지 않다고 할 수 있겠느냐? 우공이 장차 망할 것이라는 것을 알고서 먼저 우나라를 떠나버린 것을 지혜롭지 못했다고 말할 수는 없을 게야. 때마침 진나라에 등용되어 목공과 함께 일을 도모할 만하다는 것을 알고서 그를 도왔으니 지혜롭지 않다고 말할 수 있겠느냐? 진나라의 재상이 되어서 그 군주의 명성을 천하에 떨치게 하여 후세에까지 전할 수 있었으니, 그를 어찌 현명하지 않다고 할 수 있겠느냐? 자신을 팔아서 군주의 과업을 이루게 하는 일은 명예욕에 불타 있는 시골 촌뜨기조차도 하지 않는 일인데, 어찌 현명한 백리해가 그러한 짓을 했다고 말할 수 있겠느냐?"

萬章問曰(만장문왈): "或曰(혹왈): '百里奚自鬻於秦養牲者(백리해자죽어진양생자), 五羊之皮食牛(오양지피식우), 以要秦穆公(이요진목공).' 信乎(신호)?"

孟子曰(맹자왈): "否(부), 不然(불연), 好事者爲之也(호사자위지야). 百里奚(백리해), 虞人也(우인야). 晉人以垂棘之璧(진인이수극지벽), 與屈産之乘(여굴산지승), 假道於虞以伐虢(가도어우이벌괵). 宮之奇諫(궁지기간), 百里奚不諫(백리해불간).

知虞公之不可諫而去之秦(지우공지불가간이거지진), 年已七十矣(년이칠십의), 曾不知以食牛干秦穆公之爲汙也(증부지이식우간진목공지위오야), 可謂智乎(가위지호)? 不可諫而不諫(불가간이불간), 可謂不智乎(가위부지호)? 知虞公之將亡而先去之(지우공지상망이선거지), 不可謂不智也(불가위부지야). 時擧於秦(시거어진), 知穆公之可與有行也(지목공지가여유행야), 而相之(이상지), 可謂不智乎(가위부지호)? 相秦而顯其君於天下(상진이현기군어천하), 可傳於後世(가전어후세), 不賢而能之乎(불현이능지호)? 自鬻以成其君(자죽이성기군), 鄕黨自好者不爲(향당자호자불위), 而謂賢者爲之乎(이위현자위지호)?"

만장장구하
萬章章句下

• • •

10-1 네 성인에 대한 견해

맹자께서 말씀하셨습니다.

"백이는 눈으로는 부정한 것을 보지 않았고, 귀로는 부정한 소리를 듣지 않았으며, 자기의 임금이 아니면 섬기지 않았고, 자기의 백성이 아니면 부리지도 않았단다. 세상이 잘 다스려지면 관직에 나아갔고, 세상이 어지러우면 물러났지. 횡포한 정치판에서는 나와버렸으며 횡포한 백성들이 머무는 곳에서는 차마 살지를 못했단다. 예를 무시하는 사람들과 함께 사는 것을 마치 조례복과 조례관을 쓰고 진흙 숯더미에 앉은 것처럼 생각했지. 주왕 시절에는 북해의 바닷가에 살면서 천하가 태평해지기를 기다렸단다. 그러므로 백이의 기풍을 듣게 되면, 완고하면서 아둔한 사내라도 청렴해지고, 나약한 사내라도 지조를 갖게 되었지.

이윤은 '누구를 섬긴들 군주가 아닌가? 누구를 다스린들 백성이 아닌가?'라며, 나라가 잘 다스려져도 다스리러 나아갔고, 혼란한 때에도 다스리러 나아갔지. 그리고 '하늘이 이 백성들을 낸 것은 먼저 깨달은 사람으로 하여금 나중에 깨달은 사람을 깨우치게 한 것이니, 먼저 깨달은 사람으로 하여금 나중에 깨달은 사람을 깨우치게 해야 한다. 나는 하늘이 낳은 백성들 중에서 먼저 깨달은 자이니, 나는 앞으로 이 도로써 백성들을 일깨워 줘야 한다'라고 했단다. 천하의 백성 중에 필부필부라도 요순의 은택을 입지 못한 자가 있으면, 마치 자기가 그 사람을 구렁텅이에 밀어 넣은 것처럼 여겼지. 그는 천하를 다스리는 중대한 사명을 스스로 맡은 게지.

유하혜는 무도한 군주라도 섬기는 것을 부끄럽게 여기지 않았고, 작은 벼슬도 사양하지 않았단다. 나아가서는 자기의 현명함을 숨기지 않았고, 반드시 정당한 도로써 일했으며, 버림을 받아도 원망하지 않았고, 곤궁에 빠져도 고민하지 않았지. 무지한 시골뜨기들과 더불어 살아도 너그럽게 대하며 차마 그 자리를 떠나지 못했단다. 그러면서 말하길 '너는 너고 나는 나다. 비록 내 곁에서 벌거벗었다 한들 네가 나를 어찌 더럽힐 수 있겠는가!'라고 했지. 그러므로 유하혜의 기풍을 듣게 되면 비루한 사내도 너그럽게 되고, 천박한 사내도 도탑게 되었단다.

공자께서 제나라를 떠나실 때는 물에 불린 쌀을 가지고 급히 가셨지만 노나라를 떠나실 땐 '더디고 더디구나! 내 발걸음이! 부모의 나라를 떠날 때의 도리로구나!'라고 하셨지. 빨리 떠나야 할 때는 빨리 떠나고, 오래 머물러야 할 때는 오래 머무르며, 있어야 할 때는 머물러 있고, 벼슬해야 할 때는 벼슬을 한 사람이, 바로 공자셨단다."

孟子曰(맹자왈): "伯夷(백이), 目不視惡色(목불시악색), 耳不聽惡聲(이불청악성), 非其君不事(비기군불사), 非其民不使(비기민불사), 治則進(치즉진), 亂則退(난즉퇴), 橫政之所出(횡정지소출), 橫民之所止(횡민지소지), 不忍居也(불인거야), 思與鄕人處(사여향인처), 如以朝衣朝冠(여이조의조관), 坐於塗炭也(좌어도탄야). 當紂之時(당주지시), 居北海之濱(거북해지빈), 以待天下之淸也(이대천하지청야). 故聞伯夷之風者(고문백이지풍자), 頑夫廉(완부렴), 懦夫有立志(나부유립지).

伊尹曰(이윤왈): '何事非君(하사비군)? 何使非民(하사비민)?' 治亦進(치역진), 亂亦進(난역진). 曰(왈): '天之生斯民也(천지생사민야), 使先知覺後知(사선지각후지), 使先覺覺後覺(사선각각후각). 予(여), 天民之先覺者也(천민지선각자야), 予將以此道覺此民也(여장이차도각차민야).' 思天下之民(사천하지민), 匹夫匹婦(필부필부), 有不與被堯舜之澤者(유불여피요순지택자), 若己推而內之溝中(약기추이내지구중), 其自任以天下之重也(기자임이천하지중야).

柳下惠不羞於君(유하혜불수어군), 不辭小官(불사소관), 進不隱賢(진불은현), 必以其道(필이기도), 遺佚而不怨(유일이불원), 阨窮而不憫(액궁이불민), 與鄕人處(여향인처), 由由然不忍去也(유유연불인거야). '爾爲爾(이위이), 我爲我(아위아), 雖袒裼裸裎於我側(수단석나정어아측), 爾焉能浼我哉(이언능매아재)!' 故聞柳下惠之風者(고문유하혜지풍자), 鄙夫寬(비부관), 薄夫敦(박부돈).

孔子之去齊(공자지거제), 接淅而行(접석이행), 去魯(거노), 曰(왈): '遲遲吾行也(지지오행야), 去父母國之道也(거부모국지도야).' 可以速而速(가이속이속), 可以久而久(가이구이구), 可以處而處(가이처이처), 可以仕而仕(가이사이사), 孔子也(공자야)."

맹자께서 말씀하셨습니다.

"백이는 성인 중에서 청렴한 사람이었고, 이윤은 성인 중에서 사명감이 강했던 사람이며, 유하혜는 성인 중에서 온화한 사람이었고, 공자는 성인 중에서 때에 맞게 해나간 사람입니다. 그러므로 공자 같은 분을 집대성한 사람이라고 한답니다. 집대성했다는 것은, 쇠북 소리를 내는 것으로 시작해 옥 소리로 떨쳐냄으로써 조화를 이룬 것과 같습니다. 쇠북 소리라는 것은 조리 있게 시작한다는 것이고, 옥 소리를 떨쳐낸다는 것은 조리 있게 끝맺는다는 것이랍니다. 조리 있게 시작하는 것은 지혜로운 일이며, 조리 있게 끝맺는다는 것은 성스러운 일이죠. 지혜는 비유하자면 기교이고, 성스러움은 비유하자면 힘이랍니다. 백 걸음 밖에서 화살을 쏠 때 표적까지 도달케 하는 것은 힘이지만, 과녁을 맞히는 것은 힘이 아니라 지혜랍니다."

孟子曰(맹자왈): "伯夷(백이), 聖之淸者也(성지청자야). 伊尹(이윤), 聖之任者也(성지임자야). 柳下惠(유하혜), 聖之和者也(성지화자야). 孔子(공자), 聖之時者也(성지시자야). 孔子之謂集大成(공자지위집대성), 集大成也者(집대성야자), 金聲而玉振之也(금성이옥진지야). 金聲也者(금성야자), 始條理也(시조리야). 玉振之也者(옥진지야자), 終條

理也(종조리야). 始條理者(시조리자), 智之事也(지지사야). 終條理者
(종조리자), 聖之事也(성지사야). 智(지), 譬則巧也(비즉교야). 聖(성),
譬則力也(비즉력야). 由射於百步之外也(유사어백보지외야). 其至(기
지), 爾力也(이력야), 其中(기중), 非爾力也(비이력야)."

10-2 지위에 따른 녹봉의 등급

북궁기가 물었습니다.

"주나라의 왕실은 버슬과 녹봉의 등급을 어떻게 했습니까?"

맹자께서 말씀하셨습니다.

"자세히는 알 수가 없답니다. 제후들이 그 제도가 자기들에게 분
리하다 해서 그 기록을 모두 없애 버렸답니다. 그렇긴 하지만 나는
그 대략적인 것은 들어서 알고 있답니다. 천자가 한 지위, 공이 한
지위, 후가 한 지위, 백이 한 지위, 자와 남이 같은 지위, 모두 다섯
등급이랍니다. 그리고 천자와 제후의 나라에서는 임금이 한 지위,
경이 한 지위, 대부가 한 지위, 상사가 한 지위, 중사가 한 지위, 하
사가 한 지위, 모두 여섯 등급으로 나뉘지요.

봉록제도에 있어서 천자의 영지는 사방 천 리, 공과 후는 모두 사
방 백 리, 백은 사방 70리, 자와 남은 사방 50리, 모두 네 등급이랍
니다. 50리가 되지 못하면 천자와는 연계를 갖지 못하고 제후에 부
속되는데, 이를 부용국이라고 한답니다.

北宮錡問曰(북궁기문왈): "周室班爵祿也(주실반작록야), 如之何(여
지하)?"

孟子曰(맹자왈): "其詳不可得聞也(기상불가득문야). 諸侯惡其害己

也(제후오기해기야), 而皆去其籍(이개거기적). 然而軻也(연이가야), 嘗聞其略也(상문기략야). 天子一位(천자일위), 公一位(공일위), 侯一位(후일위), 伯一位(백일위), 子男同一位(자남동일위), 凡五等也(범오등야). 君一位(군일위), 卿一位(경일위), 大夫一位(대부일위), 上士一位(상사일위), 中士一位(중사일위), 下士一位(하사일위), 凡六等(범육등).

天子之制(천자지제), 地方千里(지방천리), 公侯皆方百里(공후개방백리), 伯七十里(백칠십리), 子男五十里(자남오십리), 凡四等(범사등). 不能五十里(불능오십리), 不達於天子(부달어천자), 附於諸侯曰附庸(부어제후왈부용).

천자국의 경은 땅을 후와 비등하게 받고, 대부는 백과 비등하게 받으며, 상사는 자와 남과 비등하게 받습니다.

큰 나라로 땅이 사방 백 리가 되면 군주의 녹은 경의 10배, 경의 녹은 대부의 4배, 대부는 상사의 배, 상사는 중사의 배, 중사는 하사의 배, 하사와 관직에 재임하고 있는 사람은 녹이 같고, 그 녹은 그들이 농사짓는 것을 대신하기에 충분했답니다.

그 다음가는 나라로서 땅이 사방 70리가 되면 군주는 경의 녹의 10배, 경의 녹은 대부의 3배, 대부는 상사의 배, 상사는 중사의 배, 중사는 하사의 배, 하사와 관직에 재임하고 있는 사람은 녹이 같고, 그 녹은 그들이 농사짓는 것을 대신하기에 충분했답니다.

작은 나라로서 땅이 사방 50리가 되면 군주는 경의 녹의 10배, 경의 녹은 대부의 배, 대부는 상사의 배, 상사는 중사의 배, 중사는 하사의 배, 하사와 관직에 재임하고 있는 사람은 녹이 같고, 그 녹은 그들이 농사짓는 것을 대신하기에 충분했답니다.

농민의 소득은 한 사람이 백 묘인데 백 묘를 경작하면 상농부는 9명의 가족을 먹일 수 있고, 상농의 다음가는 농부는 8명을 먹일 수 있으며, 중농은 7명을 먹이고, 중농의 다음가는 농부는 6명을 먹이며, 관직에 재임하고 있는 평민의 녹은 이에 따라 차등을 두었답니다."

天子之卿(천자지경), 受地視侯(수지시후), 大夫受地視伯(대부수지시백), 元士受地視子男(원사수지시자남).

大國地方百里(대국지방백리), 君十卿祿(군십경녹), 卿祿四大夫(경녹사대부), 大夫倍上士(대부배상사), 上士倍中士(상사배중사), 中士倍下士(중사배하사), 下士與庶人在官者同祿(하사여서인재관자동녹), 祿足以代其耕也(녹족이대기경야).

次國地方七十里(차국지방칠십리), 君十卿祿(군십경녹), 卿祿三大夫(경녹삼대부), 大夫倍上士(대부배상사), 上士倍中士(상사배중사), 中士倍下士(중사배하사), 下士與庶人在官者同祿(하사여서인재관자동녹), 祿足以代其耕也(녹족이대기경야).

小國地方五十里(소국지방오십리). 君十卿祿(군십경녹), 卿祿二大夫(경녹이대부), 夫倍上士(대부배상사), 上士倍中士(상사배중사), 中士倍下士(중사배하사), 下士與庶人在官者同祿(하사여서인재관자동녹), 祿足以代其耕也(녹족이대기경야).

耕者之所獲(경자지소획), 一夫百畝(일부백묘), 百畝之糞(백묘지분), 上農夫食九人(상농부식구인), 上次食八人(상차식팔인), 中食七人(중식칠인), 中次食六人(중차식육인), 下食五人(하식오인), 庶人在官者

(서인재관자), 其祿以是爲差(기녹이시위차)."

10-3 벗의 사귐

만장이 여쭈었습니다.

"벗을 사귀는 도리에 대해 여쭙고자 합니다."

맹자께서 말씀하셨습니다.

"나이가 많음을 내세우지 않고, 존귀함을 내세우지 않으며, 형제를 내세우지 않고서 사귀는 것이니, 벗을 사귀는 것은 그 사람의 덕을 벗하는 것이란다. 내세움이 있어서는 안 되지.

맹헌자는 백승 집안의 사람이었단다. 그에게는 5명의 친구가 있었지. 악정구와 목중, 이들 외에 3명이 있었는데 이름을 잊어버렸구나. 맹헌자가 이 다섯 사람들과 사귄 것은 가문을 상관하지 않았기 때문이고, 그 다섯 사람들 또한 맹헌자의 집안을 의식했다면 서로 벗하지는 못했을 게야.

백승 집안의 사람만 그러했던 건 아니란다. 비록 작은 나라의 군주 중에도 그러한 사람이 있었지. 비나라의 혜공이 '자사는 나의 스승이고, 안반은 나의 벗이며, 왕순과 장식은 나를 섬기는 자들이다'라고 했지.

유독 작은 나라의 군주만 그랬던 것은 아니란다. 큰 나라의 군주 중에도 그런 사람은 있지. 진나라의 평공은 해당을 만났을 때 들어오라 하면 들어갔고, 앉으라 하면 앉았고, 먹으라 하면 먹었고, 비록 거친 밥과 나물국일지라도 배불리 먹지 않은 적이 없었으니, 그것을 배불리 먹지 않을 수가 없었기 때문이란다. 그러나 그것으로 그쳤을 뿐이지. 하늘이 준 직위를 함께 누리지도 않았고, 하늘이 준 직분도 함께 수행하지 않았으며, 하늘이 준 녹을 함께 먹지도 않았지. 그것은 선비가 현자를 존경한 것이지 왕공이 현자를 존경한 것은 아니란다.

순임금이 요임금을 뵈었을 때, 요임금은 사위에게 별궁에 묵게 하고, 또한 향연을 베풀어 번갈아 객이 되기도 하고 주인이 되기도 했으니, 그것은 천자가 필부를 벗으로 삼은 것이란다.

아랫사람이 윗사람을 존경하는 것을 귀한 사람을 귀하게 여긴다고 하고, 윗사람이 아랫사람을 존경하는 것을 현자를 존경하는 것이라고 한단다. 귀한 사람을 귀하게 받드는 것과 현자를 존경하는 것은 그 뜻이 같은 것이지."

萬章問曰(만장문왈): "敢問友(감문우)."

孟子曰(맹자왈): "不挾長(불협장), 不挾貴(불협귀), 不挾兄弟而友(불협형제이우). 友也者(우야자), 友其德也(우기덕야), 不可以有挾也(불가이유협야).

孟獻子(맹헌자), 百乘之家也(백승지가야), 有友五人焉(유우오인언), 樂正裘(악정구), 牧仲(목중), 其三人則予忘之矣(기삼인즉여망지의). 獻子之與此五人者友也(헌자지여차오인자우야), 無獻子之家者也(무헌자지가자야). 此五人者(차오인자), 亦有獻子之家(역유헌자지가), 則不與之友矣(즉불여지우의).

非惟百承之家爲然也(비유백승지가위연야). 雖小國之君亦有之(수소국지군역유지). 費惠公曰(비혜공왈): '吾於子思(오어자사), 則師之矣(즉사지의), 吾於顏般(오어안반), 則友之矣(즉우지의). 王順長息(왕순장

식), 則事我者也(즉사아자야).'

非惟小國之君爲然也(비유소국지군위연야), 雖大國之君亦有之(수
대국지군역유지). 晉平公之於亥唐也(진평공지어해당야), 入云則入(입
운즉입), 坐云則坐(좌운즉좌), 食云則食(식운즉식), 雖疏食菜羹(수소
식채갱), 未嘗不飽(미상불포), 蓋不敢不飽也(개불감불포야). 然終於此
而已矣(연종어차이이의). 弗與共天位也(불여공천위야), 弗與治天職也
(불여치천직야), 弗與食天祿也(불여식천녹야), 士之尊賢者也(사지존현
자야), 非王公之尊賢也(비왕공지존현야).

舜尚見帝(순상견제), 帝館甥于貳室(제관생우이실), 亦饗舜(역향순),
迭爲賓主(질위빈주). 是天子而反匹夫也(시천자이반필부야).

用下敬上(용하경상), 謂之貴貴(위지귀귀), 用上敬下(용상경하), 謂
之尊賢(위지존현). 貴貴尊賢(귀귀존현), 其義一也(기의일야)."

10-4 공손함과 공손치 못함의 차이

만장이 여쭈었습니다.

"감히 남과 교제하는 데는 어떠한 마음으로 해야 하는지 여쭙겠
습니다."

맹자께서 말씀하셨습니다.

"공손해야 한단다."

만장이 여쭈었습니다.

"예물을 물리치는 것을 공손치 못하다고 하시니, 그것은 무엇 때
문입니까?"

맹자께서 말씀하셨습니다.

"존귀한 사람이 보내줄 때는 '그것이 의로운 것일까? 그렇지 않은 것일까?'를 생각한 후에 받는다면 그것은 공손치 못한 것이야. 그러므로 물리치지 않는 것이란다."

萬章問曰(만장문왈): "敢問交際(감문교제), 何心也(하심야)?"

孟子曰(맹자왈): "恭也(공야)."

曰(왈): "卻之(각지), 卻之(각지), 爲不恭(위불공), 何哉(하재)?"

曰(왈): "尊者賜之(존자사지). 曰(왈): '其所取之者義乎(기소취지자의호), 不義乎(불의호)?' 而後受之(이후수지). 以是爲不恭(이시위불공), 故弗卻也(고불각야)."

만장이 여쭈었습니다.

"그렇다면 그것을 말로써 물리치지 말고 마음으로 물리치되 '그것은 백성들에게 옳지 않게 거둬들인 것'이라고 생각하며, 다른 이유를 내세워 받지 않는다면 좋지 않겠습니까?"

맹자께서 말씀하셨습니다.

"그와 사귀기를 도로써 하고, 접촉하기를 예로써 한다면, 이런 경우엔 공자님께서도 받으셨지."

만장이 여쭈었습니다.

"지금 성문 밖에서 강도질한 사람이 있는데, 나와 사귀기를 도로써 하고 선물을 하는데도 예로써 한다면, 강도질한 것이라도 받을 수 있겠습니까?"

맹자께서 말씀하셨습니다.

"그건 안 되지. 『서경(書經)』 「강고(康誥)」 편에 '사람을 죽이고 재물을 뺏고서도 죽음을 두려워하지 않는다면 모든 백성이 미워한다'고 했단다. 이러한 사람은 왕의 명령을 기다릴 것 없이 죽여도 괜찮지. 은나라는 그 법을 하나라에서 이어받았고, 주나라는 은나라에서 이어받았는데, 말할 것도 없이 지금 그 법은 엄정하니, 어떻게 그런 것을 받겠느냐?"

曰(왈): "請無以辭卻之(청무이사각지), 以心卻之(이심각지), 曰(왈): '其取諸民之不義也(기취저민지불의야)', 而以他辭無受(이이타사무수), 不可乎(불가호)?"

曰(왈): "其交也以道(기교야이도), 其接也以禮(기접야이예), 斯孔子受之矣(사공자수지의)."

萬章曰(만장왈): "今有禦人於國門之外者(금유어인어국문지외자), 其交也以道(기교야이도), 其餽也以禮(기궤야이예), 斯可受禦與(사가수어여)?"

曰(왈): "不可(불가). 康誥曰(강고왈): '殺越人于貨(살월인우화), 閔不畏死(민불외사), 凡民罔不譈(범민망부대).' 是不待教而誅者也(시부대교이주자야). 殷受夏(은수하), 周受殷(주수은), 所不辭也(소불사야), 於今爲烈(어금위열), 如之何其受之(여지하기수지)!"

만장이 여쭈었습니다.

"지금 제후들은 강도질이나 다름없이 백성들에게 재물을 착취하고 있는데, 진실로 그들이 예로써 교제해 온다면 군자는 그것을 받는다고 하니, 감히 묻노니 그것을 어떻게 설명해야 합니까?"

맹자께서 대답하셨습니다.

"너는 왕이 일어나면 그 왕이 지금의 제후들을 잡아다가 모조리 죽일 것이라고 생각하느냐? 아니면 가르쳤는데도 고쳐지지 않으면 죽일 것 같으냐? 자기의 소유가 아닌 것을 취하는 것을 모두 도둑이라고 유추하는 건 도리를 너무 극단적인 것으로 몰고 가는 게야. 공자께서 노나라에서 벼슬을 하실 때 노나라 사람들이 사냥한 것을 서로 빼앗는 다툼을 벌이자 공자께서도 이에 참가했지. 이것이 옳은 것이라면 제후가 주는 것을 받는 것쯤이야 어떻겠느냐?"

만장이 여쭈었습니다.

"그렇다면 공자께서 벼슬하신 것은 도를 행하기 위해 한 것이 아닙니까?"

맹자께서 대답하셨습니다.

"물론 도를 행하기 위한 것이었지."

만장이 여쭈었습니다.

"도를 행하기 위한 것이었다면 어찌하여 사냥한 것을 서로 뺏는 다툼에 참가하실 수가 있습니까?"

맹자께서 말씀하셨습니다.

"공자께서는 먼저 장부를 만들어서 제기의 숫자를 바로잡아 놓으셨지. 그리고 사방에서 사냥해 온 진기한 짐승의 고기는 장부에 기입되어 있는 정식의 제기에 올리지는 못하게 했단다."

만장이 여쭈었습니다.

"어찌하여 도가 행해지지 않은 그런 곳을 떠나시지 않았습니까?"

맹자께서 대답하셨습니다.

"그것을 행할 조짐을 기다린 게지. 도가 행해질 조짐이 충분한데도 제후가 도를 행하지 않자 그만두고 떠난 것이란다. 이 때문에 3년이 되도록 머무른 곳이 없었던 것이지. 공자께서는 도가 행해질 수 있으면 벼슬을 하고, 교제가 예에 맞으면 벼슬하고, 임금이 어진 사람을 우대하는 것을 보고 벼슬한 적이 있단다. 계환자에게는 도를 행할 수 있다고 하여 벼슬했고, 위나라의 영공에게는 예로써 대우한다 하여 벼슬했으며, 위나라 효공한테는 어진 사람을 길러 준다고 하여 벼슬한 게지."

曰(왈): "今之諸侯取之於民也(금지제후취지어민야), 猶禦也(유어야), 苟善其禮際矣(구선기례제의), 斯君子受之(사군자수지), 敢問何說也(감문하설야)?"

曰(왈): "子以爲有王者作(자이위유왕자작), 將比今之諸侯而誅之乎(장비금지제후이주지호)? 其敎之不改而後誅之乎(기교지불개이후주지호)? 夫謂非其有而取之者(부위비기유이취지자), 盜也(도야). 充類至義之盡也(충류지의지진야). 孔子之仕於魯也(공자지사어로야), 魯人獵較(노인렵교), 孔子亦獵較(공자역렵교). 獵較猶可(엽교유가), 而況受其賜乎(이황수기사호)?"

曰(왈): "然則孔子之仕也(연즉공자지사야), 非事道與(비사도여)?"

曰(왈): "事道也(사도야)."

"事道奚獵較也(사도해렵교야)?"

曰(왈): "孔子先簿正祭器(공자선부정제기), 不以四方之食供簿正(불이사방지식공부정)."

曰(왈): "奚不去也(해불거야)?"

曰(왈): "爲之兆也(위지조야), 兆足以行矣(조족이행의), 而不行而後去(이불행이후거), 是以未嘗有所終三年淹也(시이미상유소종삼년엄야). 孔子有見行可之仕(공자유견행가지사), 有際可之仕(유제가지사), 有公養之仕(유공양지사), 於季桓子見行可之仕也(어계환자견행가지사야), 於衛靈公際可之仕也(어위령공제가지사야), 於衛孝公(어위효공), 公養之仕也(공양지사야)."

10-5 벼슬길과 부양하는 일

맹자께서 말씀하셨습니다.

"벼슬하는 것은 가난해서가 아니랍니다. 그러나 때에 따라서는 가난해서 벼슬길에 나가기도 합니다. 장가드는 것은 부모를 부양하기 위해서는 아닙니다. 그러나 때로는 부양하기 위해 장가드는 수도 있습니다. 가난 때문에 벼슬하는 자는 높은 지위를 사양하고 낮은 지위에 있어야 하며, 많은 봉급을 사양하고 적은 봉급에 만족해야 합니다. 높은 지위를 사양하고 낮은 지위에 있어야 하며, 많은 봉급을 사양하고 적은 봉급에 만족해야 한다면 어떤 지위가 적당한 것일까요? 문지기나 야경꾼 정도가 좋을 겁니다.

공자께서는 일찍이 창고지기를 한 적이 있었는데, '회계를 잘 맞추는 일을 할 뿐이다'라고 하셨습니다. 또 가축을 기르는 일을 한 적이 있었는데, '소와 양이 무럭무럭 잘 자라게 하는 일일 뿐이다'라고 말씀하셨습니다.

낮은 지위에서 큰소리치는 것은 죄스러운 일입니다. 남의 조정에 있으면서 도를 행하지 못하는 것은 부끄러운 일입니다."

孟子曰(맹자왈): "仕非爲貧也(사비위빈야), 而有時乎爲貧(이유시호위빈). 娶妻非爲養也(취처비위양야), 而有時乎爲養(이유시호위양). 爲貧者(위빈자), 辭尊居卑(사존거비), 辭富居貧(사부거빈). 辭尊居卑(사존거비), 辭富居貧(사부거빈), 惡乎宜乎(오호의호)? 抱關擊柝(포관격탁).

孔子嘗爲委吏矣(공자상위위리의), 曰(왈): '會計當而已矣(회계당이이의).' 嘗爲乘田矣(상위승전의), 曰(왈): '牛羊茁壯長而已矣(우양줄장장이이의).'

位卑而言高(위비이언고), 罪也(죄야). 立乎人之本朝而道不行(입호인지본조이도불행), 恥也(치야)."

10-6 군주의 현자에 대한 예

만장이 여쭈었습니다.

"선비가 제후에게 의탁하지 않는 것은 무엇 때문입니까?"

맹자께서 말씀하셨습니다.

"감히 그렇게 하지 못하는 거란다. 제후가 자기 나라를 잃어버린 후에 다른 제후에게 의탁하는 건 예에 어긋나는 것은 아니지만, 선비가 제후에게 의탁하는 건 예에 맞진 않지."

만장이 여쭈었습니다.

"군주가 곡식을 보내주면 받아도 됩니까?"

맹자께서 말씀하셨습니다.

"받아도 된단다."

만장이 여쭈었습니다.

"받는다는 건 무슨 뜻입니까?"

맹자께서 말씀하셨습니다.

"군주가 백성을 구제해 주는 것은 본디 당연한 것이란다."

만장이 여쭈었습니다.

"구제해 주는 것이면 받고, 녹으로 주는 것이라면 받지 않는 것은 무엇 때문입니까?"

맹자께서 말씀하셨습니다.

"감히 받고 싶어도 받지 못하기 때문이란다."

만장이 여쭈었습니다.

"감히 받고 싶어도 받지 못하는 건 어찌된 것인지 여쭙겠습니다."

맹자께서 말씀하셨습니다.

"문지기와 야경꾼은 일정한 직책을 맡아서 군주로부터 녹을 받는 것이지만, 일정한 직책도 없이 위로부터 녹을 받는 것은 공손치 못한 것이란다."

萬章曰(만장왈): "士之不託諸侯(사지불탁제후), 何也(하야)?"

孟子曰(맹자왈): "不敢也(불감야). 諸侯失國而後託於諸侯(제후실국이후탁어제후), 禮也(예야). 士之託於諸侯(사지탁어제후), 非禮也(비예야)."

萬章曰(만장왈): "君餽之粟(군궤지속), 則受之乎(즉수지호)?"

曰(왈): "受之(수지)."

"受之(수지), 何義也(하의야)?"

曰(왈): "君之於氓也(군지어맹야), 固周之(고주지)."

曰(왈): "周之則受(주지즉수), 賜之則不受(사지즉불수), 何也

(하야)?"

曰(왈): "不敢也(불감야)."

曰(왈): "敢問其不敢何也(감문기불감하야)?"

曰(왈): "抱關擊柝者(포관격탁자), 皆有常職以食於上(개유상직이
식어상), 無常職而賜於上者(무상직이사어상자), 以爲不恭也(이위불
공야)."

만장이 여쭈었습니다.

"군주가 구제해 주기 위해 주는 것은 받아도 좋다고 하셨는데,
이것을 언제나 계속 받아도 되는 건지 알지 못하겠습니다."

맹자께서 말씀하셨습니다.

"목공이 자사에게 안부를 묻고 삶은 고기를 자주 보내주었는데,
자사는 그것을 달가워하지 않았지. 끝내는 사신을 대문 밖으로 나
가도록 손짓하고는 북쪽을 향해 머리를 숙여 두 번 절하고는 선물
도 받지 않았지. 그리고 '이제야 군주가 나를 개나 말같이 사육하
고 있음을 알았다'고 했단다. 이때부터 사신을 시켜 고기를 보내는
일이 없게 되었지. 현자를 좋아하면서도 그를 등용하지도 않고, 또
그를 정당한 도리로 양성하지 못한다면 현자를 좋아한다고 말할
수 있겠느냐?"

만장이 여쭈었습니다.

"군주가 군자를 정당한 방법으로 봉양하고자 한다면, 어떻게 해
야 봉양한다고 말할 수 있습니까?"

맹자께서 말씀하셨습니다.

"군주의 명으로 선물을 보내오면 두 번 절하고 머리를 조아리고 받아야 하지. 그 후로는 창고지기가 계속 곡식을 대주고, 푸줏간 사람이 계속해서 고기를 대주되 왕의 명령이라고는 말하지 않았단다. 자사는 삶은 고기로 자기를 번거롭게 자주 절하게 만드는 것은 군자를 봉양하는 도리가 아니라고 생각했지.

요임금이 순임금을 봉양한 걸 보면, 그의 아들 아홉 명에게 그를 섬기도록 했고, 두 딸을 그에게 시집보냈지. 백관과 소와 양, 창고를 갖추고는 농사짓는 순을 봉양케 했단다. 그 뒤에는 그를 등용해 높은 자리를 주었지. 그래서 말하길 '이것이 왕공이 현자를 존중하는 방식'이라고 한단다."

曰(왈): "君餽之(군궤지), 則受之(즉수지), 不識可常繼乎(불식가상계호)."

曰(왈): "繆公之於子思也(목공지어자사야), 亟問亟餽鼎肉(극문극궤정육), 子思不悅(자사불열), 於卒也(어졸야), 摽使者出諸大門之外(표사자출저대문지외), 北面稽首再拜而不受(북면계수재배이불수), 曰(왈): '今而後(금이후), 知君之犬馬畜伋(지군지견마축급)!' 蓋自是臺無餽也(개자시대무궤야). 悅賢不能擧(열현불능거), 又不能養也(우불능양야), 可謂悅賢乎(가위열현호)?"

曰(왈): "敢問國君欲養君子(감문국군욕양군자), 如何斯可謂養矣(여하사가위양의)?"

曰(왈): "以君命將之(이군명장지), 再拜稽首而受(재배계수이수), 其後廩人繼粟(기후름인계속), 庖人繼肉(포인계육), 不以君命將之(불이군명장지). 子思以爲鼎肉(자사이위정육), 使己僕僕爾亟拜也(사기복복

이극배야), 非養君子之道也(비양군자지도야).

堯之於舜也(요지어순야), 使其子九男事之(사기자구남사지), 二女女焉(이녀녀언), 百官牛羊倉廩備(백관우양식름비), 以養舜於畎畝之中(이양순어견묘지중). 後擧而加諸上位(후거이가저상위). 故曰(고왈): '王公之尊賢者也(왕공지존현자야).'"

10-7 시정의 신하와 초망의 신하

만장이 여쭈었습니다.

"감히 여쭙겠습니다만, 제후를 만나지 않는 것은 무슨 까닭이십니까?"

맹자께서 말씀하셨습니다.

"그냥 도회지에 살고 있으면 시정의 신하라 하고, 시골에 살고 있으면 초망의 신하라고 하는데, 이들 모두 평민인 서인이라고 한단다. 서인은 폐백을 보내지 않고 신하가 되지 않는 한, 감히 제후에게 찾아가 알현하지 않는 게 예법이란다."

만장이 여쭈었습니다.

"평민인 서인은 부역에 부르면 가서 부역을 해야 하는데, 군주가 만나고자 불러도 가서 만나지 않는 건 무엇 때문입니까?"

맹자께서 말씀하셨습니다.

"서인이 가서 부역하는 건 의무이지만, 가서 군주를 만나는 건 의무가 아니란다. 그런데 군주가 만나보고자 하는 건 무엇 때문이겠느냐?"

만장이 말했습니다.

"그가 아는 것이 많고 현능하기 때문입니다."

萬章曰(만장왈): "敢問不見諸侯(감문불견제후), 何義也(하의야)?"

孟子曰(맹자왈): "在國曰市井之臣(재국왈시정지신), 在野曰草莽之臣(재야왈초망지신), 皆謂庶人(개위서인), 庶人不傳質爲臣(서인부전질위신), 不敢見於諸侯(불감견어제후), 禮也(예야)."

萬章曰(만장왈): "庶人(서인), 召之役則往役(소지역즉왕역), 君欲見之(군욕견지), 召之則不往見之(소지즉불왕견지), 何也(하야)?"

曰(왈): "往役(왕역), 義也(의야), 往見(왕견), 不義也(불의야). 且君之欲見之也(차군지욕견지야), 何爲也哉(하위야재)?"

曰(왈): "爲其多聞也(위기다문야), 爲其賢也(위기현야)."

맹자께서 말씀하셨습니다.

"그 넓은 견문을 듣기 위해서라면 천자도 스승을 불러들일 수 없는데, 하물며 제후가 그렇게 할 수 있겠느냐? 그가 현능하기 때문이라면, 나는 아직까지 현자를 만나보고 싶어서 불러들였다는 이야기를 들은 적이 없단다. 노나라의 목공이 자주 자사를 만나보고 '옛날에 천 대의 수레를 보유한 천승 나라의 군주가 선비를 벗으로 사귀었다는데, 그것을 어떻게 생각하십니까?'하고 물었더니, 자사는 불쾌한 표정을 지으며 '옛날 사람의 말에 섬긴다는 말이 있지 않습니까? 그런데 어찌하여 벗으로 사귀었다고 하십니까?'라고 말했단다. 자사가 불쾌하게 여긴 것은 '지위로 따지면 당신은 군주이고 나는 신하인데, 어떻게 감히 군주와 벗이 되겠는가? 덕으로 따지자면 당신은 나를 섬기는 사람인데, 어찌 나와 벗이 될 수 있겠

는가?'라고 생각했기 때문이지. 천승 나라의 군주가 벗이 되려고
했지만 그렇게 안 되었는데, 하물며 그를 부를 수 있겠느냐?

제나라 경공은 사냥을 나가서 깃털 달린 깃발로 신호를 하여 산
지기를 불렀는데, 그가 오지 않자 죽이려 했단다. 공자께서는 이
말을 듣고 '뜻있는 선비는 구렁텅이에 떨어져 죽을 것을 각오하고
있으며, 용기 있는 선비는 자기 머리가 잘릴 것을 각오하고 있다'
고 하셨는데, 공자께서는 무엇을 취하신 것이겠느냐? 정당하게 부
르는 것이 아니면 가지 않는 점을 취하신 것이란다."

曰(왈): "爲其多聞也(위기다문야), 則天子不召師(즉천자불소사), 而
況諸侯乎(이황제후호)? 爲其賢也(위기현야), 則吾未聞欲見賢而召
之也(즉오미문욕견현이소지야). 繆公亟見於子思曰(목공극견어자사왈):
'古千乘之國以友士(고천승지국이우사), 何如(하여)?' 子思不悅曰(자
사불열왈): '古之人有言曰事之云乎(고지인유언왈사지운호)? 豈曰友之
云乎(기왈우지운호)?' 子思之不悅也(자사지불열야), 豈不曰(기불왈):
'以位(이위), 則子君也(즉자군야), 我臣也(아신야), 何敢與君友也(하
감여군우야)? 以德(이덕), 則子事我者也(즉자사아자야), 奚可以與我友
(해가이여아우)?' 千乘之君(천승지군), 求與之友而不可得也(구여지우
이불가득야), 而況可召與(이황가소여)?

齊景公田(제경공전), 招虞人以旌(초우인이정), 不至(부지), 將殺之
(장살지). '志士不忘在溝壑(지사불망재구학), 勇士不忘喪其元(용사
불망상기원).' 孔子奚取焉(공자해취언)? 取非其招不往也(취비기초불
왕야)."

만장이 여쭈었습니다.

"감히 여쭙겠습니다만, 산지기를 부르자면 어떻게 해야 합니까?"

맹자께서 말씀하셨습니다.

"가죽 모자로 신호를 보내야 하지. 평민인 서인은 붉은 깃발로써 신호를 하고, 선비에게는 용이 그려진 깃발로써 신호를 하며, 대부에게는 털 달린 깃발로써 신호를 한단다. 대부를 부르는 신호로써 산지기를 불렀으니, 그 산지기는 감히 가지 않은 게지. 선비를 부르는 신호로 평민인 서인을 부른다면 서인이 감히 어찌 갈 수 있겠느냐? 하물며 현능하지 않은 자를 부르는 방법으로 현자를 부른다면 갈 수가 있겠느냐? 현자를 만나고자 하면서 그에 맞는 정당한 방법으로 하지 않는다면, 그것은 집에 들어오라고 하면서 문을 닫는 것과 같은 게지. 의는 길이고, 예는 문이란다. 오직 군자만이 이 길을 경유하고 이 문을 드나드는 게지. 『시경(詩經)』에서는 '주나라의 길은 숫돌 같고, 그 곧기는 화살과 같다. 그것은 군자가 밟고 가는 길이고, 소인이 보고 배울 길이다'라고 했지."

만장이 여쭈었습니다.

"공자께서는 군주가 부르면 수레가 준비되기를 기다리지 않고 곧 가셨다는데, 그렇다면 공자께서 잘못한 것입니까?"

맹자께서 말씀하셨습니다.

"공자께서는 당시에 벼슬을 해서 관직에 계셨지. 그 관직에 맞는 방법으로 불렀기 때문에 그렇게 하신 거란다."

曰(왈): "敢問招虞人何以(감문초우인하이)?"

曰(왈): "以皮冠(이피관). 庶人以旃(서인이전), 士以旂(사이기), 大
夫以旌(대부이정). 以大夫之招招虞人(이대부지초초우인), 虞人死不
敢往(우인사불감왕), 以士之招招庶人(이사지초초서인), 庶人豈敢往哉
(서인기감왕재)? 況乎以不賢人之招招賢人乎(황호이불현인지초초현인
호)? 欲見賢人而不以其道(욕견현인이불이기도), 猶欲其入而閉之門
也(유욕기입이폐지문야). 夫義(부의), 路也(로야), 禮(예), 門也(문야). 惟
君子能由是路(유군자능유시로), 出入是門也(출입시문야). 詩云(시운):
'周道如底(주도여기), 其直如矢(기직여시), 君之所履(군지소리), 小人
所視(소인소시).'"

萬章曰(만장왈): "孔子(공자), 君命召(군명소), 不俟駕而行(불사가이
행). 然則孔子非與(연즉공자비여)?"

曰(왈): "孔子當仕有官職(공자당사유관직), 而以其官召之也(이이
기관소지야)."

10-8 벗을 사귀는 것의 예

맹자께서 만장에게 말씀하셨습니다.

"한 고을의 선한 선비는 그 고을의 선한 선비와 벗하고, 한 나라
의 선한 선비는 그 나라의 선한 선비와 벗하며, 천하의 선한 선비
는 천하의 선한 선비와 벗한단다. 천하의 선비와 벗해도 만족스럽
지 않으면, 옛날의 어진 사람을 숭상하며 그의 말에 대해 논하지.
그들의 시를 읊고, 그들의 글을 읽으면서도 그들의 사람됨을 모른
다면 되겠느냐? 그러므로 그 시대를 논하게 되는 것이니, 이것이
곧 그를 숭상하며 벗으로 사귀는 거란다."

孟子謂萬章曰(맹자위만장왈): "一鄕之善士(일향지선사), 斯友一鄕
之善士(사우일향지선사), 一國之善士(일국지선사), 斯友一國之善士
(사우일국지선사), 天下之善士(천하지선사), 斯友天下之善士(사우천하
지선사). 以友天下之善士爲未足(이우천하지선사위미족), 又尙論古之
人(우상론고지인). 頌其詩(송기시), 讀其書(독기서), 不知其人可乎(부
지기인가호)? 是以論其世也(시이론기세야). 是尙友也(시상우야)."

10-9 벼슬인 경에 대해

제나라 선왕이 벼슬인 경에 대해 묻자, 맹자께서 말씀하셨습
니다.

"왕께서는 어떤 벼슬의 경에 대해 물으신 겁니까?"

왕이 말했습니다.

"경에도 다른 것이 있습니까?"

맹자께서 말씀하셨습니다.

"같지는 않습니다. 왕의 친족으로서 경의 지위에 있는 사람이 있
고, 왕과는 다른 성씨인데도 경의 지위에 있는 사람이 있습니다."

왕이 말했습니다.

"친족인 경에 대해 묻고자 합니다."

맹자께서 말씀하셨습니다.

"군주에게 큰 잘못이 있으면 그 경은 그 잘못에 대해 간언하게
됩니다. 그런 간언을 반복하는데도 군주가 듣지 않으면 결국엔 군
주를 갈아치우게 됩니다."

선왕은 깜짝 놀라 얼굴색이 변했답니다. 그러자 맹자께서 말씀

하셨습니다.

"왕께서는 이상하게 생각하지 마십시오. 왕께서 물으시기에 제가 바른대로 대답하지 않을 수 없었답니다."

선왕은 표정을 바로잡은 다음, 성이 다른 경에 대해 물었습니다. 이에 맹자께서 말씀하셨습니다.

"군주에게 허물이 있으면 간언하고, 반복해서 간언하는데도 듣지 않으면 그 나라를 떠나버린답니다."

齊宣王問卿(제선왕문경).

孟子曰(맹자왈): "王何卿之問也(왕하경지문야)?"

王曰(왕왈): "卿不同乎(경부동호)?"

曰(왈): "不同(부동). 有貴戚之卿(유귀척지경), 有異姓之卿(유이성지경)."

王曰(왕왈): "請問貴戚之卿(청문귀척지경)."

曰(왈): "君有大過則諫(군유대과칙간), 反覆之而不聽(반복지이불청), 則易位(즉역위)."

王勃然變乎色(왕발연변호색).

曰(왈): "王勿異也(왕물이야). 王問臣(왕문신), 臣不敢不以正對(신불감불이정대)."

王色定(왕색정), 然後請問(연후청문), 異姓之卿(이성지경).

曰(왈): "君有過則諫(군유과즉간), 反覆之而不聽(반복지이불청), 則去(즉거)."

고자장구상
告子章句上

● ● ●

11-1 본성을 없애고 인의를 실천한다고?

제자 고자(성은 고告, 이름은 불해不害)가 말했습니다.

"사람의 본성은 갯버들과 같고, 의(義)는 버드나무로 엮어 만든 그릇과 같습니다. 사람의 본성으로써 인과 의를 실천한다면, 갯버들을 구부려 나무그릇을 만드는 것과 같습니다."

맹자께서 말씀하셨습니다.

"너는 버드나무의 본성을 살려서 그릇을 만드느냐? 아니면 버드나무의 본성을 없애고 그릇을 만드느냐? 버드나무의 본성을 없애면서까지 그릇을 만든다면, 사람의 본성을 없애면서까지 인과 의를 행하겠다는 것이냐? 천하 사람을 이끌고 와서 인과 의를 해치는 것은 반드시 너의 말일 게다."

告子曰(고자왈): "性(성), 猶杞柳也(유기류야), 義(의), 猶桮棬也
(유배권야). 以人性爲仁義(이인성위인의), 猶以杞柳爲桮棬(유이기류
위배권)."

孟子曰(맹자왈): "子能順杞柳之性而以爲桮棬乎(자능순기류지성
이이위배권호)? 將戕賊杞柳而後以爲桮棬也(장장적기류이후이위배권
야)? 如將戕賊杞柳而以爲桮棬(여장장적기류이이위배권), 則亦將戕
賊人以爲仁義與(즉역장장적인이위인의여)? 率天下之人而禍仁義者
(솔천하지인이화인의자), 必子之言夫(필자지언부)!"

11-2 사람의 본성과 물의 성향

고자가 말했습니다.

"사람의 본성은 소용돌이치면서 흐르는 물과 같습니다. 동쪽 방
향으로 물길을 터주면 동쪽으로 흐르고, 서쪽 방향으로 물길을 터
주면 서쪽으로 흐릅니다. 사람의 본성에 선함과 선하지 않음의 구
분이 없는 것은, 물에 동쪽과 서쪽의 구분이 없는 것과 같습니다."

맹자께서 말씀하셨습니다.

"물에는 정말 동서의 구분이 없지만, 어찌 상하의 구분이 없겠느
냐? 사람의 본성이 선한 것은 물이 아래로 흘러가는 것과 같지. 낮
은 곳으로 흘려내려 가지 않는 물이 없듯이 그 본성이 선하지 않
는 사람은 없단다. 지금 물을 손으로 쳐서 사람의 이마 위로 튀어
오르게 할 수가 있고, 또 거세게 흘러가게 한다면 산에라도 올라가
게 할 수가 있지. 그러나 그것이 어찌 물의 본성이겠느냐? 물에 외
부의 힘을 가하면 그렇게 되는 것이란다. 사람이 선하지 않는 일을

하는 것은 그 본성이 외부로부터 영향을 받기 때문이란다.”

　告子曰(고자왈) : “性猶湍水也(성유단수야), 決諸東方則東流(결저
동방즉동류), 決諸西方則西流(결저서방즉서류). 人性之無分於善不善
也(인성지무분어선불선야), 猶水之無分於東西也(유수지무분어동서야).”

　孟子曰(맹자왈) : “水信無分於東西(수신무분어동서), 無分於上下
乎(무분어상하호)? 人性之善也(인성지선야), 猶水之就下也(유수지
취하야). 人無有不善(인무유불선), 水無有不下(수무유불하). 今夫水
(금부수), 搏而躍之(박이약지), 可使過顙(가사과상), 激而行之(격이행
지), 可使在山(가사재산). 是豈水之性哉(시기수지성재)? 其勢則然也
(기세즉연야). 人之可使爲不善(인지가사위불선), 其性亦猶是也(기성
역유시야).”

11-3 각기 다른 본성

고자가 말했습니다.

“타고난 그것을 본성이라 합니다.”

맹자께서 물었습니다.

“타고난 그것을 본성이라 한다면 흰 것을 희다고 하는 것과 같은
것이냐?”

고자가 말했습니다.

“그렇습니다.”

맹자께서 물었습니다.

“그렇다면 흰 깃털의 흰색이 흰 눈의 흰색과 같고, 흰 눈의 흰색
이 흰 옥의 흰색과 같은 것이더냐?”

고자가 말했습니다.

"그렇습니다."

맹자께서 말씀하셨습니다.

"그렇다면 개의 본성은 소의 본성과 같고, 소의 본성은 사람의 본성과 같은 것이더냐?"

告子曰(고자왈): "生之謂性(생지위성)."

孟子曰(맹자왈): "生之謂性也(생지위성야), 猶白之謂白與(유백지위백여)?"

曰(왈): "然(연)."

"白羽之白也(백우지백야), 猶白雪之白(유백설지백), 白雪之白(백설지백), 猶白玉之白與(유백옥지백여)?"

曰(왈): "然(연)."

"然則犬之性(연즉견지성), 猶牛之性(유우지성), 牛之性(우지성), 猶人之性與(유인지성여)?"

11-4 내재적인 것과 외재적인 것

고자가 말했습니다.

"식욕과 색욕은 인간의 본성입니다. 어진 인은 내재적인 것이지 외재적인 것이 아니고, 의로운 의는 외재적인 것이지 내재적인 것이 아닙니다."

맹자께서 물으셨습니다.

"어찌하여 인은 내재적인 것이고, 의는 외재적인 것이라고 하느냐?"

고자가 대답했습니다.

"어른을 섬길 때 그의 나이가 나보다 많아 어른으로 섬기는 것이지 그를 어른으로 섬기는 것이 나에게 내재된 건 아닙니다. 그 사람의 머리칼이 하얗게 세어서 희다고 생각하는 것처럼 외면의 그 흰 머리색에 따라 그렇게 생각하는 것과 같습니다. 그래서 그것을 외재적인 것이라고 말하는 겁니다."

맹자께서 말씀하셨습니다.

"흰 말의 흰 것과 흰 사람의 흰 것은 다름이 없지. 그러나 잘 모르긴 하지만, 늙은 말의 나이 많은 것과 늙은 사람의 나이 많은 것은 다르지 않겠느냐? 또 늙었다는 것을 의라고 하겠느냐? 아니면 연장자로 받드는 것을 의라고 하겠느냐?"

고자가 말했습니다.

"내 동생은 그냥 사랑하게 되지만, 진나라 사람의 동생이라면 바로 사랑하게 되지는 않습니다. 이는 내 자신이 기뻐하는 것이므로 이런 사랑을 내재된 것이라 말하는 겁니다. 초나라 사람의 어른을 어른으로 여기면서 내 집안 어른도 어른으로 섬기는 것은 그 어른의 나이 많음 때문에 내가 공경하는 마음이 일어나는 겁니다. 그러므로 이런 것은 외재적인 것이라 말한 겁니다."

맹자께서 말씀하셨습니다.

"진나라 사람이 구운 고기를 좋아하는 것과 내가 구운 고기를 좋아하는 것에는 다를 바가 없단다. 대체로 물건조차도 그러한 것이지. 그렇다면 구운 고기를 즐기는 마음도 외재적인 것이란 말이냐?"

告子曰(고자왈): "食色(식색), 性也(성야). 仁(인), 內也(내야), 非外

也(비외야), 義(의), 外也(외야), 非内也(비내야)."

孟子曰(맹자왈): "何以謂仁内義外也(하이위인내의외야)?"

曰(왈): "彼長而我長之(피장이아장지), 非有長於我也(비유장어아야), 猶彼白而我白之(유피백이아백지), 從其白於外也(종기백어외야), 故謂之外也(고위지외야)."

曰(왈): 異於白馬之白也(이어백마지백야), 無以異於白人之白也(무이이어백인지백야), 不識長馬之長也(불식장마지장야), 無以異於長人之長與(무이이어장인지장여)? 且謂長者義乎(차위장자의호)? 長之者義乎(장지자의호)?"

曰(왈): "吾弟則愛之(오제즉애지), 秦人之弟則不愛也(진인지제즉불애야), 是以我爲悅者也(시이아위열자야), 故謂之内(고위지내). 長楚人之長(장초인지장), 亦長吾之長(역장오지장), 是以長爲悅者也(시이장위열자야), 故謂之外也(고위지외야)."

曰(왈): "耆秦人之炙(기진인지자), 無以異於耆吾炙(무이이어기오자). 夫物則亦有然者也(부물즉역유연자야), 然則耆炙亦有外與(연즉기자역유외여)?"

11-5 의는 외재적인가, 내재적인가?

맹계자가 공도자에게 물었습니다.

"어찌하여 의를 내재적인 것이라 말하는 겁니까?"

공도자가 말했습니다.

"내가 지니고 있는 공경을 행하기 때문에 내재적인 것이라 한 거랍니다."

맹계자가 물었습니다.

"마을 사람이 자기의 맏형보다 한 살 더 위라면 누구를 공경합니까?"

공도자가 대답했습니다.

"당연히 형을 공경합니다."

맹계자가 물었습니다.

"그렇다면 술을 따르게 되면 누구에게 먼저 따릅니까?"

공도자가 대답했습니다.

"마을 사람에게 먼저 따릅니다."

맹계자가 말했습니다.

"공경하는 사람은 여기에 있는 맏형이지만 연장자로 받들 사람은 저기에 있으니, 결국 의는 외부에서 기인하는 것이지 내면에서 나오는 건 아니랍니다."

공도자가 대답을 못하고서 맹자께 이 사실을 보고하자, 맹자께서 말씀하셨습니다.

"'숙부를 공경하는가, 동생을 공경하는가' 하고 물으면 그 사람은 '숙부를 공경한다'고 말할 거야. 또 '동생을 시동(제사 지낼 때 조상의 신위를 세우는 아이)으로 삼았다면 누구를 공경하는가' 하고 물어보면 곧 '그 시동인 동생을 공경한다'고 말할 것이다. 그때 네가 '숙부를 공경함은 어디에 간 것이오?'라고 물으면 그는 곧 '동생이 시동의 지위에 있기 때문이오'라고 대답할 거야. 그때 너는 '평소에 공경하는 것은 형이고, 일시적으로 공경하는 것은 마을 사람이오'라고 말해 주거라."

孟季子問公都子曰(맹계자문공도자): "何以謂義內也(하이위의내야)?"

曰(왈): "行吾敬(행오경), 故謂之內也(고위지내야)."

"鄉人長於伯兄一歲(향인장어백형일세), 則誰敬(즉수경)?"

曰(왈): "敬兄(경형)."

"酌則誰先(작즉수선)?"

曰(왈): "先酌鄉人(선작향인)."

"所敬在此(소경재차), 所長在彼(소장재피), 果在外(과재외), 非由內也(비유내야)."

公都子不能答(공도자불능답), 以告孟子(이고맹자).

孟子曰(맹자왈): "'敬叔父乎(경숙부호)? 敬弟乎(경제호)?' 彼將曰(피장왈): '敬叔父(경숙부).' 曰(왈): '弟爲尸(제위시), 則誰敬(즉수경)?' 彼將曰(피장왈): '敬弟(경제).' 子曰(자왈): '惡在其敬叔父也(오재기경숙부야)?' 彼將曰在位故也(피장왈재위고야). 子亦曰(자역왈): '在位故也(재위고야). 庸敬在兄(용경재형), 斯須之敬在鄉人(사수지경재향인).'"

11-6 인의예지의 마음

공도자가 말했습니다.

"고자는 '본성은 선한 것도 아니고 선하지 않는 것도 아니다'고 하고, 어떤 사람은 '본성이란 선하게 될 수도 있고 선하지 않게 될 수도 있다. 그러므로 문왕이나 무왕이 세상에 나타났을 때는 백성들이 선한 것을 좋아했고, 유왕이나 여왕이 나타났을 때는 포악한 것을 좋아했다'고 했습니다. 어떤 사람은 '본성이 선한 사람도 있고, 본성이 선하지 않은 사람도 있다. 그러므로 요임금을 군주로

모시고 있으면서도 상과 같은 자가 나왔는가 하면, 고수 같은 자가
아버지인데도 순임금과 같은 사람이 나왔으며, 주왕을 형님의 아
들로 또 군주로 섬기고 있으면서도 미자계와 왕자 비간이 나왔다'
고 합니다. 이제 스승님께서는 '본성은 선하다'라고 하시니, 그렇다
면 이것들은 모두 잘못된 겁니까?"

　맹자께서 말씀하셨습니다.

"그런데 그 본 마음을 놓고 보면 선을 행하는 것이 가능하단다.
그래서 본성이 선하다고 하는 것이지. 선하지 않는 것을 행하는 일
은 그 마음의 본연이 저지르는 죄가 아니란다. 불쌍한 사람들을 측
은히 여기는 마음(측은지심)은 모든 사람이 공통적으로 가지고 있
지. 악을 부끄러워하고 미워하는 마음(수오지심) 역시 사람들 모두
가지고 있으며, 타인을 공경하는 마음(공경지심)도 모든 사람이 공
통적으로 가지고 있고, 옳고 그름을 가리고자 하는 마음(시비지심)
역시 모든 사람이 가지고 있단다. 측은지심은 인이며, 수오지심은
의이고, 공경지심은 예이며, 시비지심은 지란다. 인의예지는 외부
에서 들어와 나를 바꾸는 것이 아니고, 본래 자신이 가졌지만 그
사실을 생각하지 못할 뿐이란다. 그러므로 '구하면 얻을 수 있지만
버리면 잃어버린다'는 말이 있단다. 선함이나 선하지 않음이 사람
마다 두 배 또는 다섯 배로 다르거나 계산할 수 없이 차이가 벌어
지는 것은 자신의 선한 근본을 다 발휘할 수 없어서 그렇게 된 것
이란다.

『시경』에 이르길 '하늘이 뭇 백성을 낳되 낳은 것마다 법칙이 있
게 했다. 백성들은 올바른 본성을 지녀서 모두 이 아름다운 덕을

좋아하게 된다'라고 했지. 공자께서도 '이 시의 지은이는 도를 잘 아는 분이로구나! 그러므로 사물에는 반드시 법칙이 있는데, 백성은 떳떳함을 잡기 때문이다. 그래서 이런 아름다운 덕을 좋아하는 것이다'라고 하셨단다."

公都子曰(공도자왈): "告子曰(고자왈): '性無善無不善也(성무선무불선야).' 或曰(혹왈): '性可以爲善(성가이위선), 可以爲不善(가이위불선), 是故文武興(시고문무흥), 則民好善(즉민호선), 幽厲興(유여흥), 則民好暴(즉민호폭).' 或曰(혹왈): '有性善(유성선), 有性不善(유성불선), 是故以堯爲君而有象(시고이요위군이유상), 以瞽瞍爲父而有舜(이고수위부이유순), 以紂爲兄之子(이주위형지자), 且以爲君(차이위군), 而有微子啓(이유미자계), 王子比干(왕자비간).' 今曰性善(금왈성선), 然則彼皆非與(연즉피개비여)?"

孟子曰(맹자왈): "乃若其情(내약기정), 則可以爲善矣(즉가이위선의), 乃所謂善也(내소위선야). 若夫爲不善(약부위불선), 非才之罪也(비재지죄야). 惻隱之心(측은지심), 人皆有之(인개유지), 羞惡之心(수오지심), 人皆有之(인개유지), 恭敬之心(공경지심), 人皆有之(인개유지), 是非之心(시비지심), 人皆有之(인개유지). 惻隱之心(측은지심), 仁也(인야), 羞惡之心(수오지심), 義也(의야), 恭敬之心(공경지심), 禮也(예야), 是非之心(시비지심), 智也(지야). 仁義禮智(인의예지), 非由外鑠我也(비유외삭아야), 我固有之也(아고유지야), 弗思耳矣(불사이의). 故曰(고왈): '求則得之(구즉득지), 舍則失之(사즉실지).' 或相倍蓰而無算者(혹상배사이무산자), 不能盡其才者也(불능진기재자야).

詩曰(시왈): '天生蒸民(천생증민), 有物有則(유물유칙). 民之秉夷

(민지병이), 好是懿德(호시의덕).' 孔子曰(공자왈): '爲此詩者(위차시자), 其知道乎(기지도호)! 故有物必有則(고유물필유칙), 民之秉夷也(민지병이야), 故好是懿德(고호시의덕).'"

11-7 사람의 마음은 같다

맹자께서 말씀하셨습니다.

"풍년이 든 해에는 나이 어린 자제들도 다분히 넉넉한 마음을 갖게 되고, 흉년이 든 해에는 나이 어린 자제들도 조급한 마음에 포악해집니다. 그것은 하늘이 사람의 본성을 다르게 부여했기 때문이 아니라, 그 마음이 넉넉하지 못하면서 어느 한곳에 빠져든 까닭에 그렇게 된 거랍니다.

지금 보리를 파종하고 흙을 덮는데, 그 땅이 같고 심은 때도 같다면 싹이 잘 자라나 하지(夏至) 때에 이르면 보리가 모두 익을 겁니다. 비록 다른 점이 있다면, 그것은 땅이 비옥하거나 메마름의 차이이거나, 작물을 기르는 비나 이슬의 많고 적음, 사람이 들인 노력의 차이로 그런 것이랍니다. 그러므로 대체적으로 같은 종류의 사물은 모두 서로 비슷합니다. 그런데 어찌 유독 사람의 경우에만 비슷한 성품이 있다는 걸 의심을 하게 됩니까? 성인이나 나는 같은 종류의 사람인 겁니다.

그러므로 현인 용자가 말하길 '발의 크기를 알지 못하고 신발을 만든다 하더라도 삼태기처럼 크게 만들지는 않을 것을 나는 알고 있다'고 했습니다. 신발이 비슷한 것은 천하 사람들의 발이 거의 같기 때문입니다. 입이 어떤 맛을 볼 때 같은 입맛이 있습니다.

제환공의 요리사 역아는 우리 입이 좋아하는 것을 먼저 터득한 사람입니다. 만약 입의 미각을 느끼는 본성이 사람들마다 달라, 개나 말의 미각이 다른 것처럼 달랐다면, 천하의 사람들이 어찌 역아의 음식 맛을 따르겠습니까? 맛에 있어서는 천하의 사람들이 역아에게 기대하는데, 그것은 온 천하 사람들의 입맛이 비슷하기 때문입니다.

　귀로 듣는 것 또한 그러합니다. 소리에 대해서는 천하의 사람들이 춘추시대 진나라의 유명한 악사 사광의 연주를 고대합니다. 이는 천하 사람들의 귀가 서로 비슷하기 때문입니다. 또 눈 역시 그러합니다. 춘추시대 정나라의 미남자 자도에 대해 천하의 사람들은 그 아름다움을 모르는 사람이 없었답니다. 그러니 자도의 아름다움을 모르는 사람은 눈이 없는 자라고 한 겁니다. 그러므로 말하길 '입으로 맛보는 미각은 누구나 같고, 귀로 듣는 소리도 누구나 같으며, 눈으로 보는 아름다움도 누구나 같은 겁니다.' 그런데 마음에 대해선 유독 공통된 것이 없다고 하겠습니까? 마음에서 공통된 것은 무엇이겠습니까? 그것은 곧 리(理)이고 의(義)입니다. 성인은 우리의 마음이 같다는 것을 먼저 깨달은 것일 뿐입니다. 그러므로 리와 의가 우리 마음을 기쁘게 해주는 것은 마치 쇠고기나 돼지고기가 우리 입을 즐겁게 해주는 것과 같습니다."

　孟子曰(맹자왈): "富歲子弟多賴(부세자제다뢰), 凶歲子弟多暴(흉세자제다폭), 非天之降才爾殊也(비천지강재이수야), 其所以陷溺其心者然也(기소이함닉기심자연야).

　今夫麰麥(금부모맥), 播種而耰之(파종이우지), 其地同(기지동), 樹

之時又同(수지시우동), 浡然而生(발연이생), 至於日至之時(지어일지
지시), 皆熟矣(개숙의). 雖有不同(수유부동), 則地有肥磽(즉지유비교),
雨露之養(우로지양), 人事之不齊也(인사지부제야). 故凡同類者(고범
동류자), 擧相似也(거상사야), 何獨至於人而疑之(하독지어인이의지)?
聖人與我同類者(성인여아동류자).

故龍子曰(고용자왈):'不知足而爲屨(부지족이위구), 我知其不爲蕢
也(아지기부위괴야).' 屨之相似(구지상사), 天下之足同也(천하지족동
야). 口之於味(구지어미), 有同耆也(유동기야). 易牙先得我口之所耆
者也(역아선득아구지소기자야). 如使口之於味也(여사구지어미야), 其性
與人殊(기성여인수), 若犬馬之與我不同類也(약견마지여아부동류야),
則天下何耆(즉천하하기), 皆從易牙之於味也(개종역아지어미야)? 至
於味(지어미), 天下期於易牙(천하기어역아), 是天下之口相似也(시천
하지구상사야).

惟耳亦然(유이역연). 至於聲(지어성), 天下期於師曠(천하기어사광),
是天下之耳相似也(시천하지이상사야). 惟目亦然(유목역연). 至於子
都(지어자도), 天下莫不知其姣也(천하막부지기교야). 不知子都之姣
者(부지자도지교자), 無目者也(무목자야). 故曰(고왈):'口之於味也(구
지어미야), 有同耆焉(유동기언), 耳之於聲也(이지어성야), 有同聽焉(유
동청언), 目之於色也(목지어색야), 有同美焉(유동미언).'至於心(지어
심), 獨無所同然乎(독무소동연호)? 心之所同然者何也(심지소동연자하
야)? 謂理也(위리야), 義也(의야). 聖人先得我心之所同然耳(성인선득
아심지소동연이). 故理義之悅我心(고리의지열아심), 猶芻豢之悅我口
(유추환지열아구)."

11-8 사람의 양심

맹자께서 말씀하셨습니다.

"우산의 나무들은 예전엔 아름다웠습니다. 그런데 그곳이 큰 나라의 근교이기 때문에 도끼로 그것들을 잘라대니 아름다움을 유지할 수가 있겠습니까? 그 나무들은 밤낮없이 자라나고 비와 이슬로 윤택해져 싹과 움이 생기지 않는 것이 없지만, 소나 양을 끌어다가 먹이기 때문에 저렇게 벌거숭이산이 된 것처럼 보이는 겁니다. 사람들은 그 벌거숭이산을 보고서 원래부터 나무가 없었다고 하지만, 이것이 어찌 산의 본 모습이겠습니까?

하물며 사람이 가지고 있는 것 중에 어찌 인과 의의 마음이 없겠습니까? 자기의 양심을 잃어버리는 것은 도끼로 나무를 베어버리는 것과 같이 매일 아침 그 양심을 잘라버리니, 아름다워질 수가 있겠습니까? 밤낮으로 길러지는 양심이 싹트기는 하지만, 선한 것을 좋아하고 악한 것을 미워하는 아름다운 양심을 가진 자는 드뭅니다. 그것은 낮에 한 행동이 양심의 싹을 구속하여 잊게 하기 때문입니다. 그런 양심을 구속하는 일이 반복되면 밤에 자란 양심의 기운을 보존하기 어렵습니다. 그런 밤에 자라나는 양심의 기운이 충분하지 못하면 그때는 금수와 그리 다르지 않게 됩니다. 사람들은 금수와 같은 자를 보고서는 본래 그 산에 재목이 없다고 여기는 것과 같으니, 그러나 그것이 어찌 사람이 가진 본래의 성정이겠습니까?

그러므로 진정 잘 길러준다면 자라나지 않는 사물이 없고, 진실로 길러주지 않으면 사라지지 않을 사물이 없답니다. 그래서 공자

께서 '마음을 꼭 잡고 있으면 존재하고, 버리면 사라지는데, 들어
가고 나가는 것에는 때가 없으며, 그 있는 곳을 알 수 없다'고 하신
것은 바로 인간의 마음을 두고 말씀하신 겁니다."

孟子曰(맹자왈):"牛山之木嘗美矣(우산지목상미의), 以其郊於大國
也(이기교어대국야), 斧斤伐之(부근벌지), 可以爲美乎(가이위미호)? 是
其日夜之所息(시기일야지소식), 雨露之所潤(우로지소윤), 非無萌櫱
之生焉(비무맹얼지생언), 牛羊又從而牧之(우양우종이목지), 是以若彼
濯濯也(시이약피탁탁야). 人見其濯濯也(인견기탁탁야), 以爲未嘗有材
焉(이위미상유재언), 此豈山之性也哉(차기산지성야재)?

雖存乎人者(수존호인자), 豈無仁義之心哉(기무인의지심재)? 其所
以放其良心者(기소이방기량심자), 亦猶斧斤之於木也(역유부근지어목
야), 旦旦而伐之(단단이벌지), 可以爲美乎(가이위미호)? 其日夜之所
息(기일야지소식), 平旦之氣(평단지기), 其好惡與人相近也者幾希(기
호악여인상근야자기희), 則其旦晝之所爲(즉기단주지소위), 有梏亡之矣
(유곡망지의). 梏之反覆(곡지반복), 則其夜氣不足以存(즉기야기부족이
존), 夜氣不足以存(야기부족이존), 則其違禽獸不遠矣(즉기위금수불원
의). 人見其禽獸也(인견기금수야), 而以爲未嘗有才焉者(이이위미상유
재언자), 是豈人之情也哉(시기인지정야재)?

故苟得其養(고구득기양), 無物不長(무물부장), 苟失其養(구실기
양), 無物不消(무물불소). 孔子曰(공자왈):'操則存(조즉존), 舍則亡
(사즉망), 出入無時(출입무시), 莫知其鄉(막지기향).'惟心之謂與(유
심지위여)."

11-9 전심전력의 노력이 필요하다

맹자께서 말씀하셨습니다.

"제나라 선왕이 지혜롭지 못한 것은 이상할 것이 없습니다. 비록 천하에 아주 쉽게 자라는 식물이 있다 해도 하루만 볕을 쬐고 열흘 동안 추운 곳에서 자랄 수 있는 식물은 없을 겁니다. 내가 왕을 만나볼 기회는 드물고 물러나면 그를 차갑게 하는 자들이 모여드니, 지혜의 싹이 있다 해도 내가 어떻게 해볼 수 있겠습니까?

지금 바둑의 수는 보잘 것 없지만, 마음이 없고 의지가 없으면 잘 둘 수가 없습니다. 혁추는 나라를 통틀어 바둑을 제일 잘 두는 사람입니다. 혁추에게 두 사람을 가르치도록 했을 경우, 한 사람은 전심전력을 다하여 혁추의 가르침을 경청하는 데 집중합니다. 다른 한 사람은 비록 그의 가르침을 듣긴 하지만 한구석으로는 '기러기와 고니가 날아올 텐데 활과 주살로 잡아야지' 하고 딴생각을 한다면, 비록 두 사람은 함께 배우지만 실력이 같지는 않을 겁니다. 이렇게 바둑실력이 차이 나게 되는 것은 그 지혜가 같지 않아서이겠습니까? '그렇지 않다'고 말하고 싶습니다."

孟子曰(맹자왈): "無或乎王之不智也(무혹호왕지부지야), 雖有天下易生之物也(수유천하역생지물야), 一日暴之(일일폭지), 十日寒之(십일한지). 未有能生者也(미유능생자야). 吾見(오견), 亦罕矣(역한의), 吾退(오퇴), 而寒之者至矣(이한지자지의). 吾如有萌焉何哉(오여유맹언하재)?

今夫弈之爲數(금부혁지위수), 小數也(소수야), 不專心致志(부전심치지), 則不得也(즉부득야). 弈秋(혁추), 通國之善弈者也(통국지선혁자야). 使弈秋誨二人弈(사혁추회이인혁), 其一人專心致志(기일인전심치지), 惟弈秋之爲聽(유혁추지위청). 一人雖聽之(일인수청지), 一心以爲有鴻鵠將至(일심이위유홍곡장지), 思援弓繳而射之(사원궁격이사지), 雖與之俱學(수여지구학), 弗若之矣(불약지의). 爲是其智弗若與(위시기지불약여)? 曰(왈): '非然也(비연야).'"

11-10 좋아하는 것과 싫어하는 것

맹자께서 말씀하셨습니다.

"생선은 내가 좋아하는 겁니다. 곰 발바닥 역시 내가 좋아하는 것이죠. 두 가지를 함께 가질 수 없다면 나는 생선을 버리고 곰 발바닥을 가질 겁니다. 삶 역시 내가 바라는 것입니다. 의로움 역시 내가 바라는 겁니다. 두 가지를 함께 얻을 수 없다면 나는 삶을 버리고 의로움을 취할 겁니다. 삶 역시 내가 바라는 것인데 삶보다 더 바라는 것이 있으므로 구차하게 그 삶을 얻으려 하지 않는 겁니다. 죽음 역시 내가 싫어하는 것인데 죽음보다 더 싫어하는 것이 있으므로 죽음을 피하지 않고 죽는 겁니다. 만약 사람들이 삶보다 더 간절히 바라는 것이 없다면 살기 위해 어떤 방법인들 쓰지 않겠습니까?

만약 사람들이 죽음보다 더 싫어하는 것이 없다면, 죽음을 피할 수 있는 어떤 일이든 하지 않겠습니까? 이 때문에 살기 위한 방법이 있는데도 사용하지 않는 경우도 있고, 이 때문에 죽음을 피할 수 있는 방법이 있는데도 그렇게 하지 않는 경우가 있답니다. 이렇기 때문에 삶보다 더 바라는 게 있고, 죽음보다 더 싫어하는 게 있습니다. 유독 현자만이 이런 마음을 가지고 있는 것이 아니라 사람들 모두가 가지고 있는데, 현자는 이러한 마음을 잃지 않을 뿐이랍니다.

한 소쿠리의 밥과 한 그릇의 국을 얻으면 살고 얻지 못하면 죽을지라도, 욕설을 퍼부으면서 준다면 길가는 행인도 받지 않을 겁니다. 발로 차면서 주면 걸인일지라도 달갑게 여기지 않을 겁니다. 만 종(10만 섬)의 녹을 예나 의를 가리지 않고 받는다면, 그 만 종의 녹이 나에게 무엇을 보태주겠습니까? 호화로운 집을 얻고, 아내와 첩을 먹여 살리고, 아는 사람 중에 궁핍한 사람이 나를 고맙게 여기도록 하기 위해서입니까? 예전에는 죽어도 받지 않겠다던 사람이 지금은 집을 아름답게 꾸미기 위해 받습니다. 예전에는 죽어도 받지 않겠다던 사람이 지금은 아내와 첩을 봉양하기 위해 받습니다. 예전에는 죽어도 받지 않겠다던 사람이 아는 사람 중에 궁핍한 자가 자신을 고맙게 여기도록 하기 위해 받습니다. 이런 짓을 그만둘 수는 없을까요? 이러한 것들이 그 본심을 잃었다고 말하는 겁니다."

孟子曰(맹자왈): "魚(어), 我所欲也(아소욕야), 熊掌(웅장), 亦我所欲也(역아소욕야), 二者不可得兼(이자불가득겸), 舍魚而取熊掌者也(사어이취웅장자야). 生(생), 亦我所欲也(역아소욕야), 義(의), 亦我所欲也(역아소욕야), 二者不可得兼(이자불가득겸), 舍生而取義者也(사생이취의자야). 生亦我所欲(생역아소욕), 所欲有甚於生者(소욕유심어생자), 故不爲苟得也(고불위구득야), 死亦我所惡(사역아소오), 所惡有甚於死者(소오유심어사자), 故患有所不辟也(고환유소불벽야). 如使人之

所欲莫甚於生(여사인지소욕막심어생), 則凡可以得生者(즉범가이득생자), 何不用也(하불용야)?

使人之所惡莫甚於死者(사인지소오막심어사자), 則凡可以辟患者(즉범가이피환자), 何不爲也(하불위야)? 由是則生而有不用也(유시즉생이유불용야), 由是則可以辟患而有不爲也(유시즉가이피환이유불위야). 是故所欲有甚於生者(시고소욕유심어생자), 所惡有甚於死者(소오유심어사자), 非獨賢者有是心也(비독현자유시심야), 人皆有之(인개유지), 賢者能勿喪耳(현자능물상이).

一簞食(일단식), 一豆羹(일두갱), 得之則生(득지즉생), 弗得則死(불득즉사). 嘑爾而與之(호이이여지), 行道之人弗受(행도지인불수), 蹴爾而與之(축이이여지), 乞人不屑也(걸인불설야). 萬鍾則不辨禮義而受之(만종즉불변예의이수지). 萬鍾於我何加焉(만종어아하가언)? 爲宮室之美(위궁실지미), 妻妾之奉(처첩지봉), 所識窮乏者得我與(소식궁핍자득아여)? 鄕爲身死而不受(향위신사이불수), 今爲宮室之美爲之(금위궁실지미위지), 鄕爲身死而不受(향위신사이불수), 今爲妻妾之奉爲之(금위처첩지봉위지), 鄕爲身死而不受(향위신사이불수), 今爲所識窮乏者得我而爲之(금위소식궁핍자득아이위지), 是亦不可以已乎(시역불가이이호)? 此之謂失其本心(차지위실기본심)."

11-11 잃어버린 마음을 찾는 것

맹자께서 말씀하셨습니다.

"인은 사람의 마음이고, 의는 사람의 길입니다. 그 길을 내려두고 걸어가지 않으며, 그 마음을 잃어버리고도 찾을 줄을 모르니, 슬픈 일입니다! 사람은 닭이나 개를 잃어버리면 찾을 줄은 알면서도, 자기의 마음을 잃어버리면 찾을 줄을 모릅니다. 학문의 길은 다른 데 있는 게 아니라, 그 잃어버린 마음을 찾는 데 있을 뿐입니다."

孟子曰(맹자왈): "仁(인), 人心也(인심야), 義(의), 人路也(인로야). 舍其路而弗由(사기로이불유), 放其心而不知求(방기심이부지구), 哀哉(애재)! 人有雞犬放(인유계견방), 則知求之(즉지구지), 有放心(유방심), 而不知求(이부지구). 學問之道無他(학문지도무타), 求其放心而已矣(구기방심이이의)."

11-12 일의 경중을 모름

맹자께서 말씀하셨습니다.

"지금 무명지(약지)가 굽혀져 잘 펴지지는 않지만, 그것이 아프거나 일에 해롭지는 않다고 해봅시다. 만약 그 굽은 손가락을 펴줄 사람이 있다면 진나라나 초나라까지 가는 먼 길을 찾아가는데, 손가락이 남과 같지 않기 때문입니다. 손가락이 남과 같지 않으면 싫어할 줄 알면서도 마음이 남과 같지 않으면 싫어할 줄을 모릅니다. 이것을 일의 경중을 모른다고 하는 겁니다."

孟子曰(맹자왈): "今有無名之指(금유무명지지), 屈而不信(굴이불신), 非疾痛害事也(비질통해사야), 如有能信之者(여유능신지자), 則不遠秦楚之路(즉불원진초지로), 爲指之不若人也(위지지불약인야). 指不若人(지불약인), 則知惡之(즉지오지), 心不若人(심불약인), 則不知惡(즉부지오), 此之謂不知類也(차지위부지류야)."

11-13 자기 자신을 기를 줄도 모름

맹자께서 말씀하셨습니다.

"한 줌으로 쥘 수 있을 만한 오동나무나 가래나무도 사람이 진실로 기르고자 하면 누구나 기르는 방법을 알게 됩니다. 그런데 자기자신에 대해서는 기르는 방법을 모릅니다. 어찌 자신을 오동나무나 가래나무처럼 사랑하지 않을까요? 생각이 깊지 못해 그렇답니다."

孟子曰(맹자왈): "拱把之桐梓(공파지동재), 人苟欲生之(인구욕생지), 皆知所以養之者(개지소이양지자). 至於身(지어신), 而不知所以養之者(이부지소이양지자), 豈愛身不若桐梓哉(기애신불약동재재)? 弗思甚也(불사심야)."

11-14 전체를 볼 줄 알아야

맹자께서 말씀하셨습니다.

"사람은 자기 몸을 대할 때는 그 몸 전체를 아끼게 됩니다. 아끼게 되면 몸 전체를 잘 길러주려 합니다. 한 자 한 치의 피부도 아끼지 않는 것이 없기 때문에, 한 자 한 치의 살갗도 기르지 않음이 없게 됩니다. 그 피부의 좋고 나쁜 이유를 생각해 보면 어찌 다른 사람에게 그 원인이 있겠습니까? 자기 자신에게 그 이유를 찾아야 합니다.

몸에는 귀한 부분과 천한 부분이 있고, 작은 부분과 큰 부분이 있습니다. 그러나 작은 부분 때문에 큰 부분을 해쳐서는 안 되고, 천한 부분이 귀한 부분을 해쳐서도 안 됩니다. 작은 부분을 기르는 자는 소인이 되고, 큰 부분을 기르는 사람은 대인이 됩니다. 이제

한 원예사가 오동나무와 가래나무를 버려두고 대추나무와 가시나무를 기른다면 그는 천박한 원예사가 됩니다.

또 손가락 하나를 치료하느라 어깨나 등에 생긴 병을 알아차리지 못하는 사람은 형편없는 의사입니다. 먹고 마시는 데만 치중하는 사람을 사람들은 천박하게 여기니, 그것은 작은 부분만을 기르고 큰 부분을 잃기 때문입니다. 먹고 마시는 데만 치중하는 사람이라도 중요한 것을 잃어버리지 않으려 한다면 입과 배가 어찌 한 자한 치 되는 피부에 그치겠습니까?"

孟子曰(맹자왈): "人之於身也(인지어신야), 兼所愛(겸소애). 兼所愛(겸소애), 則兼所養也(즉겸소양야). 無尺寸之膚不愛焉(무척촌지부불애언), 則無尺寸之膚不養也(즉무척촌지부불양야). 所以考其善不善者(소이고기선불선자), 豈有他哉(기유타재)? 於己取之而已矣(어기취지이이의).

體有貴賤(체유귀천), 有小大(유소대). 無以小害大(무이소해대), 無以賤害貴(무이천해귀). 養其小者爲小人(양기소자위소인), 養其大者爲大人(양기대자위대인). 今有場師(금유장사), 舍其梧檟(사기오가), 養其樲棘(양기이극), 則爲賤場師焉(즉위천장사언).

養其一指而失其肩背而不知也(양기일지이실기견배이부지야), 則爲狼疾人也(즉위랑질인야). 飲食之人(음식지인), 則人賤之矣(즉인천지의), 爲其養小以失大也(위기양소이실대야). 飲食之人無有失也(음식지인무유실야), 則口腹豈適爲尺寸之膚哉(즉구복기적위척촌지부재)?"

11-15 대인과 소인이 되는 이치

공도자가 맹자께 여쭈었습니다.

"사람은 비슷한데도 어떤 사람은 대인이 되고 어떤 사람은 소인이 되는 건 무엇 때문입니까?"

맹자께서 대답하셨습니다.

"마음이라는 대아를 따르면 대인이 되고, 몸이라는 소아를 따르게 되면 소인이 되는 것이지."

공도자가 여쭈었습니다.

"사람은 비슷한데도 어떤 사람은 마음이라는 대아를 따르고, 어떤 사람은 몸이라는 소아만을 따르는데 왜 그렇습니까?"

맹자께서 말씀하셨습니다.

"귀와 눈이라는 기관은 생각할 능력이 없어 외부의 사물에 지배되므로 사물을 접하게 되면 그것에 끌려가게 마련일 뿐이지. 마음이라는 기관은 생각할 수 있어서, 생각하게 되면 사물의 특성을 이해할 수 있고, 생각하지 않으면 사물의 특성을 이해하지 못하지. 이것이 하늘이 우리에게 부여해 준 것이란다. 먼저 마음이라는 큰 것을 세워 놓으면 그 작은 것인 감각기관도 빼앗아가지 못하게 되지. 이것이 바로 대인이 되는 길이란다."

公都子問曰(공도자문왈): "鈞是人也(균시인야), 或爲大人(혹위대인), 或爲小人(혹위소인), 何也(하야)?"

孟子曰(맹자왈): "從其大體爲大人(종기대체위대인), 從其小體爲小人(종기소체위소인)."

曰(왈): "鈞是人也(균시인야), 或從其大體(혹종기대체), 或從其小

體(혹종기소체), 何也(하야)?"

曰(왈): "耳目之官不思(이목지관불사), 而蔽於物(이폐어물), 物交物(물교물), 則引之而已矣(즉인지이이의). 心之官則思(심지관즉사), 思則得之(사즉득지), 不思則不得也(불사즉부득야). 此天之所與我者(차천지소여아자), 先立乎其大者(선립호기대자), 則其小者不能奪也(즉기소자불능탈야). 此爲大人而已矣(차위대인이이의)."

11-16 천작과 인작

맹자께서 말씀하셨습니다.

"하늘이 내린 벼슬인 천작이 있고, 사람이 주는 벼슬인 인작이 있습니다. 인과 의, 충과 신 그리고 선한 것을 좋아하고 게을리하지 않는 것, 이것이 하늘이 내린 벼슬입니다. 공과 경과 대부는 사람이 내린 벼슬인 인작입니다. 옛사람들은 천작을 수양했기 때문에 인작이 저절로 따라왔었답니다. 그런데 요즘 사람들은 천작을 수양해서 인작을 구하고, 인작을 얻고 나서는 천작을 버리는데, 이처럼 미혹된 자는 마침내는 인작도 잃어버리고 말 뿐입니다."

孟子曰(맹자왈): "有天爵者(유천작자), 有人爵者(유인작자). 仁義忠信(인의충신), 樂善不倦(낙선불권), 此天爵也(차천작야), 公卿大夫(공경대부), 此人爵也(차인작야). 古之人脩其天爵(고지인수기천작), 而人爵從之(이인작종지). 今之人脩其天爵(금지인수기천작), 以要人爵(이요인작), 旣得人爵(기득인작), 而棄其天爵(이기기천작), 則惑之甚者也(즉혹지심자야), 終亦必亡而已矣(종역필망이이의)."

11-17 덕을 갖춘 사람은

맹자께서 말씀하셨습니다.

"존귀해지기를 바라는 것은 사람마다 같은 마음입니다. 사람은 누구나 자신의 몸에 존귀함을 지니고 있지만 이를 생각하지 못할 뿐입니다. 남이 귀하게 만들어주는 것은 진실로 존귀함이 아닙니다. 조맹(趙孟, 진나라에서 경 벼슬을 한 사람)이 존귀하게 만들어준 것은 조맹이 천박하게 만들어줄 수도 있습니다.

『시경』에 이르길 '술에 이미 취했고, 이미 덕으로 배불렀네'라고 했습니다. 이 시는 인과 의로 배불렀으니, 남의 고량진미를 원하지 않는다고, 또한 좋은 명성과 명예가 자기 자신에게 베풀어지고 있기 때문에 다른 사람의 호화로운 비단 옷을 바라지 않는다고 말한 것입니다."

孟子曰(맹자왈): "欲貴者(욕귀자), 人之同心也(인지동심야). 人人有貴於己者(인인유귀어기자), 弗思耳(불사이). 人之所貴者(인지소귀자), 非良貴也(비량귀야). 趙孟之所貴(조맹지소귀), 趙孟能賤之(조맹능천지).

詩云(시운): '旣醉以酒(기취이주), 旣飽以德(기포이덕).' 言飽乎仁義也(언포호인의야), 所以不願人之膏粱之味也(소이불원인지고량지미야), 令聞廣譽施於身(영문광예시어신), 所以不願人之文繡也(소이불원인지문수야)."

11-18 이치에 어긋나는 자들

맹자께서 말씀하셨습니다.

"인이 어질지 못한 불인을 이기는 것은 물이 불을 이기는 것과 같습니다. 그러나 요즈음 인을 행하려는 사람들은 한 잔의 물로써 수레 위에 쌓아놓은 땔나무에 붙은 불을 끄려는 것과 같습니다. 불이 꺼지지 않으면 물이 불을 이기지 못한다고 말하니, 이 또한 불인에 동조하는 자들입니다. 이 역시 결국에는 인마저 잃어버리고 말 겁니다."

孟子曰(맹자왈): "仁之勝不仁也(인지승불인야), 猶水勝火(유수승화). 今之爲仁者(금지위인자), 猶以一杯水(유이일배수), 救一車薪之火也(구일차신지화야), 不熄(불식), 則謂之水不勝火(즉위지수불승화), 此又與於不仁之甚者也(차우여어불인지심자야). 亦終必亡而已矣(역종필망이이의)."

11-19 인도 충분히 여물어야

맹자께서 말씀하셨습니다.

"오곡은 종자 중에서도 가장 우수한 것들입니다. 그러나 오곡도 여물지 않으면 비름이나 피 같은 품종보다 못하답니다. 대체적으로 인 역시 그것을 충분히 여물게 하는 데 달려 있습니다."

孟子曰(맹자왈): "五穀者(오곡자), 種之美者也(종지미자야), 苟爲不熟(구위불숙), 不如荑稗(불여이패). 夫仁亦在乎熟之而已矣(부인역재호숙지이이의)."

11-20 가르침과 배움의 핵심

맹자께서 말씀하셨습니다.

"예는 사람들에게 활쏘기를 가르칠 때는 반드시 활시위를 당기는 것에 뜻을 두도록 했습니다. 배우는 사람도 역시 활시위를 당기는 것에 열중해야 합니다. 대목수가 남을 가르칠 때는 반드시 원을 그리는 그림쇠와 ㄱ자 모양의 곱자를 가지고 했습니다. 배우는 사람 역시 반드시 그림쇠와 곱자를 가지고 배워야 합니다."

孟子曰(맹자왈): "羿之敎人射(예지교인사), 必志於彀(필지어구), 學者亦必志於彀(학자역필지어구). 大匠誨人(대장회인), 必以規矩(필이규구), 學者亦必以規矩(학자역필이규구)."

고자장구하
告子章句下

• • •

12-1 일의 경중

임나라 사람이 맹자의 제자 옥려자에게 물었습니다.

"예와 밥 중에 어느 것이 더 중요합니까?"

옥려자가 말했습니다.

"예가 더 중요합니다."

임나라 사람이 다시 물었습니다.

"색과 예 중에 어느 것이 더 중요합니까?"

옥려자가 말했습니다.

"예가 더 중요합니다."

임나라 사람이 다시 물었습니다.

"예를 차리고 먹으려 하면 굶주려 죽게 되고, 예를 차리지 않는다면 밥을 얻어먹을 수 있다 해도 반드시 예로써 행해야 합니까? 신랑이 직접 신부 집에 가서 맞는 친영을 하면 처를 얻을 수 없고, 친영하지 않으면 처를 얻을 수 있다 해도 반드시 친영해야 합니까?"

옥려자는 대답하지 못했고, 다음 날 추나라로 가서 스승 맹자께 그러한 사실을 보고했습니다.

맹자께서 말씀하셨습니다.

"그런 질문에 답하는 것이 뭐가 어렵겠느냐? 그 근본을 헤아려 보지 않고 그 말단만 비교한다면, 한 치 나무를 가지고 높은 누각보다 더 높게 할 수가 있지. 쇠가 깃털보다 무겁다고 하는 것이 어찌 허리띠의 고리쇠 하나와 한 수레에 가득 실은 깃털을 비교해서 말하는 것이겠느냐? 먹는 것 중에서 중요한 것과 예 중에서 사소한 것을 비교한다면 어찌 먹는 것이 중요하다고 하지 않겠느냐? 여색과 관련된 중요한 것과 예와 관련된 사소한 것을 비교한다면 어찌 여색이 중요하다고 하지 않겠느냐?

가서 그 사람에게 말해 주거라. '형의 팔을 비틀어 그의 밥을 빼앗으면 밥을 먹을 수 있고, 비틀지 않으면 밥을 얻지 못한다 해도 형의 팔을 비틀고 밥을 빼앗겠는가? 옆집 담을 넘어 그 집 처녀를 강제로 덮치면 아내를 얻고, 담을 넘어 처녀를 덮치지 않으면 아내를 얻지 못한다면, 담을 넘어 덮치겠는가?'"

任人有問屋廬子曰(임인유문옥려자왈): "禮與食孰重(예여식숙중)?"

曰(왈): "禮重(예중)."

"色與禮孰重(색여예숙중)?"

曰(왈): "禮重(예중)."

曰(왈): "以禮食(이예식), 則飢而死(즉기이사), 不以禮食(불이예식),
則得食(즉득식), 必以禮乎(필이예호)? 親迎(친영), 則不得妻(즉부득
처), 不親迎(불친영), 則得妻(즉득처), 必親迎乎(필친영호)?"

屋廬子不能對(옥려자불능대), 明日之鄒(명일지추), 以告孟子(이고
맹자).

孟子曰(맹자왈): "於答是也何有(어답시야하유)? 不揣其本而齊其
末(불췌기본이제기말), 方寸之木可使高於岑樓(방촌지목가사고어잠루).
金重於羽者(금중어우자), 豈謂一鉤金與一輿羽之謂哉(기위일구금여
일여우지위재)? 取食之重者(취식지중자), 與禮之輕者而比之(여예지경
자이비지), 奚翅食重(해시식중)? 取色之重者(취색지중자), 與禮之輕者
而比之(여예지경자이비지), 奚翅色重(해시색중)?

往應之曰(왕응지왈): '紾兄之臂而奪之食(진형지비이탈지식), 則得
食(즉득식), 不紾(부진), 則不得食(즉부득식), 則將紾之乎(즉장진지
호)? 踰東家牆而摟其處子(유동가장이루기처자), 則得妻(즉득처), 不摟
(불루), 則不得妻(즉부득처), 則將摟之乎(즉장루지호)?'"

12-2 노력하면 도를 얻을 수 있다

조나라 임금의 동생인 조교가 물었습니다.

"사람은 모두 요임금과 순임금이 될 수 있다는데, 그 말이 사실
입니까?"

맹자께서 대답하셨습니다.

"그렇답니다."

조교가 다시 물었습니다.

"제가 듣기론 문왕은 키가 10척(주나라 때 1척은 20cm이니 2미터)이고, 탕왕은 9척, 현재 저는 9척 4촌이면서도 곡식만 축내고 있을 뿐이랍니다. 어떻게 하면 좋을까요?"

맹자께서 말씀하셨습니다.

"그것이 무슨 상관이 있겠습니까? 다만 실천이 중요할 뿐이랍니다. 여기 어떤 사람이 있다고 치면, 그의 힘은 병아리 한 마리도 이길 수 없을 정도라면 힘이 없는 사람이라고 하겠지만, 그가 오늘 백 균(180kg)의 무게를 든다고 한다면 그는 힘센 사람이라고 할 수 있습니다. 그러므로 오획(진나라의 장사)이 들었던 물건을 든다면 그 역시 오획이 될 수 있답니다. 사람들은 어째서 요순보다 뛰어나지 못하다고 걱정할까요? 요순처럼 그렇게 하지 않을 뿐이랍니다.

어른 뒤에서 천천히 가는 것을 공손하다고 합니다. 어른 앞을 가로질러 빨리 가는 것을 공손치 않다고 합니다. 천천히 걷는 것을 어찌 사람이 못하겠습니까? 빨리 가지 않는 것일 뿐입니다. 요순의 도는 효와 공손함일 뿐입니다. 당신이 요임금처럼 옷을 입고, 요임금처럼 말하고, 요임금처럼 행동하면 요임금이 될 뿐이랍니다. 반대로 걸왕처럼 옷을 입고, 걸왕처럼 말하고, 걸왕처럼 행동하면 걸왕이 될 뿐이랍니다."

曹交問曰(조교문왈): "人皆可以爲堯舜(인개가이위요순), 有諸(유저)?"

孟子曰(맹자왈): "然(연)."

"交聞文王十尺(교문문왕십척), 湯九尺(탕구척), 今交九尺四寸以長(금교구척사촌이장), 食粟而已(식속이이), 如何則可(여하즉가)?"

曰(왈): "奚有於是(해유어시)? 亦爲之而已矣(역위지이이의). 有人於此(유인어차), 力不能勝一匹雛(역불능승일필추), 則爲無力人矣(즉위무력인의), 今曰擧百鈞(금왈거백균), 則爲有力人矣(즉위유력인의). 然則擧烏獲之任(연즉거오획지임), 是亦爲烏獲而已矣(시역위오획이이의). 夫人豈以不勝爲患哉(부인기이불승위환재)? 弗爲耳(불위이).

徐行後長者謂之弟(서행후장자위지제), 疾行先長者謂之不弟(질행선장자위지부제). 夫徐行者(부서행자), 豈人所不能哉(기인소불능재)? 所不爲也(소불위야). 堯舜之道(요순지도), 孝弟而已矣(효제이이의). 子服堯之服(자복요지복), 誦堯之言(송요지언), 行堯之行(행요지행), 是堯而已矣(시요이이의). 子服桀之服(자복걸지복), 誦桀之言(송걸지언), 行桀之行(행걸지행), 是桀而已矣(시걸이이의)."

그러자 조교가 말했습니다.

"제가 추나라의 군주를 알현하고 숙소를 얻을 수 있을 것이니, 저는 그곳에 머물면서 선생님의 문하에서 배우고자 합니다."

맹자께서 말씀하셨습니다.

"대체로 도는 큰 길과 같으니 배우기에 무슨 어려움이 있겠습니까? 다만 사람들이 그 도를 구하지 않는 것이 문제죠. 당신도 당신의 나라로 돌아가서 그 도를 구하기만 한다면 스승은 얼마든지 있을 겁니다."

曰(왈): "交得見於鄒君(교득견어추군), 可以假館(가이가관), 願留而受業於門(원류이수업어문)."

曰(왈): "夫道(부도), 若大路然(약대로연), 豈難知哉(기난지재)? 人

病不求耳(인병불구). 子歸而求之(자귀이구지), 有餘師(유여사)."

12-3 부모와 자식과의 관계

공손추가 여쭈었습니다.

"고자가 말하길 '소변은 소인의 시'라고 했습니다."

맹자께서 말씀하셨습니다.

"어찌 그렇게 말했겠느냐?"

공손추가 대답했습니다.

"아버지를 원망했기 때문입니다."

맹자께서 말씀하셨습니다.

"고루하구나! 고자라는 늙은이의 시 해석이. 여기에 어떤 사람이 있다고 치자. 월나라 사람이 활시위를 당겨 화살을 쏘았다면 그는 웃으면서 그러지 말라고 말할 게야. 그것은 다름이 아니라 그 월나라 사람과는 별 관계가 없기 때문이지. 그러나 자기 형이 활을 쏘아 사람을 죽이려 하면 눈물을 흘리며 슬피 울면서 그러지 말라고 말할 게야. 다름이 아니라 형과는 친근한 사이이기 때문이지. 소변의 시에 나타나는 원망은 어버이를 친애하고 있다는 표현이야. 어버이를 친애함은 인이란다. 그러니 고자라는 늙은이의 시 해석이 고루하다는 게야."

公孫丑問曰(공손축문왈): "高子曰(고자왈): '小弁(소변), 小人之詩也(소인지시야).'"

孟子曰(맹자왈): "何以言之(하이언지)?"

曰(왈): "怨(원)."

曰(왈): "固哉(고재), 高叟之爲詩也(고수지위시야)! 有人於此(유인어차), 越人關弓而射之(월인관궁이사지), 則己談笑而道之(즉기담소이도지), 無他(무타), 疏之也(소지야). 其兄關弓而射之(기형관궁이사지), 則己垂涕泣而道之(즉기수체읍이도지), 無他(무타), 戚之也(척지야). 小弁之怨(소변지원), 親親也(친친야). 親親(친친), 仁也(인야). 固矣夫(고의부), 高叟之爲詩也(고수지위시야)!"

공손추가 여쭈었습니다.

"그렇다면 개풍이란 시에서는 어찌하여 그 어버이를 원망하지 않았습니까?"

맹자께서 말씀하셨습니다.

"개풍에 나타난 어버이의 잘못은 작았고, 소변에 나타난 어버이의 잘못은 아주 컸지. 어버이의 잘못이 큰데도 원망하지 않는다면 어버이와 더욱 소원해지는 것이란다. 어버이의 잘못이 작은데도 원망한다면 어버이가 자식에게 어떤 말도 못하게 되지. 부모와 자식의 관계를 멀어지게 하는 것도 불효이고, 부모가 자식의 잘못을 말할 수 없게 하는 것 역시 불효란다. 공자께서는 '순임금은 지극한 효자셨는데, 나이 50이 되어서도 부모님을 지극히 사모했답니다'라고 하셨지."

曰(왈): "凱風何以不怨(개풍하이불원)?"

曰(왈): "凱風(개풍), 親之過小者也(친지과소자야), 小弁(소변), 親之過大者也(친지과대자야). 親之過大而不怨(친지과대이불원), 是愈疏也(시유소야), 親之過小而怨(친지과소이원), 是不可磯也(시불가기야). 愈

疏(유소), 不孝也(불효야), 不可磯(불가기), 亦不孝也(역불효야). 孔子
曰(공자왈): '舜其至孝矣(순기지효의), 五十而慕(오십이모).'"

12-4 이익이 아닌 인의로 해야

송경(송나라 도가계열의 학자로 맹자가 평소에 존경했다.)이 초나라로 가
는 길에 석구에서 맹자를 만났습니다. 맹자께서 말씀하셨습니다.

"선생님께선 어디로 가시려 하십니까?"

송경이 말했습니다.

"나는 진나라와 초나라가 전쟁을 하려 한다고 들었지. 그래서 초
나라 왕을 만나 그를 설득시켜서 전쟁을 종식시키려 한다네. 만약
초나라 왕이 내 말을 듣지 않는다면 진나라의 왕을 만나서 그를 설
득시켜 말리려고 하지. 그래서 두 나라 왕을 만나려 한다네."

맹자께서 말씀하셨습니다.

"제가 자세한 건 여쭙지 않겠지만 그 취지를 듣고 싶습니다. 앞
으로 어떻게 하실 것인지 듣고 싶습니다."

송경이 말했습니다.

"나는 전쟁을 치르는 것이 양국에 서로 이익이 되지 않다는 점을
말하려고 한다네."

宋輕將之楚(송경장지초), 孟子遇於石丘(맹자우어석구).

曰(왈): "先生將何之(선생장하지)?"

曰(왈): "吾聞秦楚搆兵(오문진초구병), 我將見楚王說而罷之(아장
견초왕설이파지). 楚王不悅(초왕불열), 我將見秦王說而罷之(아장견진
왕설이파지), 二王我將有所遇焉(이왕아장유소우언)."

曰(왈): "軻也請無問其詳(가야청무문기상), 願聞其指(원문기지). 說之將何如(설지장하여)?"

曰(왈): "我將言其不利也(아장언기불리야)."

그러자 맹자께서 말씀하셨습니다.

"선생님의 뜻은 위대하시지만, 선생님의 주장은 옳지 않은 것 같습니다. 선생님께서는 이익을 내세워 진나라와 초나라 왕을 설득시키려 합니다. 진나라와 초나라 왕은 이익에 기뻐하고 삼군의 군사행동을 중단함으로써 삼군의 병사들은 그 중단을 즐거워하고 이익에 기뻐할 겁니다. 그러나 신하가 된 사람이 이익을 생각해 왕을 섬기고, 자식된 사람이 이익을 생각해 아버지를 섬기고, 아우된 사람이 이익을 생각해 형을 섬긴다면, 그것은 군신 · 부자 · 형제가 결국엔 인의를 버리고 이익만 생각해 서로 가까이 하게 되니, 이렇게 하고도 망하지 않은 사람은 이제껏 없었습니다.

선생님께서 인의로써 진나라와 초나라의 왕들을 설득시켜서 그들이 인의를 좋아해 삼군의 군사를 물러나게 한다면, 군사들은 물러나게 된 것을 반기고 인의를 좋아하게 되는 겁니다. 신하된 사람이 인의를 생각해 자기의 임금을 섬기고, 자식된 사람이 인의를 생각해 자기의 부모를 섬기며, 아우된 사람이 인의를 생각해 자기의 형을 섬긴다면, 그것은 군신 · 부자 · 형제가 이익을 떠나 인의를 생각해 서로 가까이하는 겁니다. 그렇게 하고서도 왕이 되지 못한 사람은 아직까지 없었습니다. 그런데 하필이면 이익을 가지고 말씀하려 하십니까?"

曰(왈): "先生之志則大矣(선생지지즉대의), 先生之號則不可(선생지호즉불가). 先生以利說秦楚之王(선생이리설진초지왕), 秦楚之王悅於利(진초지왕열어리), 以罷三軍之師(이파삼군지사), 是三軍之士樂罷而悅於利也(시삼군지사낙파이열어리야). 爲人臣者懷利以事其君(위인신자회리이사기군), 爲人子者懷利以事其父(위인자자회리이사기부), 爲人弟者懷利以事其兄(위인제자회리이사기형). 是君臣(시군신), 父子(부자), 兄弟(형제), 終去仁義(종거인의), 懷利以相接(회리이상접), 然而不亡者(연이불망자), 未之有也(미지유야).

先生以仁義說秦楚之王(선생이인의설진초지왕), 秦楚之王悅於仁義(진초지왕열어인의), 而罷三軍之師(이파삼군지사), 是三軍之士樂罷而悅於仁義也(시삼군지사낙파이열어인의야). 爲人臣者懷仁義以事其君(위인신자회인의이사기군), 爲人子者懷仁義以事其父(위인자자회인의이사기부), 爲人弟者懷仁義以事其兄(위인제자회인의이사기형), 是君臣(시군신), 父子(부자), 兄弟去利懷仁義以相接也(형제거리회인의이상접야). 然而不王者(연이불왕자), 未之有也(미지유야). 何必曰利(하필왈리)?"

12-5 예물은 정성스런 마음이 중요

맹자께서 고향 추나라에 머물렀을 때 임나라 군주의 동생인 계임이 나라를 지키고 있었는데, 폐백을 보내 교제를 요청해 왔습니다. 맹자께서는 그 폐백을 받긴 했으나 답례는 하지 않았답니다. 제나라 평륙에 있을 때에도 제나라 재상 저자가 폐백을 보내며 교류를 요청했는데, 받기는 했지만 답례를 하지 않았답니다. 그 후에

추나라에서 임나라로 가서는 계자(계임)를 만났습니다. 평륙에서 제나라로 가서는 저자를 만나지 않았답니다.

제자인 옥려자가 기뻐하면서 '이제 내가 물어볼 틈을 얻었다'고 말하며, 맹자께 여쭈었습니다.

"스승님께서 임나라에 가셨을 때는 계자를 만났으면서도 제나라에 가셨을 때는 저자를 만나시지 않았는데, 저자가 재상이라서 군주의 동생보다는 덜 중요하다고 생각해서 그러신 건가요?"

맹자께서 말씀하셨습니다.

"아니란다.『서경』에 이르길 '예물을 보냄에는 예의를 다해야 하는데, 예의가 예물에 미치지 못하면 예물을 보내지 않는 것과 마찬가지다. 예물을 보내는 예의에 마음을 기울이지 않았기 때문이다'라고 했지. 이는 그의 예가 소홀해서 참된 예물이 될 수 없었기 때문이란다."

옥려자는 이 말을 듣고서는 기뻐했습니다. 어떤 사람이 그 일에 대해 묻자, 옥려자가 말했습니다.

"계자는 임나라의 국정을 책임지고 있어 추나라로 갈 수 없어 선물만 보낸 것이고, 저자는 제나라에 있어 평륙에 갈 수 있었는데도 그냥 선물만 보낸 것이라 차등을 둔 것이랍니다."

孟子居鄒(맹자거추), 季任爲任處守(계임위임처수), 以幣交(이폐교), 受之而不報(수지이불보). 處於平陸(처어평륙), 儲子爲相(저자위상), 以幣交(이폐교), 受之而不報(수지이불보). 他日由鄒之任(타일유추지임), 見季子(견계자), 由平陸之齊(유평륙지제), 不見儲子(불견저자).

屋廬子喜曰(옥려자희왈): "連得閒矣(연득간의)."

問曰(문왈): "夫子之任見季子(부자지임견계자), 之齊不見儲子(지제불견저자), 爲其爲相與(위기위상여)?"

曰(왈): "非也(비야). 書曰(서왈): '享多儀(향다의), 儀不及物(의불급물), 曰不享(왈불향), 惟不役志于享(유불역지우향).' 爲其不成享也(위기불성향야)."

屋廬子悅(옥려자열). 或問之(혹문지).

屋廬子曰(옥려자왈): "季子不得之鄒(계자부득지추), 儲子得之平陸(저자득지평륙)."

12-6 군자와 현자의 행위

제나라의 유명한 사상가 순우곤이 말했습니다.

"명성과 실적을 앞세우는 사람은 남을 위하는 것이고, 명성과 실적을 뒤로 돌리는 사람은 자신을 위하는 겁니다. 선생께서는 삼경의 지위에 있습니다만 명성과 실적은 위로는 군주와 아래로는 백성을 위해 하신 일도 없이 떠나려 하시니, 어진 사람은 정말 이와 같습니까?"

맹자께서 말씀하셨습니다.

"낮은 지위에 머물러 있었지만 현자로서 어리석은 군주를 섬기지 않은 사람은 백이입니다. 은나라를 창업한 탕왕에게 다섯 번이나 찾아가 벼슬했고, 하나라의 마지막 왕인 폭군인 걸에게 다섯 번이나 나아가 벼슬한 사람은 이윤이랍니다. 더럽게 타락한 군주라 해도 싫어하지 않고 작은 벼슬도 사양하지 않은 사람은 유하혜입니다. 이 세 사람의 방법은 같지 않습니다만 나아간 방향은 하나였

습니다. 그 하나라는 게 무엇이겠습니까? 말하자면 인입니다. 군자
는 역시 인으로 나아갈 뿐입니다. 처신하는 방법이 같을 필요야 있
겠습니까?"

淳于髡曰(순우곤왈): "先名實者(선명실자), 爲人也(위인야), 後名
實者(후명실자), 自爲也(자위야). 夫子在三卿之中(부자재삼경지중),
名實未加於上下而去之(명실미가어상하이거지), 仁者固如是乎(인자
고여시호)?"

孟子曰(맹자왈): "居下位(거하위), 不以賢事不肖者(불이현사불초
자), 伯夷也(백이야). 五就湯(오취탕), 五就桀者(오취걸자), 伊尹也(이
윤야). 不惡汙君(불오오군), 不辭小官者(불사소관자), 柳下惠也(유하혜
야). 三子者不同道(삼자자부동도), 其趨一也(기추일야). 一者何也(일
자하야)? 曰仁也(왈인야). 君子亦仁而已矣(군자역인이이의), 何必同
(하필동)?"

순우곤이 말했습니다.

"노나라 무공 때 공의자가 재상으로 정치를 했고, 현인 자류와
공자의 손자 자사가 신하로 있었는데도 노나라의 영토가 매우 심
하게 줄어들었습니다. 그토록 현량한 사람도 나라에 도움이 되지
않는 겁니까?"

맹자께서 말씀하셨습니다.

"우나라는 백리해를 등용하지 않았기 때문에 망했고, 진나라의
목공은 그를 등용해 천하의 패자가 되었습니다. 현자를 등용하지
않으면 망하게 되는 것이니, 영토가 줄어드는 정도로 어찌 끝날 수

있겠습니까?"

曰(왈): "魯繆公之時(노무공지시), 公儀子爲政(공의자위정), 子柳(자류), 子思爲臣(자사위신), 魯之削也滋甚(노지삭야자심). 若是乎賢者之無益於國也(약시호현자지무익어국야)!"

曰(왈): "虞不用百里奚而亡(우불용백리해이망), 秦穆公用之而霸(진목공용지이패). 不用賢則亡(불용현즉망), 削何可得與(삭하가득여)?"

순우곤이 말했습니다.

"옛날에 위나라에서 노래를 잘하는 왕표가 기수에 살 때에는 하서 지방의 사람들이 노래를 잘 부르게 되었고, 제나라의 명가수 면구가 고당에 살 때에는 제나라 동부 지방 사람들이 노래를 잘하게 되었습니다. 또 제나라 장수 화주와 기량의 처가 자기 남편의 죽음에 구슬피 곡을 하자 나라의 풍속이 변하게 되었습니다. 내면에 어떤 것이 있으면 반드시 밖으로 드러나게 됩니다. 일을 해도 그 공로가 나타나지 않는 사람을 나는 아직 보지 못했습니다. 그렇기 때문에 이 나라에는 현자가 없는 겁니다. 있었다면 내가 반드시 그것을 알고 있었겠지요."

맹자께서 말씀하셨습니다.

"공자님께서 노나라의 범죄를 다스리는 사구로 있었지만 중용되지 않았답니다. 제나라에서 제사를 지냈을 때에는 공자님께서도 참석했는데, 제사 지낸 고기를 나누어주는 예를 갖추지 않자 예복을 벗지도 않고 떠나버렸습니다. 공자님을 잘 모르는 사람들은 고기 때문이라고 하고, 아는 사람들은 왕이 예를 지키지 않았기 때문이라고 했습니다. 공자님께서는 작은 허물을 핑계 삼아 떠나고자 했던 겁니다. 구차스럽게 떠나고 싶어 하진 않았답니다. 군자가 행하는 이유를 보통사람들은 알지 못합니다."

曰(왈): "昔者王豹處於淇(석자왕표처어기), 而河西善謳(이하서선구), 緜駒處於高唐(면구처어고당), 而齊右善歌(이제우선가), 華周(화주), 杞梁之妻善哭其夫(기량지처선곡기부), 而變國俗(이변국속). 有諸內必形諸外(유저내필형저외). 爲其事而無其功者(위기사이무기공자), 髡未嘗覩之也(곤미상도지야). 是故無賢者也(시고무현자야), 有則髡必識之(유즉곤필식지)."

曰(왈): "孔子爲魯司寇(공자위노사구), 不用(불용), 從而祭(종이제), 燔肉不至(번육부지), 不稅冕而行(불세면이행). 不知者以爲爲肉也(부지자이위위육야), 其知者以爲爲無禮也(기지자이위위무례야). 乃孔子則欲以微罪行(내공자즉욕이미죄행), 不欲爲苟去(불욕위구거). 君子之所爲(군자지소위), 衆人固不識也(중인고불식야)."

12-7 군주와 제후와 대부의 관계

맹자께서 말씀하셨습니다.

"다섯 패자(제나라 환공, 진나라 문공, 진나라 목공, 송나라 양공, 초나라 장왕)는 삼왕(하나라 우왕, 은나라 탕왕, 주나라 문왕)에게 죄를 지은 사람들입니다. 지금의 제후들은 이 다섯 패자에게 죄를 지은 사람들입니다. 지금의 대부는 지금의 제후들에게 죄를 지은 사람들입니다.

천자가 제후의 영토에 가는 것을 순수라 하고, 그 제후가 천자를 뵙는 것을 술직이라고 합니다. 봄에는 밭갈이를 살펴보고 부족한 것을 보충해 주며, 가을에는 수확을 살펴서 부족한 것을 도와줍니다. 천자가 제후의 강역에 들어가서 토지가 잘 개간되어 있고, 논밭이 잘 정리되어 있으며, 노인을 받들고, 현자가 존중받고 있으며, 훌륭한 사람이 관직에 등용되어 있으면 상을 주는데, 그 상은 땅으로 주었습니다. 천자가 제후의 강역에 들어갔는데, 토지는 황무지로 되어 있고, 노인들은 내버려지고 현자를 푸대접하고 백성을 착취하는 자가 관직에 있으면 곧 질책이 따랐답니다.

孟子曰(맹자왈): "五霸者(오패자), 三王之罪人也(삼왕지죄인야). 今之諸侯(금지제후), 五霸之罪人也(오패지죄인야). 今之大夫(금지대부), 今之諸侯之罪人也(금지제후지죄인야). 天子適諸侯曰巡狩(천자적제후왈순수), 諸侯朝於天子曰述職(제후조어천자왈술직). 春省耕而補不足(춘성경이보부족), 秋省斂而助不給(추성렴이조불급). 入其疆(입기강), 土地辟(토지벽), 田野治(전야치), 養老尊賢(양노존현), 俊傑在位(준걸재위), 則有慶(즉유경), 慶以地(경이지). 入其疆(입기강), 土地荒蕪(토지황무), 遺老失賢(유노실현), 掊克在位(부극재위), 則有讓(즉유양).

제후가 조정에 와서 한 번이라도 천자를 뵙지 않으면 그 작위를 한 계급 낮추고, 두 번씩이나 조회에 빠지면 제후의 땅을 줄이고, 세 번 조회에 참석하지 않으면 군대를 동원해 그를 추방했습니다. 이 때문에 천자는 잘못을 성토하되 정벌하지는 않습니다. 제후는 천자의 명을 받아 정벌하되 성토하지는 못합니다. 다섯 패자는 다른 제후를 규합해 그들로 하여금 다른 제후를 정벌한 자들입니다. 그렇기 때문에 다섯 패자는 삼왕에게 죄인이 되는 겁니다.

다섯 패자 가운데 제나라 환공의 세력이 가장 강성했는데, 제후들이 희생의 제물을 놓고 그 위에 맹약의 글을 올려놓았을 뿐 희생물을 죽여 그 피를 입에 바르는 의식은 행하지 않았답니다. 그 맹약의 첫째 조항에는 '불효한 자는 죽이고, 세자는 바꾸지 말며, 첩을 본처로 삼지 못한다'였습니다. 둘째 조항은 '현자를 존경하고, 인재를 육성하며, 덕이 있는 사람을 표창해야 한다'고 했으며, 셋째 조항에는 '노인을 공경하고, 어린이를 사랑하며, 손님과 나그네를 소홀히 대접해서는 안 된다'였습니다. 넷째 조항은 '선비는 관직을 세습시키지 말고, 관직을 겸직하지 말며, 선비를 채용할 때는 인재를 등용할 것과 대부를 사사로이 죽이지 말 것'이라 했고, 다섯째 조항에는 '제후가 제방을 쌓을 때는 자기에게 유리하게 휘도록 쌓지 말며, 양곡의 무역을 방해하지 말고, 영지를 주려면 반드시 천자에게 보고해야 한다'고 했습니다.

그러고는 '우리 동맹한 사람들은 오늘 맹약을 맺은 이후에는 서로 우호적이었던 때로 돌아가자'고 했습니다. 오늘날의 제후들은 모두가 이 다섯 가지 금령을 어기고 있으니, 오늘날의 제후들은 다섯 패자의 맹약을 지키지 않는 죄인인 겁니다. 군주의 악정을 조장하는 죄는 작지만, 오히려 군주의 악정에 영합하는 자는 그 죄가 큽니다. 지금의 대부들은 모두가 군주의 악정에 영합하고 있습니다. 그러므로 오늘날의 대부들은 오늘날의 제후에게 죄인이라고 말하는 겁니다."

一不朝(일불조), 則貶其爵(즉폄기작), 再不朝(재부조), 則削其地(즉삭기지), 三不朝(삼부조), 則六師移之(즉육사이지). 是故天子討而不

伐(시고천자토이불벌), 諸侯伐而不討(제후벌이불토). 五霸者(오패자), 摟諸侯以伐諸侯者也(루제후이벌제후자야), 故曰(고왈), 五霸者(오패자), 三王之罪人也(삼왕지죄인야).

五霸(오패), 桓公爲盛(환공위성). 葵丘之會諸侯(규구지회제후), 束牲(속생), 載書而不歃血(재서이불삽혈). 初命曰(초명왈): '誅不孝(주불효), 無易樹子(무역수자), 無以妾爲妻(무이첩위처).' 再命曰(재명왈): '尊賢育才(존현육재), 以彰有德(이창유덕).' 三命曰(삼명왈): '敬老慈幼(경노자유), 無忘賓旅(무망빈려).' 四命曰(사명왈): '士無世官(사무세관), 官事無攝(관사무섭), 取士必得(취사필득), 無專殺大夫(무전살대부).' 五命曰(오명왈): '無曲防(무곡방), 無遏糴(무알적), 無有封而不告(무유봉이불고).' 曰(왈): '凡我同盟之人(범아동맹지인), 旣盟之後(기맹지후), 言歸于好(언귀우호).' 今之諸侯(금지제후), 皆犯此五禁(개범차오금), 故曰(고왈), 今之諸侯(금지제후), 五霸之罪人也(오패지죄인야). 長君之惡其罪小(장군지악기죄소), 逢君之惡其罪大(봉군지악기죄대). 今之大夫(금지대부), 皆逢君之惡(개봉군지악), 故曰(고왈), 今之大夫(금지대부), 今之諸侯之罪人也(금지제후지죄인야)."

12-8 군주를 섬기는 도리

노나라가 신자를 장군으로 삼고자 했습니다.

그러자 맹자께서 말씀하셨습니다.

"백성을 가르치지도 않고 전쟁터에 내보내는 것은 백성을 재앙에 빠뜨리는 일입니다. 백성을 재앙에 빠뜨리는 것은 요순 시대에는 용납되지 않았답니다. 한 번의 전투에서 제나라에 이겨 마침내

남양을 차지할지라도 그러한 일은 용납될 수 없습니다."

그러자 신자가 발끈 성을 내며 말했습니다.

"이런 일은 활리(滑釐, 신자의 이름)는 잘 모르는 일입니다."

맹자께서 말씀하셨습니다.

"나는 분명히 그대에 말해 주겠습니다. 천자의 땅은 사방 천 리는 되어야 하는데, 천 리가 되지 않으면 제후를 대접하기에는 부족하기 때문이랍니다. 제후의 땅은 사방 백 리인데, 백 리가 안 되면 종묘의 전적을 지키기에는 부족하답니다. 주공이 노나라의 제후에 봉해졌을 때는 사방 백 리로 했답니다. 땅이 모자라서가 아니라 정해진 대로 백 리를 초과하지 못하게 한 것이랍니다. 강태공이 제나라의 제후에 봉해졌을 때에도 또한 사방 백 리로 했습니다. 땅이 모자라진 않았지만 검약하게 사방 백 리로 했습니다.

지금 노나라의 땅은 사방 백 리의 땅이 다섯이나 되니, 그대 생각에 진정한 왕업을 일으킨다면 노나라의 땅이 줄어들겠습니까? 아니면 늘어날 것으로 보십니까? 전쟁을 하지 않고 저쪽 땅을 빼앗아 이쪽에 주는 것도 어진(仁) 사람은 하지 않는데, 하물며 사람을 죽이면서까지 땅을 확장하길 바라겠습니까? 군자가 군주를 섬기는 도리는 그 군주를 인도해 정도로 이끄는 데 힘쓰고, 오직 어진 일에 뜻을 두도록 할 뿐이랍니다."

魯欲使慎子爲將軍(노욕사신자위장군).

孟子曰(맹자왈): "不教民而用之(불교민이용지), 謂之殃民(위지앙민). 殃民者(앙민자), 不容於堯舜之世(불용어요순지세). 一戰勝齊(일전승제), 遂有南陽(수유남양), 然且不可(연차불가)."

慎子勃然不悅曰(신자발연불열왈): "此則滑釐所不識也(차즉활리소
불식야)."

曰(왈): "吾明告子(오명고자). 天子之地方千里(천자지지방천리), 不
千里(불천리), 不足以待諸侯(부족이대제후). 諸侯之地方百里(제후지
지방백리), 不百里(불백리), 不足以守宗廟之典籍(부족이수종묘지전적).
周公之封於魯(주공지봉어노), 爲方百里也(위방백리야), 地非不足(지
비부족), 而儉於百里(이검어백리). 太公之封於齊也(태공지봉어제야),
亦爲方百里也(역위방백리야), 地非不足也(지비부족야), 而儉於百里
(이검어백리).

今魯方百里者五(금노방백리자오), 子以爲有王者作(자이위유왕자
작), 則魯在所損乎(즉노재소손호)? 在所益乎(재소익호)? 徒取諸彼以
與此(도취저피이여차), 然且仁者不爲(연차인자불위), 況於殺人以求之
乎(황어살인이구지호)? 君子之事君也(군자지사군야), 務引其君以當道
(무인기군이당도), 志於仁而已(지어인이이)."

12-9 오늘날의 신하

맹자께서 말씀하셨습니다.

"오늘날 군주를 섬기는 자들은 '나는 군주를 위해 토지를 개간하
고 창고를 가득 채울 수 있다'고 말합니다. 오늘날의 이른바 좋은
신하는 옛날로 치자면 백성의 도적들입니다. 군주가 도를 지향하
지 않고 인에 뜻을 두지 않는데도 그를 부유하게 해주는 것은 폭군
걸을 부유하게 해주는 짓입니다.

또 그들은 '나는 군주를 위해 다른 나라와 조약을 맺고, 전쟁을

하면 반드시 이길 수 있다'고 말합니다. 오늘날의 이른바 좋은 신하들은 옛날의 이른바 백성의 도적인 겁니다. 군주가 도를 지향하지 않고 인에 뜻을 두지 않는데, 그들을 위해 억지로 전쟁하기를 바라는 것은 폭군 걸을 돕는 것과 같습니다. 오늘날의 도를 따르고 지금의 풍속을 바꾸지 않는다면, 비록 천하를 준다 할지라도 하루라도 그 자리에 앉아 있을 수 없을 겁니다."

孟子曰(맹자왈): "今之事君者曰(금지사군자왈): '我能爲君辟土地(아능위군벽토지), 充府庫(충부고).' 今之所謂良臣(금지소위량신), 古之所謂民賊也(고지소위민적야). 君不鄕道(군불향도), 不志於仁(부지어인), 而求富之(이구부지), 是富桀也(시부걸야).

'我能爲君約與國(아능위군약여국), 戰必克(전필극).' 今之所謂良臣(금지소위량신), 古之所謂民賊也(고지소위민적야). 君不鄕道(군부향도), 不志於仁(부지어인), 而求爲之强戰(이구위지강전), 是輔桀也(시보걸야). 由今之道(유금지도), 無變今之俗(무변금지속), 雖與之天下(수여지천하), 不能一朝居也(불능일조거야)."

12-10 세금은 형편에 맞게 부과해야

장사꾼 백규가 물었습니다.

"나는 세금을 소출의 20분의 1로 받고자 하는데, 어떻습니까?"

맹자께서 말씀하셨습니다.

"그대의 방식은 오랑캐 맥나라의 방법입니다. 만약 만 가구가 사는 나라에서 단 한 사람의 도공만 질그릇을 만든다면 충분할까요?"

백규가 대답했습니다.

"불가능합니다. 그릇을 사용하기에는 부족할 겁니다."

맹자께서 말씀하셨습니다.

"맥나라에서는 오곡이 생산되지 않고 오직 수수만 난답니다. 성곽·궁실·종묘·제사와 관련된 예가 없으며, 제후들이 폐백을 보내지도 않고, 손님에게 아침밥이나 저녁밥을 대접하지도 않습니다. 백관과 유사도 없기 때문에 세금을 소출의 20분의 1만 받아도 충분하답니다.

지금 중국에 살면서 인륜을 저버리고 군자를 없애는 것이 어찌 가능하겠습니까? 질그릇을 굽는 사람이 부족해도 나라를 다스릴 수 없는데, 하물며 군자가 없어서야 되겠습니까? 요순의 법도에 비해 세금을 가볍게 하고자 하는 자는 오랑캐와 같은 대맥이거나 소맥일 겁니다. 요순의 법도보다 과중한 세금을 받고자 하는 자는 폭군 걸왕과 같은 대걸이거나 소걸일 겁니다."

白圭曰(백규왈): "吾欲二十而取一(오욕이십이취일), 何如(하여)?"

孟子曰(맹자왈): "子之道(자지도), 貉道也(맥도야). 萬室之國(만실지국), 一人陶(일인도), 則可乎(즉가호)?"

曰(왈): "不可(불가), 器不足用也(기부족용야)."

曰(왈): "夫貉(부맥), 五穀不生(오곡불생), 惟黍生之(유서생지). 無城郭(무성곽), 宮室(궁실), 宗廟(종묘), 祭祀之禮(제사지례), 無諸侯幣帛饔飱(무제후폐백옹손), 無百官有司(무백관유사), 故二十取一而足也(고이십취일이족야).

今居中國(금거중국), 去人倫(거인륜), 無君子(무군자), 如之何其可

也(여지하기가야)? 陶以寡(도이과), 且不可以爲國(차불가이위국), 況
無君子乎(황무군자호)? 欲輕之於堯舜之道者(욕경지어요순지도자), 大
貉小貉也(대맥소맥야), 欲重之於堯舜之道者(욕중지어요순지도자), 大
桀小桀也(대걸소걸야)."

12-11 백규의 치수

백규가 말했습니다.

"저 단(백규의 이름)이 물길을 다스린 치수는 우왕보다 낫습니다."

맹자께서 말씀하셨습니다.

"그대의 방식은 그릇된 겁니다. 우임금의 치수는 물의 흐름을 따
른 겁니다. 그렇기 때문에 우왕은 사방의 바다를 배수장으로 삼아
서 그리로 흘러내리게 했습니다. 그러나 지금 그대는 이웃나라를
배수장으로 삼아서 그리로 물이 흘러들게 하고 있습니다. 물이 거
꾸로 흐르는 것을 홍수(洚水)라고 합니다. 다른 말로는 홍수(洪水)
죠. 이것은 어진 사람이 싫어하는 거랍니다. 그러니 그대의 치수방
식은 잘못된 겁니다."

白圭曰(백규왈): "丹之治水也愈於禹(단지치수야유어우)."

孟子曰(맹자왈): "子過矣(자과의). 禹之治水(우지치수), 水之道也
(수지도야). 是故禹以四海爲壑(시고우이사해위학), 今吾子以鄰國爲
壑(금오자이린국위학). 水逆行(수역행), 謂之洚水(위지홍수). 洚水者(홍
수자), 洪水也(홍수야), 仁人之所惡也(인인지소오야). 吾子過矣(오자과
의)."

12-12 군자의 신념

맹자께서 말씀하셨습니다.

"군자가 신념이 없다면 어디를 의지해 설 수 있겠습니까?"

孟子曰(맹자왈): "君子不亮(군자불량), 惡乎執(오호집)?"

12-13 정치는 선한 사람이 해야

노나라에서 악정자에게 정사를 맡기기로 했습니다. 그러자 맹자께서 말씀하셨습니다.

"나는 그 소식을 듣고 기뻐서 잠이 오지 않았단다."

공손추가 여쭈었습니다.

"악정자는 강인한 사람인가요?"

맹자께서 "아니란다"라고 말씀하시자, 공손추가 "그럼 지식이 있고 사려 깊은 사람이가요?"라고 여쭈었습니다. 맹자께서는 "아니다"라고 하셨습니다. 다시 "견문과 학식이 많습니까?"라고 여쭙자, "아니란다"라고 대답하셨습니다. "그렇다면 어찌하여 기뻐서 잠도 주무시지 못하셨습니까?"라고 여쭙자, "그의 사람됨이 선을 좋아하기 때문이란다"라고 말씀하셨습니다.

공손추가 다시 여쭈었습니다.

"선한 것을 좋아하기만 하면 충분합니까?"

맹자께서 말씀하셨습니다.

"선을 좋아하면 천하를 다스려도 넉넉한데, 하물며 노나라쯤이야 못 다스리겠느냐? 진실로 선을 좋아하게 되면 곧 세상 모든 사람들이 천 리 길도 가벼이 여기고 와서 선한 것을 일러줄 거야. 그러나 진실로 좋아하지 않는다면 사람들은 '교만스럽게 으스댈 것을, 나는 이미 알고 있었지'라고 말할 게야.

교만스럽게 으스대는 복소리와 태도는 사람들을 천 리 밖으로 물러나게 한단다. 선비가 천 리 밖에 머물게 되면 헐뜯고 아첨하며 입만 알랑거리는 자들이 모여들게 되지. 헐뜯고 아첨하며 입만 알랑거리는 자들로 둘러싸인다면 나라를 다스리고자 해도, 그게 가능하겠느냐?"

魯欲使樂正子爲政(노욕사악정자위정).

孟子曰(맹자왈): "吾聞之(오문지), 喜而不寐(희이불매)."

公孫丑曰(공손추왈): "樂正子强乎(악정자강호)?"

曰(왈): "否(부)."

"有知慮乎(유지려호)?"

曰(왈): "否(부)."

"多聞識乎(다문식호)?"

曰(왈): "否(부)."

"然則奚爲喜而不寐(연즉해위희이불매)?"

曰(왈): "其爲人也好善(기위인야호선)."

"好善足乎(호선족호)?"

曰(왈): "好善優於天下(호선우어천하), 而況魯國乎(이황노국호)? 夫苟好善(부구호선), 則四海之內(즉사해지내), 皆將輕千里而來(개장경천리이래), 告之以善(고지이선). 夫苟不好善(부구불호선), 則人將曰(즉인장왈): '訑訑(이이), 予旣已知之矣(여기이지지의).' 訑訑之聲音顏色(이이지성음안색), 距人於千里之外(거인어천리지외). 士止於千里之外

(사지어천리지외), 則讒諂面諛之人至矣(즉참첨면유지인지의). 與讒諂面諛之人居(여참첨면유지인거), 國欲治(국욕치), 可得乎(가득호)?"

12–14 공경과 예와 약속

제자 진자가 여쭈었습니다.

"옛날의 군자는 어떻게 해야 벼슬을 했습니까?"

맹자께서 말씀하셨습니다.

"벼슬자리로 나아가는 것에는 세 가지가 있고, 떠나는 것에도 세 가지가 있단다. 군주가 공경을 다하여 예를 갖추면서 자기가 말한 것을 실행한다고 약속하면 벼슬길에 나아가며, 그 예를 갖추는 것에 변함이 없지만 말한 것을 실행하지 않는다면 벼슬자리를 떠나 버렸지. 그 다음은 자신의 말을 실행하지 않아도 예를 갖추면 나아갔다가, 예를 갖춤이 변하면 떠나갔다. 마지막으로 가난해서 아침은 물론 저녁을 먹지도 못하고 굶주려 집 밖으로 나설 수 없으면, 군주가 그것을 듣고서 '내가 크게는 그의 도를 실행할 수도 없고, 또 그의 말을 따를 수도 없지만 나의 땅에서 굶주리는 것은 부끄러운 일이다'라고 하면서 그를 구제해 벼슬자리를 주면 받아도 되지만, 죽음을 면하는 수준에서 그쳐야 한다."

陳子曰(진자왈): "古之君子(고지군자), 何如則仕(하여즉사)?"

孟子曰(맹자왈): "所就三(소취삼), 所去三(소거삼). 迎之致敬以有禮(영지치경이유례), 言將行其言也(언장행기언야), 則就之(즉취지), 禮貌未衰(예모미쇠), 言弗行也(언불행야), 則去之(즉거지). 其次(기차), 雖未行其言也(수미행기언야), 迎之致敬以有禮(영지치경이유례), 則就

之(즉취지), 禮貌衰(예모쇠), 則去之(즉거지). 其下(기하), 朝不食(조불식), 夕不食(석불식), 飢餓不能出門戶(기아불능출문호). 君聞之曰(군문지왈): '吾大者不能行其道(오대자불능행기도), 又不能從其言也(우불능종기언야), 使飢餓於我土地(사기아어아토지), 吾恥之(오치지).' 周之(주지), 亦可受也(역가수야), 免死而已矣(면사이이의)."

12-15 고생 끝에 낙이 온다

맹자께서 말씀하셨습니다.

"순임금은 밭에서 밭을 갈다 등용되었고, 부열은 토목공사판에서 천거되었으며, 교격은 어물과 소금 파는 데서 천거되었습니다. 관이오(관중)는 옥에 갇혀 있다 천거되었고, 손숙오는 바닷가에서 천거되었으며, 백리해는 시장에서 천거되었습니다.

그러므로 하늘이 사람들에게 중대한 임무를 맡길 때에는 반드시 먼저 그들의 마음을 괴롭게 하고, 그 근육과 뼈를 수고롭게 하며, 그 몸과 피부를 주리게 하고, 그 몸을 궁핍하도록 합니다. 그가 하는 일을 어긋나게 하고 어지럽히는데, 그렇게 함으로써 마음을 움직이게 하고 참는 성품으로 만들어 불가능한 것을 이룰 수 있도록 도와주는 겁니다.

사람은 늘 잘못을 저지른 뒤에야 고칠 수 있고, 곤경 속에 빠져 수많은 염려와 대책을 세운 뒤에야 일어날 수 있습니다. 낯빛에 의지가 드러나고 목소리가 결연해진 이후에야 깨닫게 됩니다. 안으로는 법도 있는 가문과 보필할 선비가 없고, 밖으로는 적국과 외부의 환난이 없으면 그 나라는 늘 멸망하게 됩니다. 우환 속에서는 살

수가 있으나 안락함 속에서는 죽게 된다는 것을 알 수 있습니다."

孟子曰(맹자왈): "舜發於畎畝之中(순발어견묘지중), 傅說舉於版築之間(부설거어판축지간), 膠鬲舉於魚鹽之中(교격거어어염지중), 管夷吾舉於士(관이오거어사), 孫叔敖舉於海(손숙오거어해), 百里奚舉於市(백리해거어시).

故天將降大任於是人也(고천장강대임어시인야), 必先苦其心志(필선고기심지), 勞其筋骨(노기근골), 餓其體膚(아기체부), 空乏其身(공핍기신), 行拂亂其所爲(행불란기소위), 所以動心忍性(소이동심인성), 曾益其所不能(증익기소불능).

人恆過(인긍과), 然後能改(연후능개), 困於心(곤어심), 衡於慮(형어려), 而後作(이후작), 徵於色(징어색), 發於聲(발어성), 而後喻(이후유). 入則無法家拂士(입즉무법가불사), 出則無敵國外患者(출즉무적국외환자), 國恆亡(국긍망). 然後知生於憂患而死於安樂也(연후지생어우환이사어안락야)."

12-16 다양한 교육방법

맹자께서 말씀하셨습니다.

"교육하는 데에는 여러 가지 방법이 있습니다. 내가 가르치는 것을 달갑게 여기지 않아서 가르치지 않는 것 역시 가르침의 하나입니다."

孟子曰(맹자왈): "教亦多術矣(교역다술의), 予不屑之教誨也者(여불설지교회야자), 是亦教誨之而已矣(시역교회지이이의)."

진심장구상
盡心章句上

● ● ●

13-1 자기 수양이 최고

맹자께서 말씀하셨습니다.

"자신의 마음에 최선을 다하면 자신의 본성을 알게 됩니다. 자기의 본성을 알면 곧 하늘의 이치를 알게 됩니다. 자기의 마음을 잘 보존하고 본성을 잘 기르는 것이 하늘을 섬기는 도리입니다. 단명하거나 장수하거나 개의치 않고 몸을 수양함으로써 천명을 기다리는 것이 천명을 세우는 방법입니다."

孟子曰(맹자왈): "盡其心者(진기심자), 知其性也(지기성야). 知其性(지기성), 則知天矣(즉지천의). 存其心(존기심), 養其性(양기성), 所以事天也(소이사천야). 殀壽不貳(요수불이), 脩身以俟之(수신이사지), 所以立命也(소이입명야)."

13-2 올바른 천명이란

맹자께서 말씀하셨습니다.

"천명이 아닌 것이 없지만 올바른 천명을 순리로 받아들여야 합니다. 이 때문에 천명을 아는 사람은 위태로운 담 밑에 서 있지 않습니다. 그 도를 다하고 죽는 것이야말로 올바른 천명이고, 질곡에 매어서 죽는 것은 올바른 천명이 아닙니다."

孟子曰(맹자왈): "莫非命也(막비명야), 順受其正(순수기정). 是故知命者(시고지명자), 不立乎巖牆之下(불입호암장지하). 盡其道而死者(진기도이사자), 正命也(정명야). 桎梏死者(질곡사자), 非正命也(비정명야)."

13-3 자기 본성에서 찾아야

맹자께서 말씀하셨습니다.

"구하면 얻을 수 있고, 놓아버리면 잃게 됩니다. 구하는 것이 얻는 데 유익한데, 구하는 것이 내 본성 속에 있기 때문입니다. 어떤 것을 구하는 데 도리가 있고 얻는 것이 명에 달려 있다면 이를 구하려고 얻는 것이 무익한 것이니, 그것은 그 구하려는 것을 나의 밖에서 구하기 때문입니다."

孟子曰(맹자왈): "求則得之(구즉득지), 舍則失之(사즉실지), 是求有益於得也(시구유익어득야), 求在我者也(구재아자야). 求之有道(구지유도), 得之有命(득지유명), 是求無益於得也(시구무익어득야), 求在外者也(구재외자야)."

13-4 다른 사람을 용서하는 것

맹자께서 말씀하셨습니다.

"만물의 이치가 모두 나에게 갖추어져 있습니다. 나 자신을 반성해 성실했다면 즐거움이 이보다 클 수는 없습니다. 다른 사람을 용서하는 것을 실행하는 것만큼 인을 구하는 데 이보다 가까운 길은 없답니다."

孟子曰(맹자왈): "萬物皆備於我矣(만물개비어아의). 反身而誠(반신이성), 樂莫大焉(낙막대언). 強恕而行(강서이행), 求仁莫近焉(구인막근언)."

13-5 죽을 때까지 자기 길을 모르는 사람

맹자께서 말씀하셨습니다.

"무언가를 행하면서도 그것을 분명하게 알지 못하며, 습관이 되어 있으면서도 그것을 살피지 못하고, 죽을 때까지 그것을 따르면서도 그 도를 깨닫지 못하는 사람이 보통사람입니다."

孟子曰(맹자왈): "行之而不著焉(행지이부저언), 習矣而不察焉(습의이불찰언), 終身由之而不知其道者(종신유지이부지기도자), 眾也(중야)."

13-6 부끄러워하는 마음

맹자께서 말씀하셨습니다.

"사람이라면 부끄러워하는 마음이 없어서는 안 됩니다. 부끄러워하는 마음이 없는 것을 부끄러워한다면, 부끄러움이 없게 된답니다."

孟子曰(맹자왈): "人不可以無恥(인불가이무치). 無恥之恥(무치지치), 無恥矣(무치의)."

13-7 부끄러워할 줄 안다는 것

맹자께서 말씀하셨습니다.

"부끄러워할 줄 안다는 것은 사람에게 있어 중요한 겁니다. 임기응변의 잔재주를 부리는 자는 부끄러워하는 마음을 쓰는 일이 없습니다. 사람이 남과 같지 못함을 부끄러워하지 않으면 어찌 남보다 나은 것이 있겠습니까?"

孟子曰(맹자왈): "恥之於人大矣(치지어인대의). 爲機變之巧者(위기변지교자), 無所用恥焉(무소용치언). 不恥不若人(불치불약인), 何若人有(하약인유)?"

13-8 현명한 왕과 선비

맹자께서 말씀하셨습니다.

"옛날의 현명한 왕은 선한 것을 좋아하여 권세는 염두에 두지도 않았답니다. 옛날의 현명한 선비인들 어찌 그러지를 않았겠습니까? 도를 즐기고 남의 권세를 염두에 두지 않았으므로, 왕과 귀족이라도 공경과 예를 다하지 않고는 그를 자주 만날 수가 없었답니다. 만나는 것조차 자주 할 수 없었는데, 하물며 어찌 그를 신하로 삼을 수 있었겠습니까?"

孟子曰(맹자왈): "古之賢王好善而忘勢(고지현왕호선이망세), 古之賢士何獨不然(고지현사하독불연)? 樂其道而忘人之勢(낙기도이망인지

세). 故王公不致敬盡禮(고왕공불치경진례), 則不得亟見之(즉부득극견
지). 見且由不得亟(견차유부득극), 而況得而臣之乎(이황득이신지호)?"

13-9 옛사람들의 덕과 의

맹자께서 송구천에게 말씀하셨습니다.

"당신은 유세하는 걸 좋아합니까? 내가 당신에게 유세에 대해
말해 주겠습니다. 남이 알아주어도 욕심 없이 태연자약해야 하고,
남이 알아주지 않아도 욕심 없이 태연자약해야 한답니다."

송구천이 물었습니다.

"어떻게 해야 욕심 없이 태연자약할 수 있습니까?"

"덕을 존중하고 의를 즐기면 욕심 없이 태연자약해질 수 있답니
다. 그렇기에 선비는 가난하더라도 의를 잃지 않고 출세해도 도를
벗어나지는 않습니다. 가난해도 의를 잃지 않으므로 선비는 자기
의 본성을 잃지 않을 수 있답니다. 출세해도 도에서 떠나지 않으니
백성들이 실망하지 않습니다. 옛사람들은 뜻을 실현하면 그 은택
이 백성들에게까지 미치게 했고, 그 뜻을 실현하지 못하면 다시금
몸을 닦아 세상에 드러나게 했답니다. 가난해지면 홀로 자신을 선
하게 했고, 출세하면 천하를 아울러 선하게 하였습니다."

孟子謂宋句踐曰(맹자위송구천왈): "子好遊乎(자호유호)? 吾語子
遊(오어자유). 人知之亦囂囂(인지지역효효), 人不知亦囂囂(인부지역
효효)."

曰(왈): "何如斯可以囂囂矣(하여사가이효효의)?"

曰(왈): "尊德樂義(존덕락의), 則可以囂囂矣(즉가이효효의). 故士窮

不失義(고사궁불실의), 達不離道(달불리도). 窮不失義(궁불실의), 故士
得己焉(고사득기언), 達不離道(달불리도), 故民不失望焉(고민불실망
언). 古之人(고지인), 得志(득지), 澤加於民(택가어민), 不得志(부득지),
脩身見於世(수신견어세). 窮則獨善其身(궁즉독선기신), 達則兼善天
下(달즉겸선천하)."

13-10 호걸과도 같은 선비들

맹자께서 말씀하셨습니다.

"문왕 같은 성인이 나타나기를 기다린 이후에 일어나는 사람은
평범한 백성들입니다. 그러나 빼어나게 잘난 호걸과 같은 선비들
은 비록 문왕이 나타나지 않더라도 스스로 분발해 일어날 수 있습
니다."

孟子曰(맹자왈): "待文王而後興者(대문왕이후흥자), 凡民也(범민
야). 若夫豪傑之士(약부호걸지사), 雖無文王猶興(수무문왕유흥)."

13-11 보통사람보다 훨씬 뛰어난

맹자께서 말씀하셨습니다.

"한나라와 위나라의 큰 가문에 재물을 보태주어도 그것을 별것
아닌 듯 여긴다면, 그는 보통사람보다 훨씬 뛰어난 인물일 겁니다."

孟子曰(맹자왈): "附之以韓魏之家(부지이한위지가), 如其自視欿然
(여기자시감연), 則過人遠矣(즉과인원의)."

13-12 백성을 위한다면

맹자께서 말씀하셨습니다.

"백성을 편안히 해주기 위한 목적으로 일을 시킨다면 비록 힘이 들더라도 원망하지 않으며, 백성을 살려주기 위한 목적으로 백성을 죽인다 해도 죽을지언정 죽인 자를 원망하지는 않습니다."

孟子曰(맹자왈): "以佚道使民(이일도사민), 雖勞不怨(수노불원), 以生道殺民(이생도살민), 雖死不怨殺者(수사불원살자)."

13-13 패도와 왕도

맹자께서 말씀하셨습니다.

"패도를 시행하는 자의 백성들은 기뻐하고 즐거워하는 듯합니다. 그러나 왕도를 실천하는 왕의 백성들은 그저 느긋하게 자족합니다. 그러니 왕의 백성들은 죽인다 해도 원망하지 않고, 이롭게 해주어도 고마움을 표하지 않습니다. 백성들은 매일 선으로 나아가지만 누가 그렇게 해주는지도 모릅니다. 군자가 지나가면 백성들은 교화되고 그가 사는 곳의 일들은 신묘하게도 잘 다스려집니다. 상하가 천지와 더불어 같이 흐르게 되니, 어찌 자잘하게 백성들을 돕는다고 말하겠습니까?"

孟子曰(맹자왈): "霸者之民(패자지민), 驩虞如也(환우여야), 王者之民(왕자지민), 皞皞如也(호호여야). 殺之而不怨(살지이불원), 利之而不庸(이지이불용), 民日遷善而不知爲之者(민일천선이부지위지자). 夫君子所過者化(부군자소과자화), 所存者神(소존자신), 上下與天地同流(상하여천지동류), 豈曰小補之哉(기왈소보지재)?"

13-14 선한 정치와 가르침

맹자께서 말씀하셨습니다.

"어진 말로 타이르는 것은 어진 음악이 백성들한테 깊이 파고드는 것만 못합니다. 선한 정치는 선한 가르침으로 백성들의 마음을 얻는 것만 못합니다. 선한 정치는 백성들이 두려워하지만, 선한 가르침은 백성들이 사랑합니다. 선한 정치를 시행하면 백성들에게 재산을 얻지만 선한 가르침을 시행하면 백성의 마음을 얻는답니다."

孟子曰(맹자왈): "仁言(인언), 不如仁聲之入人深也(불여인성지입인심야). 善政(선정), 不如善教之得民也(불여선교지득민야). 善政民畏之(선정민외지), 善教民愛之(선교민애지), 善政得民財(선정득민재), 善教得民心(선교득민심)."

13-15 양능과 양지

맹자께서 말씀하셨습니다.

"사람이 배우지 않고도 잘할 수 있는 것을 양능이라 하고, 생각하지 않고도 아는 것을 양지라고 합니다. 두세 살짜리 어린아이도 그 부모를 사랑할 줄 알며, 성장함에 따라 자기 형을 공경할 줄도 알게 됩니다. 부모를 사랑하는 것을 인이라 하고, 어른을 공경하는 것은 의입니다. 그렇게 할 수 있는 것은 다른 이유 때문이 아니라, 천하 사람이 두루두루 지니고 있기 때문입니다."

孟子曰(맹자왈): "人之所不學而能者(인지소불학이능자), 其良能也(기양능야), 所不慮而知者(소불려이지자), 其良知也(기양지야). 孩提之童(해제지동), 無不知愛其親者(무부지애기친자), 及其長也(급기장야),

無不知敬其兄也(무부지경기형야). 親親(친친), 仁也(인야), 敬長(경장), 義也(의야). 無他(무타), 達之天下也(달지천하야)."

13-16 선한 말 한 마디와 행실

맹자께서 말씀하셨습니다.

"순임금이 깊은 산중에 살 때에는 나무와 돌 사이에서 살았고, 사슴과 멧돼지와 함께 노닐었으므로 깊은 산속의 야인들과 다른 점이 거의 없었습니다. 그러나 선한 말 한 마디를 듣고, 선한 행실 한 가지를 보게 되면 양자강과 황하의 물길이 쏟아져 나오듯이 선한 곳으로 나아감을 막을 수가 없었습니다."

孟子曰(맹자왈): "舜之居深山之中(순지거심산지중), 與木石居(여목석거), 與鹿豕遊(여녹시유), 其所以異於深山之野人者幾希(기소이이어심산지야인자기희). 及其聞一善言(급기문일선언), 見一善行(견일선행), 若決江河(약결강하), 沛然莫之能禦也(패연막지능어야)."

13-17 해서는 안 될 일

맹자께서 말씀하셨습니다.

"해서는 안 될 것은 하지 않고, 욕심내서는 안 될 것은 욕심내지 말아야 합니다. 사람이라면 마땅히 이와 같이 해야 할 뿐이랍니다."

孟子曰(맹자왈): "無爲其所不爲(무위기소불위), 無欲其所不欲(무욕기소불욕), 如此而已矣(여차이이의)."

13-18 사리에 통달

맹자께서 말씀하셨습니다.

"덕행과 지혜와 기술과 지식이 있는 사람은 항상 힘든 열병 속에 있습니다. 외로운 신하와 서자는 언제나 마음가짐이 조심스럽고 두려워하며 환난에 대한 걱정이 깊어 사리에 통달하게 됩니다."

孟子曰(맹자왈): "人之有德慧術知者(인지유덕혜술지자), 恆存乎疢疾(긍존호진질). 獨孤臣孼子(독고신얼자), 其操心也危(기조심야위), 其慮患也深(기려환야심), 故達(고달)."

13-19 사람들의 유형

맹자께서 말씀하셨습니다.

"군주를 섬기기만 하는 자가 있는데, 그런 사람은 군주를 섬기되 기쁜 표정을 지으며 아부하는 자입니다. 사직을 편안하게 하는 신하가 있는데, 그런 사람은 사직을 편안하게 하는 것을 기쁨으로 삼는 사람입니다. 또 하늘의 백성이 있는데, 그런 사람은 천하에 올바른 도가 행해질 수 있음을 안 뒤에 그것을 실행하는 사람입니다. 그 위에 대인이 있는데, 그런 사람은 자기 자신을 바로잡고 천하의 사물을 바로잡는 사람이랍니다."

孟子曰(맹자왈): "有事君人者(유사군인자), 事是君(사시군), 則爲容悅者也(즉위용열자야). 有安社稷臣者(유안사직신자), 以安社稷爲悅者也(이안사직위열자야). 有天民者(유천민자), 達可行於天下(달가행어천하), 而後行之者也(이후행지자야). 有大人者(유대인자), 正己而物正者也(정기이물정자야)."

13-20 군자의 세 가지 즐거움

맹자께서 말씀하셨습니다.

"군자에게는 세 가지 즐거움이 있으니, 천하를 주름잡는 왕이 되는 것은 여기에 끼지 못합니다. 부모가 모두 살아계시고 형제들이 아무 탈이 없는 것이 첫 번째 즐거움이랍니다. 하늘을 우러러 부끄러움이 없고 굽어 봐도 사람들에게 부끄럽지 않은 것이 두 번째 즐거움입니다. 천하의 뛰어난 인재를 모아 교육하는 것이 세 번째 즐거움입니다. 군자에게는 세 가지 즐거움이 있는데, 천하에 왕 노릇 하는 것은 여기에 끼지 못합니다."

孟子曰(맹자왈): "君子有三樂(군자유삼락), 而王天下不與存焉(이왕천하불여존언). 父母俱存(부모구존), 兄弟無故(형제무고), 一樂也(일락야). 仰不愧於天(앙불괴어천), 俯不怍於人(부부작어인), 二樂也(이락야). 得天下英才而教育之(득천하영재이교육지), 三樂也(삼락야). 君子有三樂(군자유삼락), 而王天下不與存焉(이왕천하불여존언)."

13-21 군자는 온몸으로 사람들을 일깨운다

맹자께서 말씀하셨습니다.

"넓은 땅과 많은 백성을 군자는 바라지만 즐거움은 그런 것에 존재하지 않습니다. 천하의 중심에 서서 사해의 백성을 안정시키는 것을 군자는 즐거워하지만, 그것을 본성으로 여기는 것은 아닙니다. 군자의 본성은 그의 뜻이 천하에 크게 행해진다고 해서 더해질 것도 없고, 궁색하게 살아간다고 해서 줄어들 것도 없답니다. 분수가 이미 정해져 있기 때문이랍니다. 군자의 본성은 인의예지로 마음속에 뿌리내리고 있습니다. 그것들이 얼굴빛으로 드러나면 윤기 있고 맑게 보이게 됩니다. 그 기운이 등에도 가득하고 손발에도 뻗어나서 사지를 동원해 말하지 않더라도 사람들을 일깨우게 된답니다."

孟子曰(맹자왈): "廣土衆民(광토중민), 君子欲之(군자욕지), 所樂不存焉(소락부존언). 中天下而立(중천하이립), 定四海之民(정사해지민), 君子樂之(군자락지), 所性不存焉(소성부존언). 君子所性(군자소성), 雖大行不加焉(수대행불가언), 雖窮居不損焉(수궁거불손언), 分定故也(분정고야). 君子所性(군자소성), 仁義禮智根於心(인의예지근어심). 其生色也(기생색야), 睟然見於面(수연견어면), 盎於背(앙어배), 施於四體(시어사체), 四體不言而喻(사체불언이유)."

13-22 노인을 잘 봉양하는 문왕

맹자께서 말씀하셨습니다.

"백이는 폭군 주왕을 피해 북해의 바닷가에서 살았는데, 문왕이 떨쳐 일어나 인정을 베푼다는 소식을 듣고 기뻐하며 '어찌 돌아가지 않으리오. 나는 서백인 문왕이 노인을 잘 봉양한다는 말을 들었다'고 했습니다. 또 강태공은 주왕을 피해 동해의 바닷가에서 살았는데, 문왕이 떨쳐 일어났다는 소식을 듣고 '어찌 돌아가지 않으리오. 나는 문왕이 노인을 잘 봉양한다는 말을 들었다'고 말했습니다. 천하 세상에 노인 봉양을 잘하는 사람이 있다면 어진 사람들이 자기가 귀의할 곳으로 여기게 됩니다.

5묘의 집터 담 밑에 뽕나무를 심고서 아낙네가 누에를 친다면 노인은 넉넉하게 비단옷을 지어 입을 수 있습니다. 다섯 마리의 암탉과 두 마리의 암퇘지를 때를 놓치지 않고 기른다면 노인은 충분하게 고기를 먹을 수 있습니다. 100묘의 농토를 농부가 가꾸면 8명의 가족은 굶주리지 않을 수 있습니다. 이른바 서백(문왕)이 노인을 잘 봉양했다는 것은, 그 밭과 마을의 제도를 잘 만들고 나무 심고 가축 기르는 것을 백성들에게 가르치고, 처자를 이끌어 노인을 잘 봉양하도록 한 것을 말합니다. 나이 50살이 되면 비단옷이 아니면 따뜻하지 않고, 70세에 고기를 먹지 않으면 배가 부르지 않답니다. 따뜻하지 않고 배부르지 않으면 헐벗고 굶주린다고 말합니다. 문왕의 백성 중에 헐벗고 굶주린 노인이 없었다고 하는 것은 이러한 것을 말한 겁니다."

孟子曰(맹자왈): "伯夷辟紂(백이피주), 居北海之濱(거북해지빈), 聞文王作(문문왕작), 興曰(흥왈): '盍歸乎來(합귀호래)! 吾聞西伯善養老者(오문서백선양노자).' 太公辟紂(태공피주), 居東海之濱(거동해지빈), 聞文王作(문문왕작), 興曰(흥왈): '盍歸乎來(합귀호래)! 吾聞西伯善養老者(오문서백선양노자).' 天下有善養老(천하유선양로), 則仁人以爲己歸矣(즉인인이위기귀의).

五畝之宅(오묘지택), 樹牆下以桑(수장하이상), 匹婦蠶之(필부잠지), 則老者足以衣帛矣(즉로자족이의백의). 五母雞(오모계), 二母彘(이모체), 無失其時(무실기시), 老者足以無失肉矣(노자족이무실육의). 百畝之田(백묘지전), 匹夫耕之(필부경지), 八口之家足以無飢矣(팔구지가족이무기의). 所謂西伯善養老者(소위서백선양로자), 制其田里(제기전리), 教之樹畜(교지수축), 導其妻子(도기처자), 使養其老(사양기로). 五十非帛不煖(오십비백불난), 七十非肉不飽(칠십비육불포). 不煖不

飽(불난불포), 謂之凍餒(위지동뇌). 文王之民(문왕지민), 無凍餒之老者(무동뇌지로자), 此之謂也(차지위야)."

13-23 곡식이 물과 불처럼 풍족하다면
맹자께서 말씀하셨습니다.

"밭의 경계를 잘 정리해 주고 세금을 가볍게 해준다면 백성들을 부유하게 만들 수 있습니다. 먹는 것을 때에 맞추고, 쓰는 것을 예에 맞게 한다면 재물은 다 쓸 수 없을 정도로 넉넉할 겁니다. 백성들은 물과 불이 없으면 살 수가 없지만, 해질 무렵이나 저녁에 남의 집 문을 두드려 물과 불을 달라고 하면 주지 않는 사람이 없습니다. 이는 물과 불이 풍족하기 때문입니다. 성인이 천하를 다스리게 되면 콩과 조와 같은 곡식이 물과 불처럼 풍족하게 됩니다. 콩과 조와 같은 곡식이 물과 불처럼 풍족하다면 백성들이 어찌 어질지 않을 수 있겠습니까?"

孟子曰(맹자왈): "易其田疇(역기전주), 薄其稅斂(박기세렴), 民可使富也(민가사부야). 食之以時(식지이시), 用之以禮(용지이예), 財不可勝用也(재불가승용야). 民非水火不生活(민비수화불생활), 昏暮叩人之門戶(혼모고인지문호), 求水火無弗與者(구수화무불여자), 至足矣(지족의). 聖人治天下(성인치천하), 使有菽粟如水火(사유숙속여수화). 菽粟如水火(숙속여수화), 而民焉有不仁者乎(이민언유불인자호)?"

13-24 흐르는 물은 웅덩이를 채워야 앞으로 나아간다
맹자께서 말씀하셨습니다.

"공자님께서 동산에 올랐을 때 노나라가 작다고 여겼고, 태산에 오르고서는 천하가 작다고 여겼습니다. 그러므로 바다를 본 사람은 강물이 그의 관심을 끌 수 없고, 성인의 문하에서 배운 사람은 어지간한 말은 그의 관심을 끌 수 없습니다. 물을 볼 때는 방법이 있는데, 반드시 물결을 보아야 합니다. 해와 달에는 밝음이 있는데, 빛이 허용되는 곳이라면 반드시 비춥니다. 흐르는 물은 웅덩이를 채우지 않고서는 나아가지 않습니다. 군자가 도에 뜻을 두었다면, 하나하나 닦아서 이루지 못하면 도에 통달할 수 없습니다."

孟子曰(맹자왈): "孔子登東山而小魯(공자등동산이소로), 登太山而小天下(등태산이소천하). 故觀於海者難爲水(고관어해자난위수), 遊於聖人之門者難爲言(유어성인지문자난위언). 觀水有術(관수유술), 必觀其瀾(필관기란). 日月有明(일월유명), 容光必照焉(용광필조언). 流水之爲物也(유수지위물야), 不盈科不行(불영과불행). 君子之志於道也(군자지지어도야), 不成章不達(불성장불달)."

13-25 이익과 선의 차이

맹자께서 말씀하셨습니다.

"첫 닭이 울면 일어나서 부지런히 선을 행하는 자들은 순임금의 무리이고, 첫 닭이 울면 일어나서 부지런히 이익을 추구하는 자들은 도척의 무리입니다. 순임금과 도척의 차이를 알고자 한다면 다른 게 아니라 이익을 추구하는지 선을 추구하는지 알면 됩니다."

孟子曰(맹자왈): "雞鳴而起(계명이기), 孳孳爲善者(자자위선자), 舜之徒也(순지도야). 雞鳴而起(계명이기), 孳孳爲利者(자자위리자), 蹠

之徒也(척지도야). 欲知舜與蹠之分(욕지순여척지분), 無他(무타), 利
與善之間也(이여선지간야)."

13-26 중도의 도는 성인에 가깝다

맹자께서 말씀하셨습니다.

"양자(양주)는 자기만을 위하는 것을 택해 머리털 하나를 뽑아서
천하를 이롭게 할 수 있다 하더라도 그렇게 하진 않습니다. 묵자는
겸애주의를 택해 이마에서 발꿈치까지 닳아 없어지더라도 천하가
이롭게 된다면 그렇게 할 겁니다. 자막은 그 중간인 중도를 잡았습
니다. 중도를 잡으면 성인의 도에 가까이 다가갑니다. 중도를 잡았
지만 저울추가 없으면 한쪽으로 치우치는 것과 같습니다. 한쪽만
을 잡는 자를 나쁘게 여기는 것은 성인의 도를 해치는 행위이기 때
문입니다. 한 가지만을 내세우고 나머지 백 가지의 장점을 없애기
때문입니다."

孟子曰(맹자왈): "楊子取爲我(양자취위아), 拔一毛而利天下(발일
모이리천하), 不爲也(불위야). 墨子兼愛(묵자겸애), 摩頂放踵(마정방
종), 利天下(이천하), 爲之(위지). 子莫執中(자막집중), 執中爲近之(집
중위근지), 執中無權(집중무권), 猶執一也(유집일야). 所惡執一者(소오
집일자), 爲其賊道也(위기적도야), 擧一而廢百也(거일이폐백야)."

13-27 마음의 문제가 되지 않도록 할 수 있다면

맹자께서 말씀하셨습니다.

"굶주린 사람은 맛있게 먹고, 목마른 사람은 달게 마십니다. 그

러나 이것은 음식의 맛을 올바르게 아는 것은 아닙니다. 굶주림과
목마름이 미각을 해쳐서 그렇습니다. 어찌 입과 배만 굶주림과 목
마름으로 인해 그 맛을 알지 못하는 문제가 있겠습니까? 사람의
마음에도 그러한 문제가 있습니다. 사람이 배고픔과 목마름으로
인한 문제를 마음의 문제가 되지 않도록 할 수 있다면 자기가 다른
사람보다 못하다고 걱정하지는 않을 겁니다."

　孟子曰(맹자왈): "飢者甘食(기자감식), 渴者甘飮(갈자감음), 是未得
飮食之正也(시미득음식지정야), 飢渴害之也(기갈해지야). 豈惟口腹有
飢渴之害(기유구복유기갈지해)? 人心亦皆有害(인심역개유해). 人能無
以飢渴之害爲心害(인능무이기갈지해위심해), 則不及人不爲憂矣(즉
불급인불위우의)."

13-28 유하혜의 절개
맹자께서 말씀하셨습니다.
"유하혜는 삼공의 작위와도 그의 절개를 바꾸지 않았답니다."
　孟子曰(맹자왈): "柳下惠不以三公易其介(유하혜불이삼공역기개)."

13-29 우물 파는 일
맹자께서 말씀하셨습니다.
"어떤 일을 하는 것을 비유하자면 우물을 파는 것과 같습니다.
아홉 길이나 팠지만 샘물이 나오지 않는다면, 그것은 우물을 포기
한 것과 같습니다."
　孟子曰(맹자왈): "有爲者辟若掘井(유위자피약굴정), 掘井九軔而不

及泉(굴정구인이불급천), 猶爲棄井也(유위기정야)."

13-30 도의 실천에 있어 본성과 체득

맹자께서 말씀하셨습니다.

"요임금과 순임금은 도의 실천을 본성대로 했으며, 탕왕과 무왕은 몸으로 체득했습니다. 춘추시대의 다섯 패자는 도를 빌린 겁니다. 오랫동안 빌리고 되돌려주지 않으니, 그것이 자기 것이 아니라는 것을 어찌 알겠습니까?"

孟子曰(맹자왈): "堯舜(요순), 性之也(성지야), 湯武(탕무), 身之也(신지야), 五霸(오패), 假之也(가지야). 久假而不歸(구가이불귀), 惡知其非有也(오지기비유야)?"

13-31 군주의 추방

공손추가 여쭈었습니다.

"이윤이 '나는 도에 순종하지 않는 것을 두고 볼 수 없다'고 말하고는 태갑이라는 왕을 동 땅으로 추방했습니다. 백성들이 크게 기뻐했죠. 그 후 태갑이 어질어져 다시 그를 왕위로 되돌리자, 백성들이 크게 기뻐했습니다. 현자라도 남의 신하노릇을 하면서 그 군주가 어질지 않으면 정말로 추방할 수도 있습니까?"

맹자께서 말씀하셨습니다.

"이윤과 같은 뜻이 있다면 가능하지만, 이윤과 같은 뜻이 없다면 그것은 곧 찬탈이 되지."

公孫丑曰(공손추왈): "伊尹曰(이윤왈), '予不狎于不順(여불압우불

순).' 放太甲于桐(방태갑우동), 民大悅(민대열). 太甲賢(태갑현). 又反
之(우반지), 民大悅(민대열). 賢者之爲人臣也(현자지위인신야), 其君
不賢(기군불현), 則固可放與(즉고가방여)?"

孟子曰(맹자왈): "有伊尹之志(유이윤지지), 則可(즉가), 無伊尹之
志(무이윤지지), 則簒也(즉찬야)."

13-32 공짜 밥은 없다

공손추가 여쭈었습니다.

"『시경』에 '일하지 않고는 먹지도 말라'고 했는데, 군자가 농사짓
지 않고도 먹는 것은 어찌된 겁니까?"

맹자께서 말씀하셨습니다.

"군자가 그 나라에 머무는데 그 나라 군주가 그를 등용하면 나라
가 편안해지고 부유해지며 존귀해지고 영화롭게 되며, 그 나라의
자제들이 그 군자를 따르게 되면 효도하고 우의가 있게 되며 충성
하게 되지. '일하지 않고는 먹지도 말라'라고 말하지만 어찌 이보
다 큰 일이 있겠느냐?"

公孫丑曰(공손추왈): "詩曰(시왈): '不素餐兮(불소찬혜).' 君子之不
耕而食(군자지불경이식), 何也(하야)?"

孟子曰(맹자왈): "君子居是國也(군자거시국야), 其君用之(기군용
지), 則安富尊榮(즉안부존영), 其子弟從之(기자제종지), 則孝弟忠信
(즉효제충신). '不素餐兮(불소찬혜).' 孰大於是(숙대어시)?"

13-33 인에 살고 의를 따르라

제나라 왕자 점이 물었습니다.

"선비는 어떤 일을 해야 합니까?"

맹자께서 말씀하셨습니다.

"뜻을 높이는 일에 힘써야 합니다."

왕자 점이 다시 물었습니다.

"뜻을 높이는 일은 무엇을 말씀하신 건가요?"

맹자께서 말씀하셨습니다.

"인과 의에 뜻을 둘 뿐이랍니다. 죄 없는 한 사람을 죽이는 것은 인이 아닙니다. 자신이 본래 소유하지 않은 것은 취하는 것은 의가 아닙니다. 어디에 머물러야겠습니까? 인이 바로 그곳입니다. 따라야 할 길은 어떤 길입니까? 의로움이 바로 그것입니다. 인에 머물고 의를 따르면, 대인의 자격을 갖추게 되는 것이랍니다."

王子墊問曰(왕자점문왈): "士何事(사하사)?"

孟子曰(맹자왈): "尚志(상지)."

曰(왈): "何謂尚志(하위상지)"

曰(왈): "仁義而已矣(인의이이의). 殺一無罪(살일무죄), 非仁也(비인야), 非其有而取之(비기유이취지), 非義也(비의야). 居惡在(거오재)? 仁是也(인시야), 路惡在(노오재)? 義是也(의시야). 居仁由義(거인유의), 大人之事備矣(대인지사비의)."

13-34 의로움을 지킨 중자

맹자께서 말씀하셨습니다.

"제나라의 사상가 진중자는 의롭지 않으면 그에게 제나라를 준다 해도 받지 않을 것이라고, 사람들 모두가 믿었습니다. 그러나 이것은 밥 한 그릇과 국 한 그릇을 거부하는 정도의 의로움일 뿐이랍니다. 사람에게는 친척·군신·상하관계를 잃어버리는 것보다 중대한 것은 없답니다. 그러한 작은 의가 있다고 해서 더 큰 인의까지 갖추고 있다고 믿는 것이 어찌 옳겠습니까?"

孟子曰(맹자왈): "仲子(중자), 不義與之齊國而弗受(불의여지제국이불수), 人皆信之(인개신지), 是舍簞食豆羹之義也(시사단식두갱지의야). 人莫大焉亡親戚(인막대언망친척), 君臣(군신), 上下(상하). 以其小者(이기소자), 信其大者(신기대자), 奚可哉(해가재)?"

13-35 순임금의 효

제자 도응이 여쭈었습니다.

"순임금이 천자로 있고 고요가 판관으로 있는데, 순임금의 아버지 고수가 사람을 죽였다면 어떻게 할까요?"

맹자께서 말씀하셨습니다.

"고수를 체포했을 것이야."

도응이 다시 여쭈었습니다.

"그렇다면 순임금은 그것을 금지시키지 않을까요?"

맹자께서 대답하셨습니다.

"순임금이 어찌 그것을 금지할 수 있겠느냐? 고요에게는 시행해야 할 물려받은 법이 있단다."

도응이 다시 여쭈었습니다.

"그렇다면 순임금은 어떻게 했겠습니까?"

맹자께서 말씀하셨습니다.

"순임금은 천하를 헌신짝 버리듯이 할 게야. 아마 아버지를 몰래 업고 달아나서 바닷가에 숨어 지내면서 죽을 때까지 그를 모시고 즐겁게 지내며 천하를 잊을 것이야!"

桃應問曰(도응문왈): "舜爲天子(순위천자), 皋陶爲士(고요위사), 瞽瞍殺人(고수살인), 則如之何(즉여지하)?"

孟子曰(맹자왈): "執之而已矣(집지이이의)."

"然則舜不禁與(연즉순불금여)?"

曰(왈): "夫舜(부순), 惡得而禁之(오득이금지)? 夫有所受之也(부유소수지야)."

"然則舜如之何(연즉순여지하)?"

曰(왈): "舜視棄天下(순시기천하), 猶棄敝蹝也(유기폐사야). 竊負而逃(절부이도), 遵海濱而處(준해빈이처), 終身訴然(종신소연), 樂而忘天下(낙이망천하)."

13-36 인격형성에 중요한 환경

맹자께서 범 땅에서 제나라로 가셨을 때 제나라 왕자를 바라보고는 탄식하며 말씀하셨습니다.

"지위에 따라서 그 기상이 다르고, 기르는 데 따라서 몸이 변화를 일으키니, 그 환경이 큰 영향을 미치나 봅니다. 저 왕자 또한 사람의 자식이 아니겠습니까?"

맹자께서 말씀을 이어가셨습니다.

"왕자의 궁실과 수레와 말과 의복은 다른 사람들과 같습니다. 그러나 왕자가 저렇게 훌륭한 것은 거처하는 환경이 그렇게 만든 겁니다. 하물며 천하의 넓은 거처에 산다면 어떻겠습니까? 노나라의 군주가 송나라에 가서 질택의 성문 앞에서 큰 소리로 외쳤더니, 문지기가 '이 사람은 우리 임금이 아닌데, 어찌 그 목소리가 우리 임금과 비슷한가?'라고 했답니다. 그 이유는 다른 게 없답니다. 그 거처하는 환경이 비슷했기 때문이랍니다."

孟子自范之齊(맹자자범지제), 望見齊王之子(망견제왕지자).

喟然歎曰(위연탄왈): "居移氣(거이기), 養移體(양이체), 大哉居乎(대재거호)! 夫非盡人之子與(부비진인지자여)?"

孟子曰(맹자왈): "王子宮室(왕자궁실), 車馬(거마), 衣服(의복), 多與人同(다여인동), 而王子若彼者(이왕자약피자), 其居使之然也(기거사지연야), 況居天下之廣居者乎(황거천하지광거자호)? 魯君之宋(노군지송), 呼於垤澤之門(호어질택지문). 守者曰(수자왈): '此非吾君也(차비오군야), 何其聲之似我君也(하기성지사아군야)?' 此無他(차무타), 居相似也(거상사야)."

13-37 실질적인 사랑과 예우

맹자께서 말씀하셨습니다.

"먹여주기만 하고 사랑해 주지 않는다면 돼지로 대하는 것과 같고. 사랑하면서도 공경하지 않는다면 짐승을 기르는 것과 같습니다. 공경이라는 것은 예물을 보내기 전에 갖춰야 하는 마음입니다. 공경하는 체하면서도 실질적인 예우가 없다면 군자는 공연히 허례

허식에 얽매이지 않을 겁니다."

孟子曰(맹자왈): "食而弗愛(식이불애), 豕交之也(시교지야), 愛而不敬(애이불경), 獸畜之也(수축지야). 恭敬者(공경자), 幣之未將者也(폐지미장자야). 恭敬而無實(공경이무실), 君子不可虛拘(군자불가허구)."

13-38 성인의 경지

맹자께서 말씀하셨습니다.

"사람의 모습과 얼굴빛은 타고난 겁니다. 오직 성인의 경지에 도달해야 타고난 형체를 실현할 수 있답니다."

孟子曰(맹자왈): "形色(형색), 天性也(천성야). 惟聖人(유성인), 然後可以踐形(연후가이천형)."

13-39 장례 기간의 차이

제나라 선왕이 장례 기간을 줄이려 했습니다.

공손추가 여쭈었습니다.

"삼년상을 줄여서 1년 상으로 하는 것이 그만두는 것보다는 낫지 않겠습니까?"

맹자께서 말씀하셨습니다.

"어떤 사람이 자기 형의 팔을 비트는데, 네가 말하기를 '좀 천천히 비트시오'라고 말하는 것과 같지. 그에게 효제(孝悌)를 가르치는 수밖에 없겠구나. 왕자 중에 자기 어머니가 죽은 사람이 있었는데, 그의 스승이 왕자를 위해 몇 달 동안의 상이라도 치르자고 왕에게 요청했지."

공손추가 여쭈었습니다.

"이런 경우는 어찌해야 합니까?"

맹자께서 말씀하셨습니다.

"이는 삼년상을 다 마치려 해도 할 수 없는 경우란다. 비록 하루라도 상복을 더 입더라도 안 하는 것보다야 낫지. 제나라 선왕의 경우에는 삼년상을 금지하지도 않았는데 하지 않는 경우라서 그리 말한 것이란다."

齊宣王欲短喪(제선왕욕단상).

公孫丑曰(공손추왈): "爲朞之喪(위기지상), 猶愈於已乎(유유어이호)?"

孟子曰(맹자왈): "是猶或紾其兄之臂(시유혹진기형지비), 子謂之姑徐徐云爾(자위지고서서운이), 亦敎之孝弟而已矣(역교지효제이이의)."

王子有其母死者(왕자유기모사자), 其傅爲之請數月之喪(기부위지청수월지상).

公孫丑曰(공손추왈): "若此者(약차자), 何如也(하여야)?"

曰(왈): "是欲終之而不可得也(시욕종지이불가득야). 雖加一日愈於已(수가일일유어이), 謂夫莫之禁而弗爲者也(위부막지금이불위자야)."

13-40 군자가 가르치는 다섯 가지 방식

맹자께서 말씀하셨습니다.

"군자가 가르치는 방식에는 다섯 가지 있습니다. 때에 맞게 내리는 비처럼 사람을 교화시키는 방식이 있고, 덕을 이루도록 해주는 방식이 있으며, 재능을 완전히 실현하도록 해주는 방식이 있고, 질문에 대답을 해주는 방식이 있으며, 직접 가르치지 않아도 스스로를 다스리게 해주는 방식이 있습니다. 이 다섯 가지가 군자가 가르치는 방식이랍니다."

孟子曰(맹자왈): "君子之所以敎者五(군자지소이교자오). 有如時雨化之者(유여시우화지자), 有成德者(유성덕자), 有達財者(유달재자), 有答問者(유답문자), 有私淑艾者(유사숙애자). 此五者(차오자), 君子之所以敎也(군자지소이교야)."

13-41 중용의 도에 서 있을 뿐

공손추가 여쭈었습니다.

"도는 높고 아름답습니다. 마치 하늘에 올라가는 것 같아서 이르지 못할 것 같습니다. 그런데 어찌 그것에 도달할 수 있을 것이라고 말씀하셔서서 나날이 부지런하게 노력하도록 하시지 않습니까?"

맹자께서 말씀하셨습니다.

"큰 목수는 서툰 목수를 위해 먹줄을 고치거나 없애지 않지. 활쏘기의 명인 예는 서투른 사수를 위해 활 쏘는 방법을 고치거나 없애지는 않는단다. 군자는 시위를 당겨주기는 해도 화살을 쏘아주지는 않지. 도약하여 높이 뛰는 것처럼 보여도 중도에 서 있을 뿐이야. 그러면 유능한 사람들은 이를 따르는 것이란다."

公孫丑曰(공손추왈): "道則高矣(도즉고의), 美矣(미의), 宜若登天然(의약등천연), 似不可及也(사불가급야). 何不使彼爲可幾及而日孳孳也(하불사피위가기급이일자자야)?"

孟子曰(맹자왈): "大匠不爲拙工改廢繩墨(대장불위졸공개폐승묵),

羿不爲拙射變其彀率(예불위졸사변기구솔). 君子引而不發(군자인이불발), 躍如也(약여야). 中道而立(중도이립), 能者從之(능자종지)."

13-42 도를 닦는 이유

맹자께서 말씀하셨습니다.

"천하에 도가 있으면 도가 시행되도록 자신의 몸을 바치고, 천하에 도가 없으면 자신을 위해 도를 닦을 뿐이랍니다. 자신의 도를 희생해 가며 남을 따랐다는 말은 아직 듣질 못했습니다."

孟子曰(맹자왈): "天下有道(천하유도), 以道殉身(이도순신), 天下無道(천하무도), 以身殉道(이신순도). 未聞以道殉乎人者也(미문이도순호인자야)."

13-43 물어도 대답하지 않는 다섯 가지 이유

공도자가 여쭈었습니다.

"등경이란 자가 스승님 문하에 들어와 있는데 예우할 만한 듯합니다. 그런데 그가 여쭈어도 대답하지 않으신 것은 무엇 때문입니까?"

맹자께서 말씀하셨습니다.

"자신의 존귀함을 내세워 묻는 것, 자신의 재능을 내세워 묻는 것, 자신이 어른임을 내세워 묻는 것, 자신의 공로를 내세워 묻는 것, 연고를 내세워 묻는 것에는 모두 대답하지 않는단다. 그런데 등경은 그중 두 가지를 가지고 있지."

公都子曰(공도자왈): "滕更之在門也(등경지재문야), 若在所禮而不

答(약재소예이부답), 何也(하야)?"

孟子曰(맹자왈): "挾貴而問(협귀이문), 挾賢而問(협현이문), 挾長而問(협장이문), 挾有勳勞而問(협유훈노이문), 挾故而問(협고이문), 皆所不答也(개소부답야). 滕更有二焉(등경유이언)."

13-44 야박한 자와 성급한 자는

맹자께서 말씀하셨습니다.

"그만두어서는 안 되는 데서 그치는 자는 그만두지 않는 것이 없습니다. 후덕하게 해야 할 일에 박하게 하는 자는 야박하게 하지 않는 것이 없습니다. 너무 성급하게 나아가는 자는 물러서는 것도 성급합니다."

孟子曰(맹자왈): "於不可已而已者(어불가이이이자), 無所不已(무소불이), 於所厚者薄(어소후자박), 無所不薄也(무소불박야). 其進銳者(기진예자), 其退速(기퇴속)."

13-45 군자의 사랑과 인

맹자께서 말씀하셨습니다.

"군자는 사물을 사랑하기는 하지만 인을 베풀지는 않습니다. 또 백성에게 인을 베풀되 모두 친근하게 대하지는 않습니다. 친척을 친애한 뒤에야 백성들에게 인을 베풀며, 백성을 인으로 대한 뒤에야 사물을 사랑할 뿐이랍니다."

孟子曰(맹자왈): "君子之於物也(군자지어물야), 愛之而弗仁(애지이불인), 於民也(어민야), 仁之而弗親(인지이불친). 親親而仁民(친친이인민), 仁民而愛物(인민이애물)."

13-46 요순의 지혜가 미치지 않는 이유

맹자께서 말씀하셨습니다.

"지혜로운 사람은 모르는 것이 없지만 마땅히 힘써야 할 것을 급하게 여겨 먼저 하고, 어진 사람은 사랑하지 않는 사람이 없지만 어질고 현명한 사람을 사랑하는 것을 서두르는 데 힘쓴답니다. 요순의 지혜가 만물에 두루 미치지 못하는 것은 급한 일에 먼저 힘쓰기 때문입니다. 요순의 어진 마음이 사물과 모든 사람에게 두루 미치지 않는 것은 어진 사람을 사랑하는 것을 급하게 여겼기 때문입니다. 자기는 삼년상을 치르지 않으면서 3개월 상인 시마상과 5개월 상인 상례를 따진다든지, 밥알을 튀기고 국물을 흘리는 사람이 이빨로 마른 육포를 끊어 먹는 것을 따지는 것을 두고, 무엇에 힘써야 하는지를 모른다고 한답니다."

孟子曰(맹자왈): "知者無不知也(지자무부지야), 當務之爲急(당무지위급), 仁者無不愛也(인자무불애야), 急親賢之爲務(급친현지위무). 堯舜之知而不徧物(요순지지이불편물), 急先務也(급선무야). 堯舜之仁不徧愛人(요순지인불편애인), 急親賢也(급친현야). 不能三年之喪(불능삼년지상), 而緦小功之察(이시소공지찰), 放飯流歠(방반류철), 而問無齒決(이문무치결), 是之謂不知務(시지위부지무)."

진심장구하
盡心章句下

• • •

14-1 사랑하는 것과 사랑하지 않는 것

맹자께서 말씀하셨습니다.

"어질지 못하구나, 양나라의 혜왕은! 어진 사람은 자신이 사랑하는 것으로써 사랑하지 않는 것에까지 영향을 미친단다. 어질지 못한 사람은 자신이 사랑하지 않는 것으로써 사랑하는 것에까지 영향을 미치게 하지."

그러자 공손추가 여쭈었습니다.

"무슨 말씀이십니까?"

맹자께서 말씀하셨습니다.

"양나라의 혜왕은 영토 문제로 백성들을 희생시키면서까지 전쟁을 하다가 크게 패했지. 보복을 하면서 이기지 못할까 두려워 사랑하는 자제들까지 전쟁터로 내몰아 그들을 죽게 했단다. 이것이 바로 사랑하지 않는 것을 위해 사랑하는 사람에게까지 영향을 미치게 하는 것이란다."

孟子曰(맹자왈): "不仁哉(불인재), 梁惠王也(양혜왕야)! 仁者以其所愛及其所不愛(인자이기소애급기소불애), 不仁者以其所不愛及其所愛(불인자이기소불애급기소애)."

公孫丑曰(공손추왈): "何謂也(하위야)?"

"梁惠王以土地之故(양혜왕이토지지고), 糜爛其民而戰之(미란기민이전지), 大敗(대패), 將復之(장복지), 恐不能勝(공불능승), 故驅其所愛子弟以殉之(고구기소애자제이순지), 是之謂以其所不愛及其所愛也(시지위이기소불애급기소애야)."

14-2 전쟁과 정벌

맹자께서 말씀하셨습니다.

"춘추시대에 의로운 전쟁은 없었답니다. 그러나 어떤 전쟁이 다른 것에 비해 나은 것이 있다면, 그런 것이 있기는 합니다. 정벌은 윗사람인 천자가 아랫사람인 제후를 치는 것이니, 대등한 제후국끼리 서로 정벌할 수는 없답니다."

孟子曰(맹자왈): "春秋無義戰(춘추무의전). 彼善於此(피선어차), 則有之矣(즉유지의). 征者上伐下也(정자상벌하야), 敵國不相征也(적국불상정야)."

14-3 인자무적

맹자께서 말씀하셨습니다.

"『서경』을 너무 있는 그대로 믿는 것은 『서경』이 없는 것만 못합니다. 나는 「무성편」의 글 중에서 두서너 쪽을 믿을 뿐이랍니다. 어진 사람은 천하에 적이 없는 법이랍니다. 지극히 어진 사람이 폭군 주왕을 정벌한 것인데, 어찌하여 죽은 사람의 피가 강물을 이루어 절굿공이를 띄우게 하는 일이 있었겠습니까?"

孟子曰(맹자왈): "盡信書(진신서), 則不如無書(즉불여무서). 吾於武城(오어무성), 取二三策而已矣(취이삼책이이의). 仁人無敵於天下(인인무적어천하). 以至仁伐至不仁(이지인벌지불인), 而何其血之流杵也(이하기혈지류저야)?"

14-4 정벌은 바로잡는 데 활용해야

맹자께서 말씀하셨습니다.

"어떤 사람이 '나는 진영을 잘 치고, 나는 전쟁을 잘한다'고 한다면 그것은 큰 죄입니다. 한 나라의 군주가 인을 좋아하면 천하에 적이 없는 법입니다. 남쪽을 정벌하려 하면 북쪽의 오랑캐가 원망하고, 동쪽을 정벌하려 하면 서쪽의 오랑캐가 원망하게 됩니다. 그들은 '어찌 우리를 뒤로 미루는가?'라고 말합니다. 무왕이 은나라를 정벌할 때에 가죽수레가 300량, 호위군사가 3,000명에 지나지 않았는데, 왕이 말하길 '두려워 말라, 너희를 편안하게 해주려는 것이지 백성들을 적으로 삼고자 하는 것이 아니다'고 했습니다. 그러자 백성들은 짐승이 뿔을 바닥에 대듯, 머리를 땅에 대고 절했습니다. 정벌이라는 말은 바로잡는다는 뜻입니다. 각자가 바로잡아주기를 바라는데, 어찌 전쟁을 할 필요가 있겠습니까?"

孟子曰(맹자왈): "有人曰(유인왈): '我善爲陳(아선위진), 我善爲戰(아선위전).' 大罪也(대죄야). 國君好仁(국군호인), 天下無敵焉(천하무적언). 南面而征北狄怨(남면이정북적원), 東面而征西夷怨(동면이정서이원). 曰(왈): '奚爲後我(해위후아)?' 武王之伐殷也(무왕지벌은야), 革車三百兩(혁차삼백량), 虎賁三千人(호분삼천인). 王曰(왕왈): '無畏(무외)! 寧爾也(영이야), 非敵百姓也(비적백성야).' 若崩厥角稽首(약붕궐각계수). 征之爲言正也(정지위언정야). 各欲正己也(각욕정기야), 焉用戰(언용전)?"

14-5 기술의 전수

맹자께서 말씀하셨습니다.

"목수와 수레를 만드는 사람이 남에게 컴퍼스나 곱자를 줄 수는 있어도, 그를 뛰어난 기술자로 만들 수는 없습니다."

孟子曰(맹자왈): "梓匠輪輿(재장륜여), 能與人規矩(능여인규구), 不能使人巧(불능사인교)."

14-6 환경이 달라져도 변치 않은 순임금

맹자께서 말씀하셨습니다.

"순임금이 마른 쌀에다 채소를 먹을 때에는 평생 그러할 것 같더니, 천자가 된 뒤에는 화려한 옷을 입고 거문고를 타며 두 여인의 시중을 받았는데, 본래 그랬던 것처럼 자연스러웠습니다."

孟子曰(맹자왈): "舜之飯糗茹草也(순지반구여초야), 若將終身焉(약장종신언), 及其爲天子也(급기위천자야), 被袗衣(피진의), 鼓琴(고금), 二女果(이녀과), 若固有之(약고유지)."

14-7 살인은 이나저나 마찬가지

맹자께서 말씀하셨습니다.

"나는 이제 남의 아버지를 죽이는 일이 얼마나 심각한 것인가를 알았답니다. 다른 사람의 아버지를 죽이면 그 사람 역시 복수하기 위해 나의 아버지를 죽이게 되고, 다른 사람의 형을 죽이면 그 사람 역시 나의 형을 죽이게 됩니다. 그러므로 스스로 자신의 부형을 죽이는 것은 아니지만 그렇게 한 것이나 다름없을 뿐이랍니다."

孟子曰(맹자왈): "吾今而後知殺人親之重也(오금이후지살인친지중야). 殺人之父(살인지부), 人亦殺其父(인역살기부), 殺人之兄(살인지형), 人亦殺其兄(인역살기형). 然則非自殺之也(연즉비자살지야), 一間耳(일간이)."

14-8 관문 설치가 옛날과 지금이 다른 이유

맹자께서 말씀하셨습니다.

"옛날에 관문을 설치하는 것은 포악한 자를 막기 위해서였지만, 요즘에 관문을 설치하는 것은 포악한 짓을 하기 위해서입니다."

孟子曰(맹자왈): "古之爲關也(고지위관야), 將以禦暴(장이어폭). 今之爲關也(금지위관야), 將以爲暴(장이위폭)."

14-9 도를 직접 행하지 않으면

맹자께서 말씀하셨습니다.

"자신의 도를 행하지 않으면 처자에게도 도가 행해지지 않고, 도로써 다른 사람을 부리지 않으면 처자에게도 제대로 행해지지 않는답니다."

孟子曰(맹자왈): "身不行道(신불행도), 不行於妻子(불행어처자), 使人不以道(사인불이도), 不能行於妻子(불능행어처자)."

14-10 용의주도한 사람은

맹자께서 말씀하셨습니다.

"이익을 추구하는 데 용의주도한 사람은 흉년도 그를 죽일 수 없고, 덕을 추구하는 데 용의주도한 사람은 사악한 세상도 그를 혼란에 빠뜨리지 못합니다."

孟子曰(맹자왈): "周于利者(주우이자), 凶年不能殺(흉년불능살), 周于德者(주우덕자), 邪世不能亂(사세불능난)."

14-11 이해관계에 따라 얼굴에 드러나는 본색

맹자께서 말씀하셨습니다.

"명예를 좋아하는 사람은 수레 천 대를 보유한 나라를 준다 해도 사양할 수 있으나, 진실로 그러한 사람이 아니고서는 밥 한 그릇과 국 한 그릇에도 그 본색이 얼굴에 드러납니다."

孟子曰(맹자왈): "好名之人(호명지인), 能讓千乘之國(능양천승지국). 苟非其人(구비기인), 簞食豆羹見於色(단식두갱견어색)."

14-12 믿음과 예의가 없으면

맹자께서 말씀하셨습니다.

"어질고 현명한 사람을 믿지 않으면 나라에 인재가 없어 공허해집니다. 예의가 없으면 위아래의 질서가 어지러워지며, 정치가 행해지지 않으면 나라의 재정이 부족하게 됩니다."

孟子曰(맹자왈): "不信仁賢(불신인현), 則國空虛(즉국공허). 無禮義(무예의), 則上下亂(즉상하난). 無政事(무정사), 則財用不足(즉재용부족)."

14-13 어진 자만이 천하를 얻는다

맹자께서 말씀하셨습니다.

"어질지 않고서도 나라를 얻은 사람은 있지만, 어질지 않고서도 천하를 얻은 사람은 아직 없답니다."

孟子曰(맹자왈): "不仁而得國者(불인이득국자), 有之矣(유지의), 不仁而得天下(불인이득천하), 未之有也(미지유야)."

14-14 정치는 백성을 우선으로 해야

맹자께서 말씀하셨습니다.

"백성이 가장 귀하고, 사직은 그다음이며, 군주는 오히려 하찮을 뿐입니다. 그러기 때문에 백성의 신임을 얻으면 천자가 되고, 천자의 신임을 얻으면 제후가 되며, 제후의 신임을 얻으면 대부가 된답니다. 제후가 사직을 위태롭게 한다면 그 제후를 바꾸고, 제사에 쓸 희생물을 마련하고 곡물을 성대하고 깨끗하게 준비해 제사를 제때에 지내는데도 가뭄과 홍수가 나면 사직을 바꿔야 합니다."

孟子曰(맹자왈): "民爲貴(민위귀), 社稷次之(사직차지), 君爲輕(군위경). 是故得乎丘民而爲天子(시고득호구민이위천자), 得乎天子爲諸侯(득호천자위제후), 得乎諸侯爲大夫(득호제후위대부). 諸侯危社稷(제후위사직), 則變置(즉변치). 犧牲旣成(희생기성), 粢盛旣潔(자성기결), 祭祀以時(제사이시), 然而旱乾水溢(연이한건수일), 則變置社稷(즉변치사직)."

14-15 성인 백이와 유하혜

맹자께서 말씀하셨습니다.

"성인은 백 세대에 걸친 스승으로 백이와 유하혜가 그런 사람입니다. 그러므로 백이의 기풍을 들으면 탐욕스런 사람도 청렴해지고, 나약한 사람도 뜻을 세우게 됩니다. 유하혜의 기풍을 들으면 야박한 사람도 후덕해지고, 편협한 사람도 너그러워집니다. 백 세대 위의 사람이 분발했을 뿐인데 백 세대 이후에 그 이야기를 들은 사람 중 분발해 노력하지 않는 사람이 없답니다. 성인이 아니라면 어찌 이와 같겠습니까? 하물며 직접 가르침을 받은 사람은 어떻겠습니까?"

孟子曰(맹자왈): "聖人(성인), 百世之師也(백세지사야), 伯夷(백이), 柳下惠是也(유하혜시야). 故聞伯夷之風者(고문백이지풍자), 頑夫廉(완부렴), 懦夫有立志(나부유입지). 聞柳下惠之風者(문유하혜지풍자), 薄夫敦(박부돈), 鄙夫寬(비부관). 奮乎百世之上(분호백세지상). 百世之下(백세지하), 聞者莫不興起也(문자막불흥기야). 非聖人而能若是

乎(비성인이능약시호)? 而況於親炙之者乎(이황어친자지자호)?"

14-16 인은 사람 그 자체

맹자께서 말씀하셨습니다.

"인이라는 것은 사람 그 자체를 뜻합니다. 인과 사람을 합하려는 것이 말하자면 도입니다."

孟子曰(맹자왈): "仁也者(인야자), 人也(인야). 合而言之(합이언지), 道也(도야)."

14-17 모국과 타국을 떠날 때

맹자께서 말씀하셨습니다.

"공자께서 노나라를 떠나실 때 '더디고 느리구나! 내 발걸음이!' 라고 하셨습니다. 이것이 부모의 나라를 떠나는 도입니다. 제나라 를 떠나실 때는 씻어둔 쌀을 건져 급히 떠나셨습니다. 이것이 타국 을 떠나는 도입니다."

孟子曰(맹자왈): "孔子之去魯(공자지거노), 曰(왈): '遲遲吾行也(지 지오행야).' 去父母國之道也(거부모국지도야). 去齊(거제), 接淅而行 (접석이행), 去他國之道也(거타국지도야)."

14-18 공자가 화를 당한 까닭

맹자께서 말씀하셨습니다.

"군자가 진나라와 채나라의 국경에서 화를 당하신 것은 그 나라 상하 군신과의 교류가 없었기 때문입니다."

孟子曰(맹자왈): "君子之戹於陳蔡之閒(군자지액어진채지간), 無上下之交也(무상하지교야)."

14-19 문왕과 공자에 대한 비방

맥계가 말했습니다.

"저는 여러 사람들의 비방에 대해 크게 신경 쓰지 않습니다."

맹자께서 말씀하셨습니다.

"마음 상할 것 없습니다. 선비는 많은 사람들의 구설수가 따릅니다. 『시경』에 '걱정하는 마음 애를 태우네. 여러 소인들에게 미움을 받네'라고 했는데, 이는 공자님의 경우랍니다. 또 '끝내 그 성냄을 없애지는 못했구나. 그러나 그 명예는 훼손되지 않았네'라고 했는데, 이는 문왕의 경우랍니다."

貉稽曰(맥계왈): "稽大不理於口(계대불리어구)."

孟子曰(맹자왈): "無傷也(무상야). 士憎玆多口(사증자다구). 詩云(시운): '憂心悄悄(우심초초), 慍于群小(온우군소).' 孔子也(공자야). '肆不殄厥慍(사부진궐온), 亦不隕厥問(역불운궐문).' 文王也(문왕야)."

14-20 현자와 오늘날의 사람

맹자께서 말씀하셨습니다.

"옛날의 현자는 자기의 밝은 덕으로 남을 밝게 해주었는데, 오늘날의 사람들은 자기는 어두우면서 남을 밝게 해주려고 합니다."

孟子曰(맹자왈): "賢者以其昭昭(현자이기소소), 使人昭昭(사인소소), 今以其昏昏(금이기혼혼), 使人昭昭(사인소소)."

14-21 자주 다니면 오솔길도 길이 되고

맹자께서 제자 고자에게 말씀하셨습니다.

"산속의 오솔길이라도 왕래가 잦으면 길이 되고, 잠시만이라도 다니지 않으면 잡풀로 막혀 버리게 된단다. 지금 너의 마음도 잡풀로 막혀 있구나!"

孟子謂高子曰(맹자위고자왈): "山徑之蹊間(산경지혜간), 介然用之而成路(개연용지이성로). 爲間不用(위한불용), 則茅塞之矣(즉모새지의). 今茅塞子之心矣(금모새자지심의)."

14-22 우임금과 문왕의 음악

고자가 말했습니다.

"우임금의 음악은 문왕의 음악보다 수준이 높은 것 같습니다."

맹자께서 말씀하셨습니다.

"어찌하여 그리 말하는 게냐?"

고자가 대답했습니다.

"종을 매다는 꼭지가 많이 닳았기 때문이랍니다."

맹자께서 말씀하셨습니다.

"그것이 어찌 맞는 말이겠느냐? 성문에 파인 수레바퀴 자국이 말 두 마리의 힘으로 만들어진 것이란 말이냐?"

高子曰(고자왈): "禹之聲(우지성), 尙文王之聲(상문왕지성)."

孟子曰(맹자왈): "何以言之(하이언지)?"

曰(왈): "以追蠡(이추려)."

曰(왈): "是奚足哉(시해족재)? 城門之軌(성문지궤), 兩馬之力與(양

마지력여)?"

14-23 백성에게 필요한 사람

제나라에 기근이 들자, 제자 진진이 말했습니다.

"나라 사람들이 모두 스승님께서 왕에게 또다시 당 지역의 곡식 창고를 열도록 했던 것처럼 건의해 주시기를 바랍니다만, 다시 그렇게 하시기는 어렵지 않을까 싶습니다."

맹자께서 말씀하셨습니다.

"그렇게 하는 것은 풍부가 했던 짓을 하는 것이지. 진나라 사람으로 풍부라는 자가 있었단다. 그는 호랑이를 잘 잡았는데, 나중에는 좋은 선비가 되었지. 어느 날 들판으로 갔을 때 사람들이 호랑이를 쫓고 있었단다. 호랑이가 산모퉁이를 등지고 있어 감히 달려들지 못하고 있었지. 그들이 멀리서 풍부를 보고서 그를 환영하자, 풍부는 팔을 걷어 올리고 수레에서 내렸단다. 군중들은 모두 기뻐서 환영했지. 그러나 선비들은 그것을 비웃었단다."

齊饑(제기).

陳臻曰(진진왈): "國人皆以夫子將復爲發棠(국인개이부자장부위발당), 殆不可復(태불가부)."

孟子曰(맹자왈): "是爲馮婦也(시위풍부야). 晉人有馮婦者(진인유풍부자), 善搏虎(선박호), 卒爲善士(졸위선사). 則之野(즉지야), 有衆逐虎(유중축호). 虎負嵎(호부우), 莫之敢攖(막지감영). 望見馮婦(망견풍부), 趨而迎之(추이영지), 馮婦攘臂下車(풍부양비하차). 衆皆悅之(중개열지), 其爲士者笑之(기위사자소지)."

14-24 하늘이 부여한 본성과 천명

맹자께서 말씀하셨습니다.

"입이 좋은 맛을, 눈이 아름다운 빛을, 귀가 좋은 소리를, 코가 향기로운 냄새를, 사지가 편안하기를 바라는 것은 사람의 본성이지만, 그것을 실현하는 것은 명에 달려 있으므로 군자는 이를 본성이라고 하지 않습니다. 아버지와 아들 사이의 인, 임금과 신하 사이의 의, 주인과 손님 사이의 예, 현자의 지혜로움, 성인이 하늘의 도를 아는 것, 이것들은 명에 달려 있지만 그것을 실현하려면 본성이 있어야 한단다. 그래서 군자는 그러한 것을 천명이라고 말하지는 않지."

孟子曰(맹자왈): "口之於味也(구지어미야), 目之於色也(목지어색야), 耳之於聲也(이지어성야), 鼻之於臭也(비지어취야), 四肢之於安佚也(사지지어안일야), 性也(성야), 有命焉(유명언), 君子不謂性也(군자불위성야). 仁之於父子也(인지어부자야), 義之於君臣也(의지어군신야), 禮之於賓主也(예지어빈주야), 智之於賢者也(지지어현자야), 聖人之於天道也(성인지어천도야), 命也(명야), 有性焉(유성언), 君子不謂命也(군자불위명야)."

14-25 악정자의 됨됨이

제나라 사람인 호생불해가 물었습니다.

"악정자는 어떤 사람입니까?"

맹자께서 대답하셨습니다.

"선한 사람이고 믿음직한 사람이랍니다."

호생불해가 다시 물었습니다.

"무엇을 선이라 하고, 무엇을 믿음이라 합니까?"

맹자께서 대답하셨습니다.

"본성대로 하려는 것을 선(善)이라 하고, 선을 자기 몸에 지니고 있는 것을 믿음(信)이라 하며, 선이 몸에 가득 차 있는 것을 아름답다(美)고 하고, 가득 채우고 광채로 빛나고 있다면 위대하다(大)고 하며, 선이 크고 남을 감화시키는 것을 성스럽다(聖)고 하고, 성스러우면서 알아볼 수 없는 것을 신묘하다(神)고 한답니다. 악정자는 위의 두 가지(선과 믿음)의 가운데에 있으며, 아래의 네 가지(미인·대인·성인·신인)에는 미치지 못한답니다."

浩生不害問曰(호생불해문왈): "樂正子(악정자), 何人也(하인야)?"

孟子曰(맹자왈): "善人也(선인야), 信人也(신인야)."

"何謂善(하위선)? 何謂信(하위신)?"

曰(왈): "可欲之謂善(가욕지위선), 有諸己之謂信(유저기지위신). 充實之謂美(충실지위미), 充實而有光輝之謂大(충실이유광휘지위대), 大而化之之謂聖(대이화지지위성), 聖而不可知之之謂神(성이불가지지지위신). 樂正子(악정자), 二之中(이지중), 四之下也(사지하야)."

14-26 묵적과 양주의 논변

맹자께서 말씀하셨습니다.

"묵적에게서 도망쳐 나오면 반드시 양주에게 귀의합니다. 양주에게서 도망치면 반드시 유가로 돌아오게 됩니다. 그런 사람들이 귀의하면 받아주면 될 뿐입니다. 지금 양주나 묵적과 더불어 논변을 하고 있는 사람들은 마치 달아난 돼지를 추적하는 것과도 같습니다. 이미 울타리 안으로 들어갔는데도 다시 따라 들어가 그 다리를 묶어 놓은 셈이죠."

孟子曰(맹자왈): "逃墨必歸於楊(도묵필귀어양), 逃楊必歸於儒(도양필귀어유). 歸(귀), 斯受之而已矣(사수지이이의). 今之與楊墨辯者(금지여양묵변자), 如追放豚(여추방돈), 旣入其苙(기입기립), 又從而招之(우종이초지)."

14-27 백성에게 징수하는 폐해

맹자께서 말씀하셨습니다.

"세금으로 베와 명주를 받는 것과 곡식을 징수하는 것, 부역을 시키는 것이 있습니다. 군자는 그중 하나를 징수하면 둘은 완화시켜 줍니다. 그중 둘을 한꺼번에 징수하면 백성들은 굶주려 죽는 자가 생기게 되고, 그중 셋을 한꺼번에 징수하면 아버지와 아들이 헤어지게 됩니다."

孟子曰(맹자왈): "有布縷之征(유포루지정), 粟米之征(속미지정), 力役之征(역역지정). 君子用其一(군자용기일), 緩其二(완기이). 用其二而民有殍(용기이이민유표), 用其三而父子離(용기삼이부자리)."

14-28 제후에게 재앙이 미치게 된 이유

맹자께서 말씀하셨습니다.

"제후에게 세 가지 보배가 있으니, 영토와 백성과 정사를 말합니다. 주옥만을 보배로 여기는 사람은 재앙이 반드시 그의 몸에 미치게 됩니다."

孟子曰(맹자왈): "諸侯之寶三(제후지보삼), 土地(토지), 人民(인민), 政事(정사). 寶珠玉者(보주옥자), 殃必及身(앙필급신)."

14-29 분성괄이 죽임을 당하게 된 이유

분성괄이 제나라에서 벼슬을 하고 있자, 맹자께서 말씀하셨습니다.

"분성괄은 곧 죽겠구나!"

과연 분성괄이 살해되자, 문인 중의 한 사람이 여쭈었습니다.

"스승님께서는 어떻게 그가 죽을 것을 알았습니까?"

맹자께서 말씀하셨습니다.

"그의 사람됨은 소인이면서 재주는 있었지만 아직 군자의 대도를 듣지 못했으니, 그것으로써 자기 몸을 죽이기에 충분하지."

盆成括仕於齊(분성괄사어제).

孟子曰(맹자왈): "死矣盆成括(사의분성괄)!"

盆成括見殺(분성괄견살).

門人問曰(문인문왈): "夫子何以知其將見殺(부자하이지기장견살)?"

曰(왈): "其爲人也小有才(기위인야소유재), 未聞君子之大道也(미문군자지대도야), 則足以殺其軀而已矣(즉족이살기구이이의)."

14-30 맹자의 교육에 대한 태도

맹자께서 등나라에 가셨다가 좋은 여관인 상궁에서 숙박했습니다. 그곳 창문 위에 만들다 그만둔 신발이 있었는데, 여관 주인이 그것을 찾았으나 찾지 못했습니다. 어떤 사람이 물었습니다.

"선생님을 따라다니는 자들은 이렇습니까?"

맹자께서 말씀하셨습니다.

"당신은 내 제자들이 신발이나 훔치려고 여기에 온 줄 아시오?"

그러자 그 사람이 말했습니다.

"그렇지는 않겠지요."

맹자께서 말씀하셨습니다.

"내가 교과를 개설해 놓고 제자를 가르치되, 가는 사람은 붙잡지도 않고 오는 사람은 거절하지도 않았답니다. 다만 진실로 배우고자 하는 마음으로 오면 그들을 받아들였을 뿐입니다."

孟子之滕(맹자지등), 館於上宮(관어상궁). 有業屨於牖上(유업구어유상), 館人求之弗得(관인구지불득).

或問之曰(혹문지왈): "若是乎從者之廋也(약시호종자지수야)?"

曰(왈): "子以是爲竊屨來與(자이시위절구래여)?"

曰(왈): "殆非也(태비야)."

"夫子之設科也(부자지설과야), 往者不追(왕자불추), 來者不拒(내자불거). 苟以是心至(구이시심지), 斯受之而已矣(사수지이이의)."

14-31 인과 의

맹자께서 말씀하셨습니다.

"사람에게는 모두 참을 수 없는 것이 있는데, 그것을 참아내는데 통달하는 것이 인이랍니다. 사람에게는 모두 하고 싶지 않은 것이 있는데, 그러한 것을 할 수 있도록 통달하는 것이 의입니다. 사람이 남을 해치지 않는 마음을 키워나가면 인은 다 사용할 수 없을 정도로 가득해집니다. 사람이 벽을 뚫거나 담을 넘지 않겠다는 마음이 가득 차면 의로움은 다 사용할 수 없을 정도가 됩니다.

사람이 남에게 '이놈, 저놈' 하는 소리를 듣지 않을 정도로 내실을 채운다면 가는 곳마다 의를 행하지 않을 수 없게 됩니다. 선비가 말해서는 안 되는 상황인데도 말하는 것은 이로 인해 어떤 이익을 얻어내려는 것이고, 선비가 말할 수 있는데도 말하지 않는 것은 이로 인해 어떤 이익을 얻으려는 짓입니다. 이런 것들은 모두 벽을 뚫고 담을 넘는 도둑의 한 부류랍니다."

孟子曰(맹자왈): "人皆有所不忍(인개유소불인), 達之於其所忍(달지어기소인), 仁也(인야). 人皆有所不爲(인개유소불위), 達之於其所爲(달지어기소위), 義也(의야). 人能充無欲害人之心(인능충무욕해인지심), 而仁不可勝用也(이인불가승용야). 人能充無穿窬之心(인능충무천유지심), 而義不可勝用也(이의불가승용야).

人能充無受爾汝之實(인능충무수이여지실), 無所往而不爲義也(무소왕이불위의야). 士未可以言而言(사미가이언이언), 是以言餂之也(시이언첨지야). 可以言而不言(가이언이불언), 是以不言餂之也(시이불언첨지야). 是皆穿窬之類也(시개천유지류야)."

14-32 좋은 말과 좋은 도

맹자께서 말씀하셨습니다.

"말이 비근하면서도 그 속에 담긴 뜻이 심원한 것이 좋은 말입니다. 실행은 간단하면서도 그 효과가 널리 퍼지는 것이 좋은 도입니다. 군자의 말은 허리띠 아래가 아닌 곳에 존재합니다. 군자가 그 원칙을 지키면 자기 몸을 닦음으로써 천하가 태평해집니다. 사람의 병폐는 자기 밭은 내버려두고 남의 밭에 가서 김을 매는 것이니, 남에게 요구하는 것은 엄중하면서도 자기의 책임은 가볍게 여기기 때문입니다."

孟子曰(맹자왈): "言近而指遠者(언근이지원자), 善言也(선언야). 守約而施博者(수약이시박자), 善道也(선도야). 君子之言也(군자지언야), 不下帶而道存焉(불하대이도존언). 君子之守(군자지수), 脩其身而天下平(수기신이천하평). 人病舍其田而芸人之田(인병사기전이운인지전), 所求於人者重(소구어인자중), 而所以自任者輕(이소이자임자경)."

14-33 법도대로 행하고 천명을 기다림

맹자께서 말씀하셨습니다.

"요순은 본성을 그대로 실현한 사람들입니다. 탕왕과 무왕은 본성으로 돌아간 사람들입니다. 행동거지가 예에 맞는 것이 위대한 덕이 지극한 것입니다. 죽은 사람에게 곡하면서 슬퍼하는 것은 산 사람을 위해서가 아닙니다. 덕을 행하고 어기지 않는 것은 녹봉을 받기 위해서가 아닙니다. 말을 할 때 반드시 신의를 지키는 것은 나의 행동이 바르다는 것을 알리기 위해서가 아닙니다. 군자는 법도대로 행함으로써 천명을 기다릴 뿐입니다."

孟子曰(맹자왈): "堯舜(요순), 性者也(성자야). 湯武(탕무), 反之也(반지야). 動容周旋中禮者(동용주선중례자), 盛德之至也(성덕지지야). 哭死而哀(곡사이애), 非爲生者也(비위생자야). 經德不回(경덕불회), 非以干祿也(비이간녹야). 言語必信(언어필신), 非以正行也(비이정행야). 君子行法(군자행법), 以俟命而已矣(이사명이이의)."

14-34 스스로가 당당하다면

맹자께서 말씀하셨습니다.

"대인에게 유세할 때는 그를 가볍게 보되, 그를 높고 우뚝한 사람으로 보지 말아야 합니다. 집의 높이가 여러 길이나 되고 서까래가 여러 척이 되는 집은, 내가 뜻을 얻어 출세해도 살지는 않을 겁니다. 사방 열 자 되는 상에 음식을 차려 놓고 시중드는 첩 수백 명을 두는 짓은, 내가 뜻을 이루어 출세하더라도 그런 짓은 하지 않을 겁니다. 술을 마시며 즐기고, 말을 달리며 사냥하는데 뒤따르는 수레가 천 대나 되는 것은, 내가 뜻을 이루어 출세하더라도 그런 짓은 하지 않을 겁니다. 그들이 하는 것은 모두 내가 하지 않는 것들입니다. 내가 하는 것들은 모두 받아들여야 할 옛 성현들의 법도랍니다. 그러니 내가 무엇 때문에 저 권세 있는 자들을 두려워하겠습니까?"

孟子曰(맹자왈): "說大人(설대인), 則藐之(즉막지), 勿視其巍巍然(물시기외외연). 堂高數仞(당고수인), 榱題數尺(최제수척), 我得志弗爲也(아득지불위야). 食前方丈(식전방장), 侍妾數百人(시첩수백인), 我得志弗爲也(아득지불위야). 般樂飮酒(반락음주), 驅騁田獵(구빙전렵), 後車千乘(후거천승), 我得志弗爲也(아득지불위야). 在彼者(재피자), 皆我所不爲也(개아소불위야). 在我者(재아자), 皆古之制也(개고지제야), 吾何畏彼哉(오하외피재)?"

14-35 욕심을 줄이는 것이 인격을 높이는 것

맹자께서 말씀하셨습니다.

"마음을 수양하는 데 욕심을 적게 하는 것보다 더 좋은 방법은 없습니다. 사람답게 살아가는 데 욕심을 적게 가진다면 비록 본심을 보존하지 못하는 일이 생기더라도 그런 일은 매우 드물 겁니다. 또 사람됨이 욕심이 많으면, 비록 인의의 도를 보존하는 경우가 있기는 하지만 그런 일은 매우 드물 겁니다."

孟子曰(맹자왈): "養心莫善於寡欲(양심막선어과욕). 其爲人也寡欲(기위인야과욕), 雖有不存焉者(수유부존언자), 寡矣(과의), 其爲人也多欲(기위인야다욕), 雖有存焉者(수유존언자), 寡矣(과의)."

14-36 어버이에 대한 예우

증석(증자의 아버지)이 양대추(교욤)를 좋아했으므로, 증자는 양대추를 차마 먹지 못했습니다. 그래서 공손추가 여쭈었습니다.

"회와 불고기와 양대추 중 어느 것이 더 맛있습니까?"

맹자께서 대답하셨습니다.

"회와 불고기가 맛있지."

공손추가 여쭈었습니다.

"그렇다면 증자는 어찌하여 더 맛있는 회와 고기구이는 먹으면서 양대추는 먹지 않았습니까?"

맹자께서 말씀하셨습니다.

"회와 불고기는 사람들이 모두 좋아하는 것이지만, 양대추는 증자의 아버지만 좋아했던 것이기 때문이란다. 이것은 이름은 부르기를 꺼리지만, 성은 부르기를 꺼리지 않는 것과 같단다. 성은 다 함께 쓰는 것이지만 이름은 혼자만 쓰는 것이기 때문이란다."

曾晳嗜羊棗(증석기양조), 而曾子不忍食羊棗(이증자불인식양조).

公孫丑問曰(공손추문왈): "膾炙與羊棗孰美(회자여양조숙미)?"

孟子曰(맹자왈): "膾炙哉(회자재)!"

公孫丑曰(공손추왈): "然則曾子何爲食膾炙而不食羊棗(연즉증자하위식회자이불식양조)?"

曰(왈): "膾炙所同也(회자소동야), 羊棗所獨也(양조소독야). 諱名不諱姓(휘명불휘성), 姓所同也(성소동야), 名所獨也(명소독야)."

14-37 향원들의 폐해

만장이 여쭈었습니다.

"공자께서 진나라에 계실 때 '어찌 돌아가지 않으리오! 내 고향의 선비들은 미친 듯 기세가 높고 도를 향해 나아가 취하려 하고, 그 초심을 잃지 않고 있네'라고 하셨습니다. 무엇 때문에 노나라의 미친 듯 기세 높은 선비들을 생각했습니까?"

맹자께서 말씀하셨습니다.

"공자께서는 도에 부합하는 사람을 만나 그와 함께하고 싶지만, 그럴 수 없을 경우 반드시 택하는 사람이 기세 높고 지조가 굳은 사람이었단다. 미친 듯 기세 높은 사람은 앞으로 나아가 도를 취하려 하고, 고집 세고 지조가 굳은 사람은 이것만은 하지 않겠다는 지조가 있기 때문이지. 공자께서 어찌 중도를 걷는 사람을 원하시지 않았겠느냐? 반드시 얻을 수 없었기 때문에 그 다음가는 차선책을 생각하셨던 게지."

萬章問曰(만장문왈): "孔子在陳曰(공자재진왈): '盍歸乎來(합귀호래)! 吾黨之士狂簡(오당지사광간), 進取(진취), 不忘其初(불망기초).'

孔子在陳(공자재진), 何思魯之狂士(하사노지광사)?"

孟子曰(맹자왈): "孔子不得中道而與之(공자부득중도이여지), 必也
狂獧乎(필야광견호)! 狂者進取(광자진취), 獧者有所不爲也(견자유소
불위야). 孔子豈不欲中道哉(공자기불욕중도재)? 不可必得(불가필득),
故思其次也(고사기차야)."

만장이 여쭈었습니다.

"감히 여쭙겠습니다만, 어떻게 해야 미친 듯 기세가 높다고 말할
수 있습니까?"

맹자께서 말씀하셨습니다.

"금장·증석·목피와 같다면 공자님께서 기세만 높다고 말하실
게다."

만장이 여쭈었습니다.

"어찌하여 그런 사람을 미친 듯 기세만 높다고 말합니까?"

맹자께서 말씀하셨습니다.

"그 뜻이 높은 듯해서 말마다 '옛사람, 옛사람!' 하지만 그 행동
을 살펴보면 말만 앞서고 행동이 말을 따르지 못하는 사람이기에
기개만 높다고 한 것이지. 또 미친 듯 기개 높은 사람을 얻을 수 없
다면 더러움을 달갑게 여기지 않는 선비를 얻어 그들과 함께하려
하셨는데, 이들은 고집이 세고 지조가 굳은 자들이란다. 이는 또
그 다음가는 사람을 말한단다. 공자님께서 '내 집 문 앞을 지나면
서 내 집에 들어오지 않더라도 내가 유감스럽게 생각하지 않는 사
람이 있다면, 그것은 착한 척하는 시골뜨기인 향원뿐이야. 이 향원

들은 덕의 적일 뿐이야!'라고 말씀하셨단다."

만장이 여쭈었습니다.

"어떤 사람을 착한 척하는 시골뜨기인 향원이라고 말할 수 있습니까?"

맹자께서 말씀하셨습니다.

"공자님께서는 '그렇게 뜻만 크면 무엇 하겠는가? 말은 행동을 따르지 못하고 행동은 말을 따르지도 못하면서 툭하면 아, 옛 선현이시여! 아, 옛 선현이시여! 하는가? 하는 행동이 어찌 그다지 쌀쌀맞고 친근하지 않은가? 이 세상에 태어났으면 이 세상을 위해 살아가고 이 세상 사람들이 좋다고만 하면 되는 것을'이라고 하시며, 속내를 감추고 좋은 말로 세상에 아첨하는 자들이 시골뜨기인 향원이라고 하셨단다."

"敢問何如斯可謂狂矣(감문하여사가위광의)?"

曰(왈): "如琴張(여금장), 曾晳(증석), 牧皮者(목피자), 孔子之所謂狂矣(공자지소위광의)."

"何以謂之狂也(하이위지광야)?"

曰(왈): "其志嘐嘐然(기지교교연), 曰(왈): '古之人(고지인), 古之人(고지인).' 夷考其行而不掩焉者也(이고기행이불엄언자야). 狂者又不可得(광자우불가득), 欲得不屑不潔之士而與之(욕득불설불결지사이여지), 是獧也(시견야), 是又其次也(시우기차야). 孔子曰(공자왈): '過我門而不入我室(과아문이불입아실), 我不憾焉者(아불감언자), 其惟鄉原乎(기유향원호)! 鄉原(향원), 德之賊也(덕지적야).'"

曰(왈): "何如斯可謂之鄉原矣(하여사가위지향원의)?"

曰(왈): "'何以是嘐嘐也(하이시교교야)? 言不顧行(언불고행), 行不顧言(행불고언), 則曰(즉왈), 古之人(고지인), 古之人(고지인). 行何爲踽踽涼涼(행하위우우량량)? 生斯世也(생사세야), 爲斯世也(위사세야), 善斯可矣(선사가의).' 閹然媚於世也者(엄연미어세야자), 是鄉原也(시향원야)."

만장이 여쭈었습니다.

"한 고을 사람들이 모두 후덕한 사람이라고 일컬으면 어디를 가더라도 후덕한 사람이 됩니다. 그런데도 공자님께서 덕을 해치는 사람이라고 하신 것은 무엇 때문입니까?"

맹자께서 말씀하셨습니다.

"그를 비난하려 해도 증거로 들 것이 없고, 그를 공격하려 해도 찌를 틈이 없지. 그런 자는 흐르는 세속에 동조하며 더러운 세상을 잘 살아간단다. 그가 머무는 것은 충성과 믿음에 머무는 듯하고, 그가 행하는 것은 청렴하고 결백한 듯하지. 그래서 마을사람 모두가 기뻐하고 그 역시 스스로를 옳다고 여긴단다. 그러나 요순의 도에는 함께 들어갈 수는 없지. 그래서 덕을 해치는 것이라고 말씀하신 거란다.

공자님께서 '비슷하기는 하지만 아닌 것(사이비似而非)들을 나는 싫어한다. 가라지(볏과의 한 해 살이 풀)를 싫어하는 것은 벼와 비슷하게 생겨 벼의 싹을 해칠까 그런 것이다. 아첨을 싫어하는 것은 의로움을 어지럽힐까 걱정해서 그렇다. 말말 잘하는 것을 싫어하는 것은 믿음을 어지럽힐까 걱정해서 그렇다. 정나라의 음악을 싫어

하는 것은 음탕한 정나라 음악이 아악을 어지럽힐까 걱정해서 그
렇다. 자줏빛을 싫어하는 것은 붉은색의 순수함을 어지럽힐까 그
렇다. 향원을 싫어하는 것은 덕을 어지럽힐까 걱정하기 때문이다'
고 하셨지. 군자는 흐트러진 도리를 바르게 할 뿐이란다. 정도를
바로 세우면 서민들도 감흥해서 일어나고, 서민들이 모두 감흥해
서 일어나면 사악한 것이 없어지게 된단다."

萬章曰(만장왈): "一鄕皆稱原人焉(일향개칭원인언), 無所往而不
爲原人(무소왕이불위원인), 孔子以爲德之賊(공자이위덕지적), 何哉(하
재)?"

曰(왈): "非之無擧也(비지무거야), 刺之無刺也(자지무자야). 同乎流
俗(동호류속), 合乎汙世(합호오세), 居之似忠信(거지사충신), 行之似
廉潔(행지사렴결), 衆皆悅之(중개열지), 自以爲是(자이위시), 而不可
與入堯舜之道(이불가여입요순지도), 故曰德之賊也(고왈덕지적야).

孔子曰(공자왈): '惡似而非者(오사이비자), 惡莠(오유), 恐其亂苗也
(공기난묘야). 惡佞(오녕), 恐其亂義也(공기난의야). 惡利口(오이구), 恐
其亂信也(공기난신야). 惡鄭聲(오정성), 恐其亂樂也(공기난악야). 惡
紫(오자), 恐其亂朱也(공기난주야). 惡鄕原(오향원), 恐其亂德也(공기
난덕야).' 君子反經而已矣(군자반경이이의). 經正(경정), 則庶民興(즉
서민흥), 庶民興(서민흥), 斯無邪慝矣(사무사특의)."

14-38 인의의 도가 실행되지 않는 까닭

맹자께서 말씀하셨습니다.

"요임금과 순임금으로부터 탕왕 때까지는 5백여 년 남짓입니다.

우임금과 고요는 요임금과 순임금을 보고 성인임을 알았고, 탕왕은 요임금과 순임금의 덕을 듣고서 성인임을 알았습니다. 탕왕으로부터 문왕 때까지는 5백여 년입니다. 이윤과 내주는 탕왕의 도를 보아서 알았고, 문왕은 듣고서 알았답니다. 문왕으로부터 공자까지도 5백여 년이었습니다. 태공망과 산의생은 직접 문왕의 도를 보아서 알았고, 공자는 그것을 들어서 알았습니다. 공자 때부터 지금까지는 백여 년밖에 안 되었습니다. 성인이 살던 세상에서 멀어진 것이 이처럼 얼마 되지 않습니다. 성인이 살던 곳과도 그리 멀지 않습니다. 그러나 성인의 도를 계승할 사람이 없으니 앞으로는 그 도를 들어서 알 사람도 없을 것 같습니다."

孟子曰(맹자왈): "由堯舜至於湯(유요순지어탕), 五百有餘歲(오백유여세), 若禹(약우), 皐陶(고요), 則見而知之(즉견이지지), 若湯(약탕), 則聞而知之(즉문이지지). 由湯至於文王(유탕지어문왕), 五百有餘歲(오백유여세), 若伊尹(약이윤), 萊朱則見而知之(내주즉견이지지), 若文王(약문왕), 則聞而知之(즉문이지지). 由文王至於孔子(유문왕지어공자), 五百有餘歲(오백유여세), 若太公望(약태공망), 散宜生(산의생), 則見而知之(즉견이지지). 若孔子(약공자), 則聞而知之(즉문이지지). 由孔子而來至於今(유공자이래지어금), 百有餘歲(백유여세), 去聖人之世(거성인지세), 若此其未遠也(약차기미원야), 近聖人之居(근성인지거), 若此其甚也(약차기심야), 然亦無有乎爾(연역무유호이), 則亦無有乎爾(즉역무유호이)."

한자어원풀이

仁義禮智(인의예지) 란 인간의 심성을 표현하는 네 가지 실마리를 말합니다. 성리학에서 중요하게 생각하는 네 가지 개념이죠. 즉 어짊과 옳음, 예의와 지혜의 네 가지 덕목을 가리킵니다. 이러한 유학은 수천 년 동안 중국을 포함한 동양의 주요 사상이 되었습니다. 仁義禮智(인의예지)는 「공손추장구」에서 유래했답니다.

어질 仁(인) 은 서 있는 사람의 옆모습을 본뜬 사람 인(亻)과 두 이(二)로 이루어졌습니다. 二(이)는 가로선 두 개를 그은 것으로 처음부터 변하지 않고 그대로 내려온 '둘'을 뜻하는 지사글자랍니다. 이 또한 후대로 오면서 철학적인 의미를 부여했는데, 『설문해자(說文解字)』에서는 "二는 땅의 수이다. 一(일)을 나란히 한 모양으로 구성되었다"라고 했답니다. 갑골문의 자형 역시 현재까지 잘 유지되고 있죠. 여기서 二(이)를 땅이라 한 것은 易(역)에서 '天一地二(천일지이)'라고 한 음양의 개념을 해석한 것이랍니다. 이에 따라 仁(인)은 두(二) 사람(亻) 사이의 관계를 나타내 '친하다', '어질다'는 뜻을 부여했답니다. 仁(인)의 옛글자로 忎(인)을 들 수 있는데, 수많은 사람(千)들의 마음(心)에 내재되어 있는 본성을 '어질고 착함'으로 보았습니다.

옳을 義(의)는 양 양(羊)과 나 아(我)로 구성되었습니다. 羊(양)은 예부터 상서로운 동물로 여겼는데, 두 뿔과 몸통 및 네 발 그리고 꼬리 모양을 본뜬 상형글자랍니다. 갑골문에 나타난 我(아)의 자형은 세 개의 칼날을 지닌 삼지창의 모양이었지만 금문과 전서를 거치면서 손의 모양을 상형한 손 수(手)와 창이나 칼과 같은 무기류를 뜻하는 창 과(戈)로 이루어진 현재의 자형이 되었답니다. 즉 손(手)으로 창(戈)을 들고서 방어하는 주체인 '나'를 뜻하게 되었죠. 이에 따라 손수(我) 상서로운 동물인 양(羊)을 잡아 조상신이나 천신에게 제물로 바치는 일은 마땅히 해야 할 일이었기 때문에 그 행위를 '바르고', '옳은' 것으로 여겼답니다.

예 禮(예, 례)는 보일 시(示)와 풍성할 풍(豊, 굽 높은 그릇 례)으로 이루어졌습니다. 示(시)는 제사를 지내기 위한 제단(祭壇)을 본뜬 상형글자인데, 자형 상부의 一(일)은 조상신이나 천신에게 올린 제물을, 가운데 자형(丁)은 제단을 그리고 좌우로 삐친 자형(八)은 제물에서 흘러나온 피를 의미한답니다. 豊(풍)의 본래 자형은 '豐(풍)'으로 제사용 그릇을 상형한 豆(두) 위에 또 다른 그릇(凵)을 올려 온갖 제물을 예쁘고(丰: 예쁠 봉) 단아하게(丰) 쌓아올린 데서 '풍성하다'는 뜻을 지니게 되었으며 禮(예)의 옛글자랍니다. 후대로 오면서 현재의 자형으로 변했는데, 그다지 의미가 변하지는 않았습니다. 즉 豊(풍)의 구성요소인 曲(곡)은 대나무나 싸리나무로 만든 것처럼 비교적 큰 그릇을 뜻하고, 豆(두)는 뚜껑(-)을 덮어 따뜻한 국물을 담을 수 있는 발(쓰)이 달린 비교적 작은 그릇(口)을 의미한답니다. 따라서 전체적인 의미는 신에게 올리는 제단(示)에 큰 그릇(曲)과 종지(豆)에 가득하게 제물을 담아 정성스레 예를 갖춘다는 뜻이 담겨 있습니다.

`슬기 智(지)`는 알 지(知)와 태양을 상형한 해 일(日)로 이루어져 있습니다. 知(지)는 화살 시(矢)와 과녁을 뜻하는 입 구(口)로 이루어져 있는데, 활에서 당겨진 화살(矢)이 과녁(口)을 향해 날아가는 방향을 끝까지 지켜보아야 향방을 알 수 있다는 뜻을 담고 있죠. 따라서 智(지)는 온 세상을 두루 비추는 태양(日)과 같이 대자연의 운행 질서를 밝게 안다(知)는 의미를 담고 있답니다.

`孝悌忠信(효제충신)`이란 어버이에 대한 효도, 형제끼리의 우애, 임금에 대한 충성, 벗 사이의 믿음을 통틀어 이르는 말로 인간이 지켜야 할 도덕적인 덕목입니다. 가정의 화목 및 사회적인 질서와 안녕을 위해 오늘날에도 꼭 필요한 아름다운 지침이라 할 수 있습니다.

`효도 孝(효)`는 늙을 노(老)의 간략형인 노(耂)와 아들 자(子)로 이루어져 있습니다. 老(노)는 '머리카락(毛)을 길게 산발하고 허리를 굽힌 사람(人)이 지팡이(匕)를 짚고 서 있는 모양'을 나타낸 것으로 노인을 뜻한답니다. 여기서 子(자)는 어린아이가 아니라 자식을 의미합니다. 이에 따라 금문에 처음 나타난 孝(효)는 늙은 어버이(耂)를 지팡이 대신 자식(子)이 업고 있는 모양을 그려내 부모를 잘 모신다는 뜻을 담아 '효도'를 뜻하게 되었답니다.

공경할 悌(제) 는 마음 심(心)의 간략형인 심(忄)과 아우 제(弟)로 구성되었습니다. 弟(제)에 대해 허신은 『설문해자(說文解字)』에서 "제는 부드러운 가죽으로 묶는 순서를 뜻한다"고 했답니다. 즉 활(弓)은 탄력성이 뛰어나야 하는데, 그것을 보강하기 위해 물소 뿔(丿)을 적당한 크기로 덧대어 가죽 끈(丫)을 이용해 활의 끝에서부터 차례차례 묶은 것을 그려내고 있습니다. 그래서 본래 '차례'라는 뜻이었으나 형과 아우를 구별하기 위해 '아우'라는 뜻으로 쓰이게 되자 별도로 차례가 분명한 대(竹)를 더해 '차례 第(제)'를 만들었답니다. 이에 따라 悌(제)의 의미는 형제간에도 아우와 형의 차례(弟)를 지키는 마음(忄)을 유지하면 자연스럽게 서로 '공경'하게 된다는 뜻이 담겨 있답니다.

충성 忠(충) 은 가운데 중(中)과 심장을 상형한 마음 심(心)으로 이루어져 있습니다. 中(중)은 간단한 자형이지만 다양한 의견이 제시되고 있답니다. 갑골문에 새겨진 모양은 어떠한 공간을 나타낸 'ㅁ' 모양에 긴 장대(丨)를 세워둔 모양인데, 장대의 상부에는 두세 가닥의 깃발도 함께 그려져 있습니다. 현재의 자형은 소전에서 보다 간략하게 이루어진 것이죠. 문제는 가운데 쓰인 'ㅁ' 모양에 대해 부족이 모여 사는 마을이라는 설, 바람의 방향을 측정하기 위한 판이라는 설, 장대의 그림자로 시간을 알기 위해 달아 놓은 나무틀이라는 설, 해의 변형으로 정오를 뜻한다는 설 등이 난무하고 있답니다. 필자가 보기에 갑골문과 금문을 참조할 때, 마을(ㅁ)의 중앙광장에 부족의 상징인 깃발을 단 장대(丨)를 세웠다는 데서 '중앙', '가운데'라는 뜻을 지닌 것으로 유추할 수 있답니다. 이에 따라 忠(충)은 어느 한쪽으로 치우치지 않고 가슴 깊숙한 곳(中)에서 우러난 마음(心)이라는 데서 '진심', '성심', '충성'을 뜻하게 되었답니다.

믿을 信(신)은 서 있는 사람의 모양을 상형한 사람 인(亻)과 말씀 언(言)으로 이루어져 있습니다. 言(언)은 입(口)에 나팔 모양의 악기(辛)를 대고서 소리를 낸다는 뜻을 담았는데, 言(언)이 들어가는 글자는 입을 통해 소리로 묘사하는 다양한 행동양식을 나타낸답니다. 따라서 信(신)의 의미는 사람(亻)의 입을 통해 나오는 말(言)에는 '진실'이나 '믿음'이 있어야 한다는 약속과 관련된 글자(字)라 할 수 있죠. 사람(亻)의 입을 통해 전달되는 말(言)이라는 데서 '소식'이라는 뜻으로도 확장되었답니다.

浩然之氣(호연지기)란 하늘과 땅 사이에 가득 찬 채로 유동하는 넓고 큰 정미한 기운을 말합니다. 하늘과 땅 사이, 즉 우주공간에는 엄청난 미물질의 에너지가 존재합니다. 텅 빈 공(空)이 아니라 진공묘유(眞空妙有)죠. 즉 대우주는 유무상생(有無相生)하며 끝없이 변화하고 있습니다. 그 변화의 핵심이 바로 기(氣)죠. 이러한 기운은 누구에게나 공평하게 열려 있죠. 소우주인 우리 인체와 공간에너지인 호연지기를 보다 활발하게 소통시키는 것, 그것이 바로 건강의 첩경이자 영성진화의 한 방편이라 할 수 있습니다.

넓을 浩(호)는 물 수(氵)와 알릴 고(告)로 이루어졌습니다. 氵(수)는 물줄기가 갈라지고 합해지는 강을 본뜬 水(수)를 간략히 세 개의 물 방울로 표시한 것으로 자형의 좌변에 놓여 강이나 물의 뜻으로 쓰인답니다. 告(고)는 소 牛(우)와 사람의 입 모양을 본뜬 입 구(口)로 이루어졌습니다. 牛(우)는 소의 뿔과 몸통을 강조한 상형글자죠. 소는 농경문화에서는 논밭을 가는 일(事)의 대명사라 할 수 있으며, 또한 사람을 대신해 천제(天祭)에 바치는 제물로 쓰임에 따라 상서로움을 안고 있는 동물로 묘사하고 있답니다. 따라서 돼지(豕)나 말(馬), 코끼리(象) 등은 네 다리를 그려 넣고 있는데 반해 신성한 의미의 소(牛)는 다리를 그리지 않고 있습니다. 그래서 牛(우) 자는 어떤 중요한 물건(物件)을 나타내거나 제사와 관련된 희생(犧牲)과 같은 의미로 쓰이고 있답니다. 이에 따라 告(고)는 제단에 제물로 소(牛)를 바친 뒤 제사를 주관하는 사람이 신에게 아뢴다(口)는 데서 '아뢰다', '알리다'의 뜻을 지니게 되었답니다. 따라서 浩(호)의 전체적인 의미는 드넓은 강이나 바다(氵)를 건너기에 앞서 물의 신에게 소를 제물로 바치며 무사안녕을 빈다(告)는 데서 '넓고 크다'는 뜻을 부여했습니다. 여기서는 지제(地祭)를 뜻한답니다.

그러할 然(연) 은 고기 덩이를 뜻하는 육달월(月=肉)과 개 견(犬) 그리고 불 화(灬)로 구성되었습니다. 이 글자에는 개고기를 식용으로 하는 동이족만의 전통이 고스란히 담겨 있죠. 지금은 유교 및 불교적 사상이 유입되어 개고기를 제사상에 올리지 않지만 고대에는 그렇지 않았답니다. 즉 개(犬)를 통째로 불(灬)에 그슬려 그 고기 덩이(月=肉)를 제사상에 올리는 것은 너무나 당연한 일이었기에 '그러해야 한다'는 뜻이 담겨 있답니다. 여기서는 천제(天祭)를 뜻합니다.

`갈 之(지)`는 발 모양을 상형한 지(止) 아래에 출발선을 뜻하는 '一' 모양을 더한 '之(지)' 자가 갑골문과 금문에 나타났는데, '어디론가 간다'는 의미를 담았습니다. 특히 발 모양을 본뜬 止(지)의 갑골문을 보면 자형 우측의 옆으로 뻗는 모양(-)은 앞으로 향한 엄지발가락이며, 중앙의 세로(ㅣ)와 좌측의 작은 세로(ㅣ)는 각각 발등과 나머지 발가락을, 자형 하부의 가로(一)는 발뒤꿈치를 나타내며 앞으로 향한 좌측 발의 모습을 그려내고 있답니다.

`기운 氣(기)`는 기운 기(气)와 쌀 미(米)로 구성되어 있습니다. 气(기)는 구름이나 수증기가 하늘로 올라가는 모습으로, 눈에 보이지 않는 파동을 상징적으로 표현한 글자랍니다. 그래서 보다 구체적으로 뜻을 나타내기 위해 쌀(米)로 밥을 지을 때 솥에서 나는 증기(气)를 덧붙여 기운의 모습을 형상화했습니다. 모든 사물은 이러한 보이지 않는 기운, 즉 파동으로 연결되어 있다고 할 수 있죠. 따라서 내 마음조차도 다른 사물에게 영향을 미치니, 항상 고요하고 올바른 마음을 지닐 필요가 있습니다.

`父子有親(부자유친)`이란 가정윤리의 실천덕목인 오륜(五倫)의 하나로, 부모는 자식에게 인자하고 자녀는 부모에게 존경과 섬김을 다하라는 말이랍니다. 부모와 자식 사이는 사람이 태어나서 가장 먼저 맺는 인간관계이고, 이 세상에서 누구보다도 가장 친한 관계라

할 수 있습니다. 더구나 이러한 관계는 천륜이니 자기 마음대로 선택하거나 바꿀 수도 없는 절대적인 것이기 때문에 오륜 중에서도 첫째로 꼽는답니다. 부모와 자식 사이에 친애(親愛)함이 잘 유지되어야 가정생활이 원만해지고 사회가 좋아지며 문화도 발전합니다. 따라서 사람이 사람답게 살고, 가정이라는 공동체를 번영하게 하고, 사회 문화를 발전하게 하는 집단윤리라고도 할 수 있습니다.

아비 父(부) 는 모계사회일 때 형성된 자형으로, 손 모양을 상형한 '彐(손)'에 사냥용 칼이나 창(|)을 든 모양을 표현한 것으로 수렵을 주로 했던 남자를 뜻했답니다. 그러다 부계사회가 확립되면서 한 가정을 이끄는 가장인 남자가 '회초리(|)'를 손(彐)에 들고서 아이들을 가르치는 모습으로 해석하게 되었죠.

아들 子(자) 는 강보에 싸인 아기를 본뜬 상형글자로 머리와 두 팔 그리고 하나의 다리로 묘사했습니다. 다리를 하나로 그린 것은 아직 서서 걷지 못하는 '갓난아이'임을 나타내려 한 것이죠. 본뜻은 그러했지만, 보통 장성하지 않은 아이들을 총칭하게 되었답니다. 또한 후대로 오면서 남자의 경칭으로 쓰이기도 하고, 스승이나 작위의 이름으로까지 그 의미가 확대되었습니다.

있을 有(유) 는 손(手)의 모양을 뜻하는 자형 상부의 屮(좌)와 크게 썬 고기 덩이를 뜻하는 상형글자인 고기 육(肉)의 변형인 육달월(月)로 이루어졌습니다. 이에 따라 有(유)는 손(屮)에 고기 덩이(肉=月)

를 쥐고 있다는 데서 '가지고 있다', '있다'는 뜻을 지니게 되었답니다.

친할 親(친) 은 매울 신(辛)의 생략형인 설 입(立)과 나무 목(木)으로 구성된 亲(親의 간자체)과 볼 견(見)으로 이루어졌습니다. 금문에 보이는 親(친) 자는 辛(신)과 見(견)으로 이루어져 있었는데, 소전에 이르러 현재 자형처럼 나무를 상형한 木(목)이 첨가되었습니다. 소리요소이기도 한 辛(신)은 죄인의 이마나 팔뚝에 먹물로 죄명을 새겨 넣던 문신의 도구를 상형한 것으로 본래 '죄'를 뜻했으나 묵형(墨刑)을 당할 때의 고초가 몹시도 매서웠기 때문에 '맵다'와 '살상'의 뜻으로까지 확대되었답니다. 木(목)은 나무의 모양을 본뜬 상형글자로 자형 상부는 나뭇가지를, 하부는 땅에 뿌리를 내리고 있는 모양을 본뜬 것이랍니다. 이에 따라 亲(친)은 나무(木)에 생채기(辛)를 내 새롭게 싹이 나오는 모양을 그려낸 것이죠. 見(견)은 사람의 눈을 상형한 목(目)과 사람의 발을 본뜬 儿(인)을 결합해 무언가를 '가까이서 보다'는 뜻을 강조했습니다. 따라서 親(친)의 전체적인 의미는 새롭게 돋아나는 나무의 싹(亲)을 아주 가까이서 본다(見)는 데서 '가깝다'를 본뜻으로 하고, 가까이서 살필 수 있으니 '친하다', '사랑하다', '사이좋게 지내다' 등의 뜻이 파생했답니다.

廢興存亡(폐흥존망) 이란 한 나라의 흥망이나 존폐를 이르는 말로, 「이루장구」의 "나라의 흥망이나 존폐 또한 그렇습니다. 천자가 어질지 못하면 사해의 천하를 보존할 수 없고, 제후가 어질지 못하면 사직을 보존할 수 없으며, 경대부가 어질지 못하면 종묘를 보존할 수 없고, 백성이나 서민이 어질지 못하면 몸을 보존할 수 없습니다. 지금 죽음을 싫어하면서 어질지 못함을 즐기는 것은 마치 취하는 것을 싫어하면서도 술을 억지로 마시는 것과 같습니다"라는 대목에서 유래했답니다.

폐할 廢(폐) 는 집 엄(广)과 쏠 發(발)로 이루어졌습니다. 广(엄)은 사방을 벽으로 감싼 집(宀)과는 달리 한쪽 벽만을 쌓아 올린 개방형 건물을 뜻해 많은 사람이 드나드는 창고나 관청 같은 건물의 용도를 말한답니다. 쏠 發(발)은 등질 발(癶)과 활 궁(弓) 그리고 몽둥이 수(殳)로 이루어져 있습니다. 癶(발)은 활을 쏘거나 총을 쏠 때 양발을 엇비슷하게 등져 놓은 자세를 말한답니다. 또한 殳(수)는 창이나 몽둥이의 뜻도 있지만 던질 投(투)처럼 '쏘거나 던지다'의 뜻으로도 쓰이죠. 그 의미는 양발을 적당히 벌려 등져 놓고(癶) 활(弓)시위를 당겨 화살을 쏜다(殳)는 뜻이 담겨 있답니다. 따라서 廢(폐)는 쏘아진 화살이 버려져 있듯이 오랫동안 방치된 집이 폐가가 되어 '버리다', '내치다', '무너지다' 등의 뜻을 지니게 되었습니다.

일어날 興(흥) 은 마주들 여(舁)와 한 가지 동(同)으로 구성되었습니다. 舁(여)는 네 손을 사용해 무언가를 함께 들어 올리는 모양을 본뜬 상형글자랍니다. 자형 상부의 두 손으로 무언가를 들어 올리는 모양은 본래는 절구를 뜻하는 臼(구)가 아니라 밑변이 떨어져 있는 '국'이었는데, 많은 자형에서 혼용되고 있을 뿐만 아니라 자전에서 찾을 때도 臼(구) 부수에서 찾아야 할 만큼 원래의 뜻이 무시되고 있답니다. 자형의 하부는 두 손으로 무언가를 받들어 올린다는 '두 손으로 받들 공(卄)'이랍니다. 그래서 舁(여)는 두 사람이 양손(臼 + 卄)을 사용해 어떤 물건을 마주 들고 있는 모양을 그려내고 있답니다. 同(동)은 갑골문에도 보이는 자형이지만 통일된 해석이 없습니다. 인문학적인 접근을 한다면 대나무와 같이 속이 텅 비었음을 나타낼 뿐만 아니라 마디마디를 절단해도 거의 한결같은 크기라는 뜻이 내포되었다고도 볼 수 있고, 또한 한 무리(冖)의 사람들이 모두 한(一) 목소리(口)를 낸다고도 보아 '한가지', '함께', '다같이' 등의 뜻이 파생했다고 볼 수 있습니다. 따라서 興(흥)의 전체적인 의미는 여러 사람이 목소리를 함께(同)해 손을 맞잡으니(舁) 하는 일이 잘 풀려 '일어나다', '흥하다'는 뜻을 지니게 되었답니다.

있을 存(존) 은 재주 재(才)의 변형과 아들 자(子)로 이루어져 있습니다. 才(재)에 대한 해석은 갑골문이 발견되기 전까지는 한나라의 문자학자인 허신의 『설문해자(說文解字)』에서 풀이한 "才(재)는 초목이 처음 나온 모습이다. ㅣ(곤)이 위로 자라 一(일)을 관통해 앞으로 가지와 잎이 생기려는 모양으로 구성되었다. 一(일)은 땅을 뜻한다"고 한 해석을 따랐습니다. 이에 따라 가지와 잎이 아직 생기지 않았기 때문에 '처음'이란 뜻을 지니며, '처음 初(초), 처음 哉(재), 처음 始(시)'와 통한다고 했답니다. 그래서 초목의 성장에 따라 才(재)는 아직 잎이나 가지가 나오지 않은 상태를, 屮(철)은 가지나 잎이 어느 정도 자란 것을, 之(지)는 줄기와 가지가 보다 자란 것을 그리고 出(출)은 더욱더 자란 모습을 나타낸다고 보는 것이 『설문해자(說文解字)』의 해석이랍니다. 따라서 '될성부른 놈은 떡잎만 보아도 안다'는 데서 '재주'라는 뜻을 지니게 되었죠. 그러나 갑골문이 발견된 이후에는 전혀 다른 해석이 가해지고 있답니다. 즉 才(재)에 대한 갑골문이나 금문의 자형은 '땅의 경계표시 혹은 측량을 하기 위해 땅에 박아놓은 나무로 만든 표식'을 뜻합니다. 子(자)는 강보에 싸인 아기를 본뜬 상형글자죠. 따라서 存(존)의 전체적인 의미는 세대번식을 뜻하는 아이(子)가 특별한 경계구역(才)에 있음을 나타내 '시간'적으로 존재하는 '있음'을 뜻하고 있답니다.

망할 亡(망) 에 대해 허신은 『설문해자(說文解字)』에서 "亡은 도망간다는 뜻이다. 入(입)과 乚(은)으로 구성되었다"고 했답니다. 즉 사람이 으슥한 데로 숨어(乚) 든다(入) 해서 '도망하다', '없어지다'의 뜻을 지니게 되었으며, 또한 사람(亠)이 땅에 영구히 묻히기(乚) 때문에 '죽다'라는 뜻으로도 쓰입니다.

鰥寡孤獨(환과고독) 이란 홀아비와 과부 그리고 자식이 없는 외로운 사람과 고아를 말합니다. 「양혜왕장구」에 나오는 말로 "늙고 아내가 없는 홀아비, 늙고 남편이 없는 과부, 늙고 자식이 없는 외로운 사람, 어리고 부모 없는 고아(老而無妻曰鰥. 老而無夫曰寡. 老而無子曰獨. 幼而無父曰孤.)"는 참으로 의지할 데 없는 외로운 사람들이란 데서 유래했답니다.

홀아비 鰥(환) 은 고기 어(魚)와 눈으로 뒤따를 답(眔)으로 이루어져 있습니다. 魚(어)는 물고기의 모양을 본뜬 상형글자죠. 즉 자형 상부의 '⺈' 모양은 물고기의 머리를, 중간의 '田' 모양은 몸통을 그리고 하변의 '灬'는 지느러미를 나타낸 것이랍니다. 일반적으로 물속에 사는 물고기의 총칭(總稱)으로 쓰이고 있답니다. 글자의 초기 형태인 갑골문의 자형이 비교적 잘 유지되고 있습니다. 眔(답)은 눈의 모양을 상형한 눈 목(目)과 물 수(氺)로 구성되었는데, 눈물을 흘리는 모습이랍니다. 鰥(환)은 잡기도 어렵다는 전설상의 물고기로 늘 근심걱정이 많아 밤잠을 못 이루고 밤새 눈물을 흘린다는 환어(鰥魚)를 말합니다. 즉 자형에서도 알 수 있듯 눈물(眔)만 흘린다는 물고기(魚)로 '홀아비'의 처지와 비슷하다는 점에서 '홀아비'라는 뜻으로 가차되어 쓰이고 있답니다.

적을 寡(과) 는 움집의 모양을 상형한 집 면(宀)과 눈이 강조된 사람의 머리를 뜻하는 혈(頁) 그리고 나눌 분(分)으로 이루어져 있습니다. 그러나 금문에 보인 초기글자에서는 집(宀) 안에 홀로 있는 사람(頁)만을 나타내 남편을 잃고 홀로된 '홀어미'의 뜻으로 쓰였으나, 소전에 이르러 칼(刀)로 어떤 물건을 나눈다(八)는 의미를 지닌 分(분)이 첨가되었답니다. 그래서 집(宀) 안의 물건을 사람들(頁)이 나누어(分) 가지니 '적다'라는 뜻으로 쓰였을 뿐만 아니라 여전히 '과부(寡婦)', 즉 '홀어미'라는 뜻으로도 쓰이고 있답니다.

외로울 孤(고) 는 아들 자(子)와 오이 과(瓜)로 이루어져 있습니다. 子

(자)는 강보에 싸인 아기를 본뜬 상형글자로 머리와 두 팔 그리고 하나의 다리로 묘사하고 있답니다. 다리를 하나로 그린 것은 아직 서서 걷지 못하는 '갓난아이'임을 나타내려 한 것이죠. 본뜻은 그 러했지만, 보통 장성하지 않은 아이들을 총칭하게 되었습니다. 瓜 (과)는 상형글자로 오이덩굴에 열려 있는 오이의 모양을 그려냈답 니다. 자형 외곽은 넝쿨을 뜻하고 가운데는 달랑 하나만 열려 있는 오이와 같은 열매를 의미합니다. 따라서 孤(고)의 전체적인 의미는 덩굴에 매달린 오이(瓜)처럼 의지할 부모가 없는 자식(子)이라는 데서 '고아'나 '외로움'을 뜻한답니다.

홀로 獨(독) 은 큰 개 견(犭)과 누에 촉(蜀)으로 구성되어 있습니다. 犭 (견)은 개의 모양을 상형한 犬(견)의 간략형으로 주로 자형의 좌변 에 놓입니다. 蜀(촉)은 누에의 상형(罒)과 고치에 싸인(勹) 번데기 (虫)를 의미합니다. 獨(독) 자는 이 두 동물의 식생과 관련해 그 뜻 을 지니게 되었죠. 즉 큰 개(犭)와 누에(蜀)는 먹이를 주면 오직 혼 자만 먹으려 하기 때문에 적당한 거리를 유지시키며 '홀로' 떼어놓 아야 별탈이 없다는 데서 '홀로', '홀몸'을 뜻하게 되었답니다.

鄙寬薄敦(비관박돈) 이란 비루한 사내도 너그럽게 되고, 천박한 사내 도 도탑게 된다는 뜻으로, 「만장장구」의 다음과 같은 구절에서 유 래했답니다. "유하혜는 무도한 군주라도 섬기는 것을 부끄럽게 여 기지 않았고, 작은 벼슬도 사양하지 않았단다. 나아가서는 자기의 현명함을 숨기지 않았고, 반드시 정당한 도로써 일했으며, 버림을 받아도 원망하지 않았고, 곤궁에 빠져도 고민하지 않았지. 무지한 시골뜨기들과 더불어 살아도 너그럽게 대하며 차마 그 자리를 떠나지 못했단다. 그러면서 말하길 '너는 너고 나는 나다. 비록 내 곁에서 벌거벗었다 한들 네가 나를 어찌 더럽힐 수 있겠는가!'라고 했지. 그러므로 유하혜의 기풍을 듣게 되면 비루한 사내도 너그럽게 되고, 천박한 사내도 도탑게 되었단다."

다라울 鄙(비) 는 인색할 비(啚)와 우부방인 언덕 부(阝)로 구성되었습니다. 啚(비)는 에워쌀 위(囗)와 곳집 름(靣)으로 구성되었는데, 靣(름)은 수확한 곡식을 넣어두는 창고의 모양을 상형한 것으로 곳간이나 창고의 뜻을 지닌 '곳집 廩(름)'의 옛글자입니다. 이에 따라 창고(靣)를 에워싸고(囗) 있는 모양을 나타내 사람이 거주하는 '마을'을 나타내기도 했으며, 곡식을 저장한 창고(靣)를 에워싸(囗) 잘 내주지 않는다는 데서 '인색하다'는 뜻으로도 쓰이고 있답니다. 자형의 우측에 놓이는 阝(부)는 고을을 뜻하는 '고을 읍(邑)'을 간략히 한 모양이랍니다. 邑(읍)에 대해 허신은 『설문해자(說文解字)』에서 "邑은 나라(國)를 뜻하며, 囗(위)로 구성되었다. 선왕(先王)이 법을 제정해 존비(尊卑)와 대소(大小)의 차이를 두었다. 卩(절)로 구성되었다"고 했습니다. 갑골문에서는 성곽을 뜻하는 囗(위) 아래에 사람이 꿇어앉은 모습(卩)을 그려내 사람의 거주지를 나타냈답니다.

너그러울 寬(관) 은 집 면(宀)과 뿔이 가는 산양 환(莧)으로 이루어졌습니다. 宀(면)은 지붕과 양 벽면을 본뜬 것으로 사람이 사는 집을 뜻한답니다. 보통 맞배지붕처럼 대칭구조로 이루어진 지붕형태를 취한 집을 의미하죠. 莧(환)은 길고 아름다운 뿔(丷)과 커다란 눈망울(目) 그리고 긴 다리(儿)와 짧은 꼬리(丶)를 갖춘 산양을 그려냈습니다. 여기서는 이러한 산양처럼 커다란 관(冠)을 쓴 사람을 상징적으로 나타낸 것이랍니다. 따라서 莧(관)의 전체적인 의미는 큰 관을 쓴 사람(莧), 왕이나 부족장과 같이 지체가 높은 사람이 큰 관(莧)을 쓰고 다녀도 거치적거리지 않을 정도의 큰 집(宀)이라는 데서 '넓다'는 뜻을 지니게 되었으며, 또한 넓다는 데서 '너그럽다'는 뜻으로도 확장되었답니다.

얇을 薄(박) 은 풀 艸(초)의 간략형으로 무성하게 돋아난 풀을 뜻하는 초(艹)와 넓을 부(溥)로 이루어져 있습니다. 부(溥)는 물 수(氵)와 펼 부(尃)로 구성되었는데, 氵(수)는 물줄기가 갈라지고 합해지는 강을 본뜬 水(수)를 간략히 세 개의 물방울로 표시한 것으로 자형의 좌변에 놓여 강이나 물의 뜻으로 쓰입니다. 尃(부)는 클 보(甫)와 사람의 손을 뜻하는 마디 촌(寸)으로 구성되었습니다. 甫(보)는 갑골문에서는 초목의 새싹을 틔워 자라나는 모양을 상형한 싹 날 철(屮)과 밭 전(田)이 새겨진 모양이었는데, 소전으로 오면서 현재자형의 모양을 갖추었습니다. 막 새싹(屮)이 자라날 때의 밭(田)은 상대적으로 크게 보인다는 데서 '크다'의 뜻을 지니게 되었죠. 또한 밭(田)을 일구고 농사(屮)를 짓는 사람은 남자라는 데서 이름(字) 뒤에 미칭(美稱)으로 활용하기도 했는데, 그래서 '사나이'라는 뜻도 지니게 되었답니다. 이에 따라 尃(부)는 밭(田)에 뿌린 곡식의 모(屮)가 잘 자라도록 일일이 손(寸)으로 넓게 옮겨 심는다는 데서 '펼치다'는 뜻을 지니게 되었습니다. 따라서 薄(박)은 온갖 작물들의 모종(艹)들이 논밭의 넓은(溥) 땅에 드문드문 심어져 있다는 데서 '엷다', '적다', '야박하다'의 뜻을 지니게 되었습니다.

도타울 敦(돈) 은 누릴 향(享)과 칠 복(攵)으로 구성되었습니다. 享(향)은 성곽 위에 높다랗게 지은 건물을 상형한 높을 고(高)의 생략형과 아들 자(子)로 이루어졌습니다. 여기서 高(고)의 생략형인 '亠+口' 모양은 곧 조상신을 모셔놓은 사당을 뜻한답니다. 갑골문이나 금문에는 子(자)가 아닌 제사용 그릇 모양(曰)이었는데 후대로 오면서 인문적인 지식이 더해져 변한 것이랍니다. 즉 아들을 낳으면 조상신을 모신 사당에서 조상에게 알리는 의식인 제사를 지냈는데, 이는 곧 자손만대까지 복락을 누리려는 소망이 담긴 절차였습니다. 享(향) 자와 비슷한 자형의 '형통할 亨(형)' 역시 조상신에게 제사를 마치면(了) 모든 일이 잘 풀린다는 고대인들의 의식을 엿볼 수 있답니다. 攵(복)은 攴(복)의 간략형으로 손(又)에 회초리나 몽둥이(卜)를 들고서 친다는 뜻을 지녔습니다. 일반적으로 글월 문(文)과 비슷하다 하여 붙여진 '등(等) 글월 攵(문)'이라고도 하는데 주로 자형의 우변에 놓인답니다. 따라서 敦(돈)의 전체적인 의미는 제사를 지낼 때(享)는 정성스러운 마음으로 지휘봉을 쥐고서 참여자들을 지휘한다(攵)는 데서 '힘쓰다', '도탑다', '성내다'의 뜻을 지니게 되었답니다.